建築学テキスト

ARCHITECTURAL TEXT
Introduction to Architecture

建築概論

建築・環境のデザインを学ぶ

本多友常 Honda Tomotsune
安原盛彦 Yasuhara Morihiko
大氏正嗣 Ouji Masashi
佐々木葉二 Sasaki Yoji
柏木浩一 Kashiwagi Koichi

学芸出版社

シリーズ刊行の趣旨

　「建築学」は自然との共生を前提としたうえで，将来にわたって存続可能な建築物を設計するための指針を与えるものだと考える．また言うまでもなく，建築物は人間のためのものであり，人間は〈自然〉のなかで生きる動物であるとともに，自らが作りだす〈社会〉のなかで生きる動物でもある．このような観点から，現時点で「建築学」を〈自然〉・〈人間〉・〈社会〉の視点からとらえ直し，その構成を考えることは意義があると考える．

　以上のような考えに立って「建築学」の構成をとらえ直すにあたり，従来行なわれてきた〈計画系〉と〈構造系〉という枠組みで「建築学」をとらえることをやめる．そして，建築物を利用する主体である〈人間〉を中心に据え，建築物や人間がそのなかにある〈自然〉および人間が生きていくなかで必然として生みだし，否応なく建築物や人間に影響を及ぼす〈社会〉を考える．

　そこで，「建築学」を構成する科目を大きく〈人間系〉・〈自然系〉・〈社会系〉の枠組みでとらえるとともに，〈導入〉や〈総合〉を目的とした科目を設定する．さらに，「建築学」はよりよい建築物の設計法を学ぶことを目的とするとの考えから，これまで「建築計画学」における「各論」でまとめて扱われることが多かった各種建築物の設計法を，建築物の種別ごとに独立させることによってその内容を充実させた．

　なお，初学者が設計法を身につける際には，その理解のための「叩き台」となるものを示すことが有効であると考えた．そこで，各種建築物の設計法に関するテキストには実在する建築物の企画段階から完成に至るまでの設計過程を示すことにした．さらに，学習の便を図るとともに，正しい知識を身につけるための関連事項や実例を充実させることにも留意した．

〈建築学テキスト〉編集委員会

まえがき

　この書は，建築を志した人々が，建築の世界を垣間見，興味をさらに深く掘り下げていくためのきっかけとなるテキストを目指している．しかし難易度を下げているわけではない．建築が驚きに充ちた世界であり，現実の世界が，自分たちの想像力をはるかに超えていることを示していくことにより，具体的な発見の書にしたいと考えている．

　また建築を実践的な面から捉えることに務めており，豊富な事例をアイデア集のように編集することにより，発想やヒントのきっかけになることも念頭においている．

　5人の執筆者は，全員，設計実務と建築教育の両分野にわたる経験を生かし，それぞれの視点への案内人として，発想の豊かさにつながることを心がけて資料を集めている．

　設計にただひとつの正解というものが無いことは誰でも知っている．それは可能性に満ちていることの証でもある．ところがいざ建築の設計を手がけると，途方にくれてしまい前に進めなくなることに直面する．専門教育課程ではここで前に進めなくなる学生が続出する．しかしそれは本人に才能が無いからではない．実感のある情報が不足しているからだ．リアリティに満ちた情報となるために，各章は網羅的であることよりは個性的なものの見方を示すことを心がけている．

　第1章のテーマ「風土」では，住まいの多様性を，編集している．第2章のテーマ「現代建築」では，素材，構法の観点から現地取材のもとに試みている．第3章のテーマ「歴史」では，建築空間史という視点から，今までの歴史学とは異なるものの見方を目指し，第4章のテーマ「構造」では，構造の原理が，社会にどのように実現されているかを示し，第5章のテーマ「ランドスケープ」では，人間の感性を直視するところから生まれるデザインを追及する．第6章のテーマ「発想」では具体的な設計手法への手がかりを，助走の技法としてあえて打出す冒険を試みている．

　各章はこのようにそれぞれが「アイデアの玉手箱」でありながらも，逆説的には建築が単なる手法の編集では納まりきらない，ひろがりをもった世界であることを示していきたいと考えている．

2003年3月
執筆者を代表して　本多 友常

目次

序章　環境設計へのアプローチ ……… 05
- まずやってみよう―建築入門　06
- まずやってみよう―空間体験　07
- 演習の解説　08

第1章　自然発生的建築のデザイン …… 09
1. 精神世界の投影　10
2. 風土と住形式の不確定性　12
3. シンボルの多義性　14
4. 防御と結束の表明　16
5. 風と対話する家型　18
6. 集住の特異性　20
7. 立地条件への適合　21
8. 形式の持続性　22
9. 地中の家の原初的形態　24
10. 倉に貯蔵される記憶　26

第2章　素材からみた現代建築 ……… 29
1. 重力からの解放　30
2. 軽やかな技術　32
3. 光を透過する皮膜　34
4. 不透明な皮膜　36
5. コンクリートの自由な造形　38
6. コンクリートの多彩な様相　40
7. 組積造の生命感　42
8. 金属の皮膚　44
9. 柔らかな平面　45
10. 光の充満するインテリア　46
11. 家具の力　47

第3章　日本建築の空間史 ……… 49
1. 伽藍配置と空間　50
2. アプローチ上に展開する空間の変質　52
3. 軒が囲い込む空間，領域　54
4. 闇の空間　56
5. 日本建築の透明性　58
6. 光のくる方向　60
7. さまざまなる光　62
8. 五感で感じとる空間　64
9. 日本とヨーロッパの空間の光の扱い　66

第4章　空間と架構デザイン ……… 69
1. 重力―抵抗する　70
2. 重力―利用する　72
3. 水平力―抵抗する　74
4. 水平力―利用する　76
5. 空間―開く　78
6. 空間―閉じる　80
7. 空間―広げる　82
8. 空間―分節する　84
9. 緊張―つなぐ　86

第5章　ランドスケープデザインの感性と世界 ……… 89
1. 楽園の創造　90
2. 進化する庭園と広場の空間構成　92
3. オープンスペースによる都市景観形成　94
4. モダニズムデザインの胎動　96
5. 日本におけるランドスケープの軌跡　98
6. 都市の魅力を広場に　100
7. 大地のデザインからエコロジーデザインへ　102
8. 記憶と情報（メッセージ）を呼び起こす　104
9. 新たなランドスケープの解釈と表現にむけて　106

第6章　発想への技法 ……… 109
1. フロッタージュ　110
2. 他分野思考・現象モデルの引用　112
3. 積み木遊び　114
4. 束縛のなかの自由　116
5. プログラムの再編成　118
6. 既成概念の打ち崩し　120
7. 初めにことばありき　122
8. 観察　124

あとがき　127

序　章
環境設計へのアプローチ

本多友常

　建築を志そうとする人びとにとって，ワクワクするような可能性が感じられる建築概論とは何か．専門領域にたいする興味が，驚きに満ちていないはずがない．

　実感に裏打ちされた感動があれば，それは必ず自分のものになる．建築は才能がなければできないというのは，あまりにも狭いものの見方である．建築とは私たちの生を支える環境づくりに他ならない．生きる本能がある限り，その才能は全員に保証されている．空間に関わる仕事が誰にでも参画できる等身大の世界であることを，確信してもらえることこそがこの書の目的なのだ．

　そして実は，建築が単なる物体を対象としているのではなく，世界の広がりのなかで，ものごとをどのように認識し，判断していくかに関わっていることを学んでいくことになる．

　建築がインテリアからランドスケープにわたるスペースデザインの範疇を超え，思想であり，哲学であると言われるゆえんはそこにある．

まずやってみよう　　　　建築入門

「自分は建築にむいているだろうか？」

誰でももつ疑問に違いない．かつて建築家は絵がうまくないとなれないと言われていた．ではうまい絵とはなんだろうか．

建築は私たちの生活環境そのものに他ならない．いわば魚にとっての水みたいなものだ．魚は当たり前すぎて水の存在に気がついていないかもしれない．その当たり前の建築空間について考えることは，誰でもがすぐにできるはずのものなのだ．

建築を，うまい絵を描くように描かなければならないと決めたのは，建築にたいするひとつのものの見方でしかない．自分は絵が下手だと思っている人は，怖気づく必要はない．

絵のうまい人だけが力のある建築を生み出すという法則などはどこにも存在しないのだ．

あえていうなら，絵の上手な人は危ない．センスがよいと思っている人も注意したほうがよい．彼らはほめられつづけて10年，20年を過ごす可能性が高いからだ．問題が降りかかってくるたびに，腕前の高さが自分を守り，知らないうちに時代とズレてしまうことが，往々にして起こりかねないからだ．

むしろ四苦八苦している人が，長い年月を経て驚くほどの実力をつけることのほうが多い，と思っていて間違いはない．建築の才能は持続性にある．その持続性を保つ必須の条件が，建築を好きになることだ．

もう1つは自分のやろうとしていることを，どのように納得できるかが大きな課題となる．

建築の初歩は簡単な設計をたどることから始まる．このとき，どのような意味や意義を見いだし，何を人に説明できるかが問われることとなる．「空間には，人の心に働きかけるたいせつな何かが潜んでいるはずだ．だから言葉では言い表せない」ということがよく言われる．当たり前の話である．しかしそれでもなお提案の核心が何なのか，一言で言う努力が必要である．それほどにデザインは言語構造に似ている．なぜならデザインは思考の塊でもあるからだ．それを体験するために，まずは自信をもって演習課題1，2をやってみよう．解説は次々ページに隠しておくこととする．製図のルールや表現方法にこだわる必要はない．どうしても手を動かせない人は，言葉で書いてもよい．

建築に何の知識もない段階で，できるだけリラックスした状態で，自分のデザイン行為がどのようなものを生み出すものか，客観的な目で，自らを見つめてみることから始めてみよう（解説はp.8を参照）．

演習課題 - 1
最高の犬小屋をデザインせよ

（10分）

＊3つのキーワード「最高」「犬小屋」「デザイン」にたいする自分の反応を記憶しておこう
＊3秒以内に浮かんだイメージを記憶しておこう
＊条件は自由に設定してもよい

演習課題 - 2
センスのよい水飲み場を設計せよ

（10分）

＊3つのキーワード「センス」「水飲み場」「設計」にたいする自分の反応を記憶しておこう
＊3秒以内に浮かんだイメージを記憶しておこう
＊条件は自由に設定してもよい

まずやってみよう　空間体験

演習事例
杉の小枝でシェルターを創ろう

* 空間の創造が面白く感じられるかどうか，自分を冷静に見ることにしよう
* 無理はしないほうが良い

図1イ　事例1：シェルターの完成

図1ロ　事例2：シェルターの完成

図1ハ　各自のイメージを話し合いながら小枝を結束する

図1ニ　素材の強さや重さを体得していく

　このプロジェクトは，空間の可能性をスケール感や素材感等とともに体得することをめざしており，若者たちにとっては，楽しく面白く，そして厳しい体験的創造の試みとなる．

　これはちょうど建築の設計行為に似て，参加者たちは与えられた条件のなかで，前例を参考にしながら構想を組み立てる．しかしあらかじめ決められた全体像はなく，各人が好きな部分にかかわりながら，到達点のイメージが次第に確定され，共有されていく．こんな単純なことでも，今までに試行錯誤は沢山あった．一番の失敗は真夏のプロジェクトであり，これは全滅だった．腰より高い雑草に阻まれ，おまけに台風の直撃による大雨で，急遽民家の実測作業に切り替えざるをえない年もあった．また時間の間合いがとれず，麻紐を求めて大騒ぎとなったり，夜間作業と楽しいバーベキューが重なったりと，ハプニングは付きものとなる．

　あるいは細い杉の間伐材を棟木としてそこに小枝を架けていったために，途中で垂れが生じはじめてきたこともあった．しかし後戻りする訳にはいかない．急遽中心部を上から吊り上げることになった．その結果思いがけずもテンション構造の，ハイテックな趣をもったTWIG SHELTERが出現することとなった．

　私達の日常の生活では，人びとは緑が溢れ野鳥の訪れる，豊かな自然との共存を呼びかけている．一方では昆虫の発生や落ち葉にたいするクレームが続出し，自然を排除する声は思いのほかに大きい．しかし肉体が思いのままにならない自然現象であるにもかかわらず，それを取り巻く環境を，排除の論理と感性で固めることなどできるはずもない．

　概念操作による空間設計に偏ることなく，虫に慣れ，灰の着いた食べ物を口にし，小枝の強さ弱さを感じながら，空間構成に思いをふける．そのための場として，このTWIG SHELTERプロジェクトは，身体感覚を伴う建築設計へのアプローチとなる．

演習の解説

この課題は，誘導と暗示を意識して作成したものである．引っ掛け問題に近いと言ってもよい．

何か新しいものを生み出そうとするとき，本来のあるべき姿は何かを考えなくてはならない．ここに正解となるような答えはない．

ところが「犬小屋」という言葉は，既に小さな単体の物を暗示している．また「デザイン」という言葉は，色や形のセンスのよさを要求しているように聞こえることだろう．そのうえに「最高の」という，プライドをくすぐる言葉が被せられることにより，多くのデザインの方向性は，図2のような類型に誘導されていく．

図2　三角屋根の小さな小屋のイメージ

三角屋根にアーチの入り口のバリエーションは無数にある．片流れの屋根もあるだろう．趣向を凝らした飾りや，丸太によるログハウスを構想した案も，よく見かけるデザインだ．なかにはポータブルな組み立て式や，2階建てまで多彩な変化に限りはない．このようなデザインの方向性は，都市生活における日本の常識からみて，決して間違いではない．

しかしまったく違う考え方もできないものだろうか．

図3のように，もし大きな木が生えていて，その木陰に犬が寝そべっているシーンは考えられないだろうか．水浴びのできるせせらぎがあったらどれほど快適だろうか．そのすぐそばの斜面に小さく安全な穴が掘られていたら，これを犬小屋と呼べないだろうか．そしてこの組み合わせを，デザインとはいえないだろうか．

図3　川のせせらぎと木陰と洞穴のイメージ

〈もの〉としての建築から〈環境〉としての建築の考え方をすることによって，可能性は大きく広がるではないか．

費用も敷地も何もかも自由なはずなのだ．設計の可能性はここから広がっていく．

ものごとを発想する方向性は振り返ると一瞬のうちに決まっていたことが多い．いったん決めた方向に歩き出すと，いくら時間をかけても行き着く先は限られてしまう．

その大きな原因の1つに，デザインという言葉が色や形だけを扱うものという，固定観念が私たちのなかに植え付けられていることがあげられる．

本来はアーバン（都市）デザイン，ストラクチャー（構造）デザインと呼ぶように，全体の関係性を組み立てていくことが本来の目的であり，矮小化された個人のセンスの競い合いではないことはいうまでもない．

同じことは「センス」のよい「水飲み場」を「設計」する課題の場合も言える．設計者としては，「センスのよい」とプライドをくすぐられて，動揺しないセンスがたいせつだ．「設計図」と言われて特別なものと思う必要もない．現代の建設技術は，誰でもできる技術だと思っていてほぼ間違いない．それぞれに深い世界があることは当たり前のことであるが，知らないことに怖気づく必要はまったくない．

設計することは，図4のような公園の水飲み場だけの図面を作るのだけが仕事だと考えるのは，あまりにも実務的な発想と言わなければならない．

図4　公園のエレガントな水飲み場のイメージ

自由な発想が許されるなら，清水の湧き出す岸辺に降りていくイメージのほうが，よほど夢にあふれているといえないだろうか．

発想の可能性を広げるには，課題を読み替えてみるのも必要な手段となる．

「私たちにとっての」水飲み場ではなく，たとえば「渡り鳥にとっての」水飲み場と立場を代えて考えてみると，可能性は大いにひろがっていく．

建築がよく陥りやすいのは，作り手側の立場から（プロダクトアウト）発想してしまい，使い手側からの発想（CS）を，知らず知らずのうちにはずしてしまう点だ．しかしそこには大きな可能性の源があることを忘れてはならない．道具の伝播が，文化の多様性を育んだように，違う使い方，異なる考え方は，勘違いも含めて創造の原点となる．

第 1 章
自然発生的建築の
　　　　　デザイン

本多友常

　風土が家の形を決定するとは限らない．

　人間はなぜ，いろいろな物を設計するのか？　動物や昆虫は人間の目からは，それぞれの種に対応した巣を，同じように作っているようにみえる．しかし人類は歴史と空間的な広がりのなかで，住まいを千差万別な形態として生み出してきた．それは生活環境を形成することが，自分たちを取り巻いている世界にたいし，さまざまな解釈を加えていることの結果に他ならない．住環境はその点で，虚構的な様相を帯びた現象として立ち現れてくる．

　だからこそ世界中の自然発生的な住空間は，創造性豊かに私たちの想像力をはるかに凌駕していることが多い．

　ではそのフィクション性に満ちた環境の豊かさとは何か，生活空間形成のためのヒントとはどのようなものかを探ってみることにしよう．ここにあげた事例はすべて現地を訪れて採取してきたものを集めている．

1 精神世界の投影

世界的にみて宗教をもたない民族はない．住居はその精神世界との関係において組み立てられてきた．

日本の神々には多数の人格神が登場するが，元来日本の神は人の形としては存在していなかったと言われている．むしろ民衆にとっての神観念は，自然に潜む超越的なものに向けられていたと考えられている．現代の日本人の多くは，宗教をもっていないと答える人たちが多く，信仰心が薄れてきていることは否めない．

わが国においては，霊性はやがて祖先神と結びつき，先祖の霊魂は神と一体化する．民俗学的な成果によれば，死者の霊魂は祖霊として昇華するとされている．しかし死者の霊魂は，直後はアラタマ（新魂）として現世の人びとに災厄をもたらす危険な存在でもあり，丁重に祀られることによってやがてニギタマ（和魂）として，穏やかな性格へと変化し，人びとを守護してくれる存在に転化すると考えられていたようだ．

その神々の住む神域は崇拝の対象でもあった．たとえば山そのものが神格化されるようになった．大和の大神神社は三輪山そのものが御神体であり，また信濃の諏訪大社の上社では，背後の森そのものを神居としており，かつては鳥居を介して神のいる森に向かって礼拝を行っていた．いわば領域そのものが信仰の対象であり，霊性をシンボライズするものとしての鳥居や注連縄は，始源的な建築行為であったといえる．

祈りに満ちた住環境―ブータン

世界を見渡すと，このような精神世界を映し出している住環境の特徴は，文化の数だけ存在しており，住居が信仰の場そのものである事例はいくつも報告されている．

なかでもブータンは現代でもその信仰心の篤い人びとによって，伝統的な民家が受け継がれてきている（図1，2）．

ブータンは別名「雷龍の国」と呼ばれ，頑強に自らの文化を守り続けている王国として知られている．ここでは行政，裁判所，僧院が1つの場所に納められていることが多く，「ゾン」と呼ばれ要塞のように建てられている．

山深い山村では，霞が立ちこめると視界が足元に深く落ち込み，雲の上を歩くような浮遊感に包まれる．

集落に近づくと，点々と立てられた白い経文旗ダルシンが立ち並び，風の揺らぎとともに祈りをささげている（図4）．小さな道の要所には，真言の書かれている筒の水車マニ・チュコルがまわり，祈りの証が風景に埋め込まれているのを見ることができる．民家の軒先には，ポーと呼ばれる剣と男根を十字に交差させたシンボルが吊下げられ，悪霊の侵入を阻みつつ，一家の繁栄が祈願される（図3）．それぞれの家には立派な仏間が造られており，鮮やかに彩色された部屋をもつ民家も多い．居間には手で回す経文，マニ車を柱に取りつけているところなどもあり，祈りは生活空間のあらゆる場所に織り込まれている．

足元に沈む底無しの谷間と，それをはるかに越えるスケールで立ち登る急峻な斜面との間で，人びとは自然にはむかうことの無意味を知りつくしているかのように生活を送っている．

図1　祈りの聖地に建つタクツアン僧院．ブータン，パロ

図2　家の中で大きな面積を占める仏間

図3　軒先に吊られ安全と豊穣を祈る剣と男根のシンボル

図4　家の周囲に立てられた風にたなびく祈りの旗ダルシン．ブータン

死者とともに住む家—台湾・ルカイ族の床下埋葬

　家には生きている者だけが住んでいるわけではない．

　かつて台湾では，高砂族(たかさごぞく)と呼ばれる原住民族の，独特の生活様式が知られていた．台湾の南東部山岳地帯には，平らに割れる石，天然スレートが多く産出し，ルカイ族の家ではこれが建築材料としてたくさん使われていた．

　少し屈まなければならないような狭い入り口を入ると，内部では天井が高く登り，床全面にはこのスレートが敷詰められ，広々としたワンルームになっている．壁の片面には竈(かまど)が設けられ，その暖かい場所の背面には，細長い豚舎兼便所が位置している（図5）．人の排泄物や生ごみはここで餌として活用され，水を流せばきれいに排水されるようになっており，リサイクルとしてこれほど合理的な仕組みも珍しい．

　部屋の窓側に沿った床には，20センチほど高くなった居心地のよい場所が設けられており，畳の大きさほどの石がきれいに敷き並べられている．そこは育児や団欒(だんらん)の中心であると同時に，寝具を敷く所でもある．そして何よりも驚くべきことに，その床下は親族が亡くなると，大きな床石をはずし地中深く土葬する場所でもあったという．これはもう何十年も前に禁止された習慣である．しかしルカイ族の古老にとってそれは，なんの不思議もない生活の一部であった（図6）．

宇宙観の投影—インドネシア・トラジャ族の舟型住居

　インドネシアのスラウェシ島南部，標高600m〜1000mに位置するタナトラジャには，トンコナンと呼ばれる母屋形式をもったトラジャ族が住んでいる．これは舟型の屋根をもち，彼らの宇宙観を表しているといわれている（図7）．

　家は単に雨露をしのぐためだけのものではなく，小宇宙であり，あるいは社会的象徴としても意味を持っているとみなされている．家型の起源については，海洋民族であった先祖への畏敬の念を現しているという説や，天空に住んでいる神との関係を示しており，祈りの形にかかわっているとも言われている．ある学者によれば，家はもともと丘や山の高いところに位置すべきものであり，山の頂上にある家の棟は直線に近かった．しかし山に囲まれた谷に降りていくほど，棟の反りがまるで天に向かって手を広げているような反りをもつようになったともいう．

　家屋構成の基本形は，軸線を正確に南北軸にとり，アルムパという中庭空間を挟んで反対側に穀物倉アランが置かれる（図8）．部屋は南北軸を境に東側が清浄な側とみなされており，細部の装飾にいたるまで，トラジャ族の宇宙観が投影されている．これは単に家の形にかかわることではなく，死後の世界に連なる宇宙観によって墓や耕作地，集落構成が決定されており，さらにはこれらすべてを取り巻く自然との関係性において，現世の環境が形成されている．

図5　生ゴミもすてられ，豚の餌としてリサイクルされるルカイ族の便所．台湾南東部

図7　トラジャ族の舟型住居．インドネシア，スラウェシ島

図6　一段高くなった所は先祖とともに就寝する場でもあったルカイ族の居間．台湾南東部

図8　住居トンコナン（左）と穀物倉アラン（右）に囲まれた中庭アルムパ．インドネシア，スラウェシ島

2 風土と住形式の不確定性

自然発生的な建築が，風土の条件に応じて生まれていることは誰もが知っている．

しかし風土が建築を決めていると考えるのは早計である．確かに風土は気候条件をはじめとした立地条件として生活に直結し，建築の有様(ありよう)を支配している．しかし風土は物理的な環境条件としてだけ作用しているわけではなく，人びとの内面的な感じ方にも働きかけてくる．風によって散る桜の花に，哀愁を感じる人がいる一方，華やかさをみる人もいる．あるいはゴミとして感じる人もいるかもしれない．

日本の民家が，日本的風土に根ざして合理的に造られてきたと説明することはできる．しかし近代化によりほとんど跡形もなく消え失せようとしている民家について，風土決定論はすべてを説明することができない．風土は長い時間軸において，建築形態を1つの方向に導くと考えるのはむしろ幻想である．

住居はいつも矛盾に満ちている．むしろ与えられた条件としての風土を物理的な条件としてみれば，建築が非合理的にみえる側面のほうが多いくらいなのだ．家を物理的なシェルターと考えれば，理屈を積み重ねていけば，理想的な家ができるはずだ．しかし合理性を追求した現代建築には，ほとんどできないことがある．「ここなら死んでもよい」と思える空間を提供することはできていないという点だ．

便利であることと，居心地のよいことは意味が違う．住まいはそのさまざまな襞(ひだ)とともに，人びとの内面に存在している．

アフリカの都市アガデスでは，同じ地域で異なる家型を同時にみることができる．1つは土の家（図9）で，もう1つは茅の小屋（図10）だ．ここでは経済的優位は都市生活型のハウサ族の手中にあり，彼らの住まいである日干レンガ造の住居が，街の中心を埋めている．トゥアレッグ族はその周辺に居住し，一部はレンガ塀に囲まれた空き地に居住しているが，ここで興味深い点は，限られた地域において，まったく異なる家型が同時存在していることだ．建築素材や技術，経済性などの制約が大きいにもかかわらず，類型は1つに収束することなく，相反するコンセプトの元に，それぞれの住環境を確立している．

これは生活習慣が異なり，種族が違うといえばそのとおりである．しかし建築を構想するとき，さまざまな制約条件のなかでも，選択の可能性は大きく広がっていることを知ることは重要である．現代の住環境形成において，経済性や素材の制約があったとしても，生活環境の貧困があるとすれば，それは私たち人間の内面的な姿でもあることを伝えてくれているからだ．

トゥアレッグ族のコンパウンド

サハラ砂漠南縁に点在するトゥアレッグ族の住居は，ほぼ円形に囲われた垣根によって作られている．大小の石がころがる外側とは対照的に，コンパウンド（居住領域）の中はきれいに掃き清められ，母屋に相当するイーハンと呼ばれる大きなテントや，炊事，就寝のための丸い小屋が適当に配置されている．イーハンの内部は，刺繍のように編まれたゴザの模様が室内全体を覆い，砂漠の荒涼(こうりょう)とした風景とはくらべものにならない柔らかさに溢れている（図12）．

今にも倒れそうな細い柱の上に，屋根を覆っただけのサンシェードがあちらこちらに作られており，その影の下は昼寝や団欒(だんらん)の絶好の場所となる．

気温は高くても，湿度が低いため日陰に入ると，それなりに涼しさを感じることができるのだ．

小屋は，黒い服を纏った女性たちが集まっていっせいに編み始めると，2日ぐらいでできあがってしまう（図11）．これにベッド兼腰掛けの四角い縁台を置いて住まいは完成する．外廻りの垣根は必ずしもすべての小屋に作られるというわけでもなく，身寄りの少ない人びとや余裕のない人びとは，配置の工夫だけで自分たちの領域をたくみに生み出している．

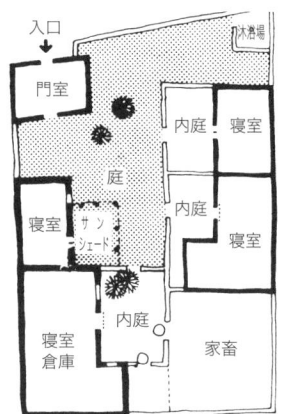
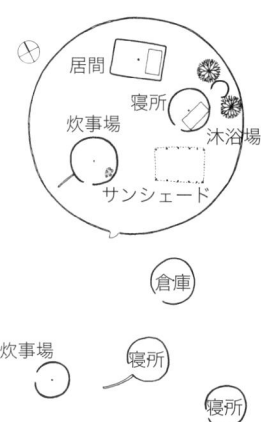

図9 ハウサ族の土の家，平面図　図10 トゥアレッグ族の茅の家，平面図

図11 茅で小屋造りをするトゥアレッグ族の女性達．ニジェール，アガデス

図12 ニジェールのオアシス都市アガデスにおけるトゥアレッグ族のコンパウンド（居住領域）
垣根に囲まれたコンパウンドはきれいに掃き清められ，機能別に分けられた小屋がゆるやかな関係を保ちながら配置されている．

ハウサ族の日干レンガ住居

　サハラ砂漠南端に位置するこのオアシス都市アガデスは，イスラム文化圏に属するハウサ族によって占められている．日干レンガの住居が建ち並ぶ街並みは，背の高い塀がそそり立ち内部の様子を見ることはできない（図13）．所々に小さな入り口が設けられており，中はエントランスホールのような門室になっている．ここは日中陽射しの強いときでも深い影で守られており，表の賑わいに目をやりながら手仕事や雑談をして過ごす，寛ぎの場にもなっている．土で造られた家は断熱性が高いため，ちょうど地下室のような温度環境になっている（図14）．

　その涼しい部屋を通り抜けると，奥にはコートハウスの中庭が開けており，イスラム圏特有の婦女子の生活の場が展開している．

　中庭にはさらに個室に入る前の緩衝空間として，小さな前庭が作られていることもある．なかには個室が仕事場になっていることもあり，中庭のなかでさらに細分化された領域は，人びとが集まって住むための柔らかい空間システムとして巧妙に組み立てられている．

　その最も個室に近い入り口付近には，決められた時間ごとに祈りをあげるための敷物や，貴重な水をためておく瓶が置かれ，部屋の使い方が備品によってたくみに意味づけられている．

図13 日干レンガによってつくられたハウサ族の土の家．ニジェール，アガデス

図14 ハウサ族の土の家には門室があり，内部からの中間領域となっている．ニジェール，アガデス．

3 シンボルの多義性

　天空に伸び上る造形は，宇宙の原理に近づきたいと願う観念に結びつけられてきた．それは同時に人間の英知や技術力，あるいはあこがれ，コミュニティの結束など諸々の願望を表現する手段として，常に人間の欲望に横たわり続けてきた．

　シンボリズムは，常に1つのメッセージを伝えつつ，正反対の異なるメッセージも同時に発信することのなかで強化されていく．シンボリックな中心性というのは，平等な社会を表現すると同時に，絶対権力の存在も発信しているという点で，複数の意味を重ね合わせた発信媒体となる．それは意味の充満したアンテナとして，常にそれぞれの解釈によって多様な力が結集されるという効果をもっている．そのため逆説的には，シンボルの最も強いあり方は，形として存在しないことにあるとさえいえる．

　自然発生的なものから生まれてくるシンボリズムは，共同体の総意としての願望が全体を支配する．しかし，現代の塔は，ランドマークとしての目印にはなりえても，コミュニティの総意の結果，出現するシンボルとはなりにくい．

　モニュメント（記念碑）を創りたいと願うことは自由だ．しかし何の記念性に向かおうとするのか，空洞化したシンボルデザインへの批評力が現代には求められている．

ガルダイアの丘のモスクの塔

　砂漠の商都ガルダイアは，アルジェリアの中心都市アルジェの南，サハラ砂漠ムザブ地方の中心地として栄えてきた．遠くの丘から眺めると，四角い箱の住居群が小さな丘を覆い尽くし，まるで大海の海草に寄りそう魚群のように集まっている．周囲の荒野がそのコントラストをいっそう際立たせ，丘の上に立つモスクの塔が，この指止まれとばかりに天空を指差して聳え立つ（図15）．

　モスクを取り巻く住宅群は，その中心性を強化するかのように広がっており，コミュニティの中心性を守るシンボリズムによって集合化されている．丘の中心を，路地のいろいろなところから垣間見ることのできる街並み構成は，住民の所属意識に深く関わっているに違いない．こうして地縁的共同体に組み込まれていることの安定感や連帯感は，集落の空間構成を基盤として，無意識に補強されていく．

　スシ詰め状態の家の壁に窓はほとんどなく，光はそれぞれの家に設けられた中庭から採り入れられ，部屋はそれを囲むように配置される．積み木を重ねたような家の丘は，強い陽射しを受けて盛り上がり，さながら頂上にあるイスラム教のシンボルを支える土饅頭といったところだ．その城壁に囲まれた住居群は，砂漠の交易地として栄え続けてきた証を，まるで1つの生命体であるかのようにまとめあげている．

図15　丘陵の頂部にはモスクの塔が聳えている．サハラ砂漠の貿易都市ガルダイア，アルジェリア

中国貴州省・トン族の鼓楼と風雨橋

　稲作民族のトン族は，中国南部貴州省から湖南省にかけての一帯に多く分布し，高床式住居に居住している．集落には鼓楼（クーロウ）と呼ばれる何層にも重ねられた屋根をもつ塔が建てられ，その下が住民の集まる多目的な場になっている（図16）．集落には複数の鼓楼をもつ村もあり，公共的な中心地の所在を示し，その特異な造形でよく知られている．

　鼓楼は文字通り太鼓の楼であり，上層に置かれ，普段その下は，屋根のある東屋（あずまや）として使われている．塔の形は村により少しずつ異なり，屋根の先端に付けられる装飾や彩色も多様な広がりを見せている．1つの村に複数の鼓楼をもつ村もあり，地区ごとのシンボルとして競うように天に伸び上がっている．

　また風雨橋（フォンユイチャオ）と呼ばれる独特な形式をもった橋のあることでも有名だ（図17）．これは屋根のある橋で，お城の天守閣のようにいくつもの橋楼が載せられており，細長い橋の家として休憩や納涼の場を提供してくれるところでもある．

　このほかに戯楼（シーロウ）と呼ばれる広場に面した舞台をもっている村もあり，公共施設の布置は，集落を強固な単位としてまとめる役割を果たしている．

台湾東部・卑南（プユマ）族の青年の家

　かつて集落が戦闘の恐怖におかれていた時代，外部からの侵入者を見張るための家があった．

　小さな社会集団では，子供が幼児期を経て大人として一人前になるまで，若者たちだけが集められ，しきたりや役割を教育訓練されることが行われていた．

　年齢や成長に応じた役割をもつことは，若者たちの目標となり，成年とみなされるためには，多くの場合，加入のための試練を受ける通過儀礼をともなっていた．その社会のシステムが建築的に表現されることはあまりない．しかし若者たちの役割に集団の期待がかけられた社会では，シンボリックな造形を伴った若者宿が生まれていた．

　母系社会であったプユマ族の男子は13歳か14歳になり青年期を迎えると，一族のモラルと規律を学ぶため，スパルタ教育を受けるのが習わしであった．

　共通の言語と習慣をもちながら，部落ごとに異なる政治集団であったために，紛争も絶えなかったようだ．地上高く持ち上げられた青年の家は，若い同世代の団結を促し，勇敢な戦士として育てあげる教育装置でもあった（図18, 19）．

　少年たちはこれをみて早く一人前になりたいと思いながら，年齢階段を登っていったことだろう．

　その村の誇りは，外敵に対する見張り台であり教育施設であると同時に，集団内部における監視台であったのかもしれない．

図16　鼓楼（クーロウ）の塔が建ち並ぶトン族の村．中国，肇興

図18　台湾プユマ族の青年の家．台湾中南部（九俗文化村にて）

図17　風雨橋（フォンユイチャオ）．中国，三江

図19　プユマ族の青年の家の内観．台湾中南部（九俗文化村にて）

4　防御と結束の表明

屋敷構えは家の防御として考えるとわかりやすい．

領域を確保することは，人間に備わった動物としての防衛本能に深く根ざしている．

その領域の取り方は各文化圏により大きく異なっており，家の設計はまさに領域のデザインであるとさえいえる．人間は動物にみられるような縄張り行動を，たくみに制御しながら公私の濃度を制御しており，必ずしも攻撃—防御の物理的な力関係だけでバランスを作り上げているわけではない．そこには多分に約束事や振舞いを通じた心理的な作用が働いており，住まいはその段階に応じた舞台づくりとして設定されている．

たとえば個人のプライバシーを絶対と考える場合は，個室を堅く守り，家族を守りたいと考える場合は，外周を固めるだろう．住の文化的特色はものの感じ方，必要性に応じて生まれてきたといわれている．

このように領域にはいくつもの段階があり，個人—家族—集団—外界の関係は，外側からの異物の侵入に対しどのような対処をするかにより大きく影響される．この人間のもつコミュニケーションの関係と距離感覚を論じた領域論はさまざまに論じられ，住空間の解釈に大きな力を発揮してきた．

しかし現代のように外部と直結する通信手段が高度化されるにしたがって，コミュニケーションと空間の対応関係には大きな変容の兆しが見え始めている．

このような変化は必ずしも空間的な変容に一致するものではなく，どのような住環境にも起こり続けてきた．たとえば円を描いて並ぶアフリカの住居のように（p.90，図2），完結した形式をもっている場合，家族構成の変化に対しての柔軟性は乏しい．そのため小屋が中心に増築されることもある．その小屋は仮設的な機能を受け入れながら，やがては独立して原型を再生産していくことになる．

本来，このような平面構成は外敵から身を守るためにあったと考えられている．しかしその形式や防御柵は，外敵がいなくなっても同じ形態を保ちつつ小動物が入らないように目的を変えて変質し，さらには所有の領域を示すといったように，目的を変えた複合として住空間の形式は維持されていく．これは時代の流れとともに同じ形が意味を変えて存続していくことを示している．

建築はこの柔軟性によって支えられており，単一機能に一致する理想的な建築を想定することは，むしろ貧困な幻想にすぎない．そこに矛盾が吸収しきれなくなったときに，それまで引き継がれてきた建築形式の多くは，カタストロフィーのように激変する．

中国福建省の土楼

中国南東部福建省には，北方から移り住んできた人びと「客家(ハッカ)」の厚い壁に囲まれた住居「土楼」が点在している．客家は歴史的には追われてきた外来者として孤立し，団結した防衛的な住まいを必要としたといわれている．

1つの土楼には同姓の親族が集まり，数十戸200人を超す一族が居住しているものもある．

全体の平面の形は，環形・方形に大きく分類され，風水の占いにより形が決められてきたという．内部は3〜4階建となっており，中心に大きな中庭が設けられている（図21）．

その広場を囲んで，環形土楼の個室は同心円状に並び，方形土楼の場合は線対象に均等に分割され，各戸に配分されている．外周は版築構造とよばれる石と粘土，石灰などを混ぜた土により厚さ1メートル前後に突き固められており，外部からは要塞のように閉鎖的な姿を見せている（図20）．

その閉鎖的な外部の壁とはうって変わって，内部は木造で組み立てられており，1周する開放廊下が何層にも重ねられて廻っている．大規模なものになると垂直に防火壁が造られ，火災の被害を最小限にする工夫までされているものもある．階段が分散しているため，上下の移動には必ずこの廊下を利用しなくてはならないが，一軒の占有は原則として上から下までケーキを切るように縦割りになっている．

この運命共同体的な住まい方は，外敵の恐怖や結束の強さに対する依存度が減少していく現代において，大きな変容の波にさらされている．

図20　土の壁に囲まれて建つ円形土楼．中国，福建省

図21　永定県の円形土楼「承啓楼」の内部．中国，福建省
200軒以上の親族が同心円状に居住しており，中心部には先祖を奉る廟が建てられている．

図22　なかの住居が上に伸び始めてきた大囲壁の村．中国，香港の吉慶園

図23　堀と高い塀に守られた客家一族の村．中国，香港の吉慶園

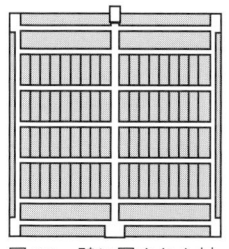

図24　壁に囲まれた村，香港の吉慶園の配置図

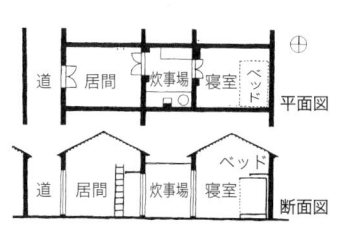

図25　半屋外の炊事場をもつ吉慶園のなかの住居単位

客家一族の村，香港の吉慶園

　75メートル四方の村を取り巻く堀と，背丈が人の3倍ほどの高さをもつ頑丈な煉瓦塀に守られていた村吉慶園は，中国東北地方から南下してきた客家と呼ばれる人びとの住形式を残すものとして，以前は多くの観光客が押し寄せていた．中央には幅2メートルほどの軸となる道が東西に走り，1つしかない入り口の門が正面に設けられ，反対側の突き当たりには先祖の霊を祭る廟が配されている．この道に直行して南北7本の細い路地が走り，その間に長屋が規則正しく並べられていた．その機械的な配列と，住居の大きさはまるで収容所のようでさえあった（図24，25）．近年，塀のなかの家々は建替えが盛んに行われてきており，雨後の筍のように塀の高さを越える住宅が建てられ始めてきた．堀は現在既になくなっており，外敵の恐怖に備えたとされる防御の囲いは，都市化の波を受ける防波堤として，かろうじて留まっている（図22，23）．

5 風と対話する家型

台風の通り道となる沖縄の民家は，周囲を石垣や防風林で囲われ，室内の板戸は雨戸が飛ばされたときの代用になるような対策がほどこされていた．風はあるときは脅威となるものの，普段は新鮮な空気を運び，乾燥や湿潤をもたらしてくれる自然のエネルギーでもある．その住環境に与える影響は大きく，家の形式に深くかかわっている．

済州島の民家

民家の風に立ち向かう構えは，多くの場合塀と外壁の姿として，集落の影響を大きく左右する．また敷地内の棟の配置にも影響を与え，納屋のような離れが母屋を守る衝立のように建てられていることも多い．

台風の直撃を受ける朝鮮半島南部では，済州島をはじめとして，台風に対する対策が民家に独特の特徴を与えてきた．木軸構造の壁の外側には，まるで鎧をまとったようにさらに石の壁が積み上げられ，屋根には飛ばされないようにぶらさげられた重石が，まるでペンダントのように据えられている（図26）．

珍しい例では，屋根と壁がそれぞれに分離して考えられており，屋根は吹き上げられないように，外側に打ち込まれた杭に繋ぎ止められていた．

風のテント

アフリカの遊牧民トゥアレッグ族は，7世紀から11世紀にかけたアラブの侵入により，サハラ砂漠中南部に追いだされた歴史をもっている．

遊牧生活は季節ごとに牧草を求めて移動するだけでなく，岩塩のような物資を運ぶ交易を発達させ，部族間の情報伝達役も担っていた．

その移動に適したテントは，何枚もの家畜の皮をつなぎ合わせたもので作られていた．設営のときには，外周にほぼ長方形に近い領域を確保するように細い木を何本も並べ，そこに皮ひもで屋根となるテントを縛り付ける．壁となる部分のテントは，屋根とは別に四角い平面に沿って衝立のように張り巡らすだけの簡単なものだ（図27，28）．

屋根と壁が分離しているために，涼しい風がこの間を吹き抜けていく．気候の穏やかなときはそれでよいが，砂漠では激しい砂嵐を避けることはできない．そのとき砂塵の吹込みを避けるため，周囲の紐を下げると，テントは大地にへばりついて亀のようになる．強風が治まると紐を上げ下げして，通気の量をコントロールするのだ．

砂漠とはいえ夜間の冷え込みは厳しく，屋根の上げ下げできるテントには，自然と共存する巧みな工夫が組み込まれていた．

図26 木軸外壁の外側にも石の壁が積まれ，強風に対する二重の防御となっている．韓国，済州島（民家村にて）

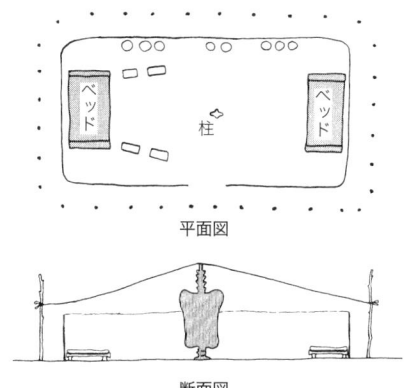

図27 トゥアレッグ族の皮のテント．ニジェール

図28 風の強さに合わせて屋根を上げ下げできるテント．ニジェール

風の通りぬける屋根をいただく民家

ブータンの民家は，3階ぐらいの高い位置，土壁の上に持ち上げられた居住階の屋上がフラットルーフになっており，その上には勾配の緩い束立ての屋根が載せられている．屋上に壁はなく，風の通り抜ける屋根裏スペースは，乾燥野菜や穀物を貯蔵するスペースとして使われる（図29，30）．

その居住階には竈が置かれており，ちょうど日本の民家の土間が，地上階に設けられているような感じになっている．竈のあるところが，生活の主要なレベルとなり，そこは平面の半分が厚さ1メートル前後の土壁に囲まれている．

残りの部分は，木造の真壁造りと木製の横引き窓によって造られており，リビングルームに該当する居室と仏間がほぼ同じ大きさで設けられている．毎日の食事で有名なものにエマダチと呼ばれる大量の唐辛子をチーズで煮たものがある．これを焚いた赤米とともに食べるのが，一般的なメニューである．その食生活を支える唐辛子は，収穫期に屋根の上で天日干しにされ，赤く染められた民家が農村風景を一変させる（図31，32）．

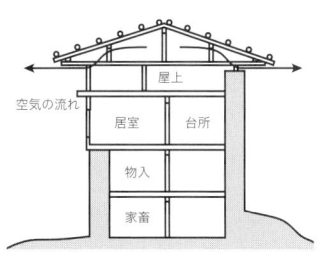
図29 ブータン，ティンブーの民家，断面図

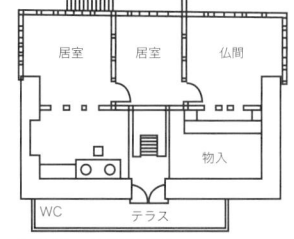
図30 同平面図

図31 断面構成が一目でわかる民家．ブータン，ティンブー

図32 風の通りぬける屋根をいただく民家．ブータン，ティンブー
屋上は食料貯蔵スペースとなっており，その上の屋根は収穫期になると干された唐辛子で真っ赤に染まる．

6 集住の特異性

集住の生み出す風景は，そこに住む人びとの価値体系や美意識，社会制度を如実に反映している．そこに現れる空間の特異性は，それを成立させている社会の特徴そのものであり，住民の意識のあり方を示している．

香港「九龍城」の高密度住居群

スラムの典型のようにいわれ続けていた幻の「九龍城」は，アヘン戦争以来，香港における治外法権の場として，犯罪の巣窟とも呼ばれ恐れられていた．かつて数万人も住んでいたといわれる住居群は，「一度迷い込むと戻れない」という噂を生み出すほどの迫力で，外来者を寄せ付けなかった．

高いところにある家でも，窓にはいたるところに鉄格子がはめられ，侵入者が外から入ってこないように守りを固めていた．建物と建物のわずかな隙間が，中に入っていく通路になっており，頭上には何十本もの配管が走り，汚水とも上水とも思える雫がポタポタと頭や肩に落ちてくる．

冷たく光る蛍光灯に照らし出された暗い道は，まるでトンネルのような感じになっており，網目のような路地が縦横に走る．しかしそこを突き抜けると，中には大きな中庭が開けており，光や空気を供給し，自然発生的に生まれた大集合住宅の住環境を支えていた（図33，34）．

マレーシアの高床式住居

インドネシアを中心とした東南アジアにはロングハウスと呼ばれる居住方式がある．

これは個室を一直線に並べていく長屋方式であり，村の構成員が1つの家に全員居住している．文化人類学者の報告によると，ロングハウスの建設にはさまざまな占いが行われ，土地の吉凶を見極めたうえで，川に沿って一直線に作られるという．建築が作り出されるときに行われる儀式は，コミュニティに確立された空間原理を，人びとの意識に思い出させる契機となっている（図35）．

図36はボルネオ北東部，マレーシアのコタキナバルから東へ150キロほどのところに見られたロングハウスである．屋根は波型鉄板で覆われ，伝統的な草屋根とは趣を大きく変えているが，床は高床式で幅の広い廊下が確保され，所々に縁台が置かれている．

高床式は起源を東南アジア方面に発するといわれ，その原型を想わせる小規模な民家の姿に，往年の壮大なロングハウスの面影が残されている．丸太の束，椰子の葉を編んだ屋根やすだれ，細い枝を並べた風通しのよいルーバー状の壁，竹のスノコ床など，通気性のよい造りの特徴は，建築の形式に集約されて長く受け継がれてきた．

図33 高層スラム九龍城内部，中庭の風景．中国，香港

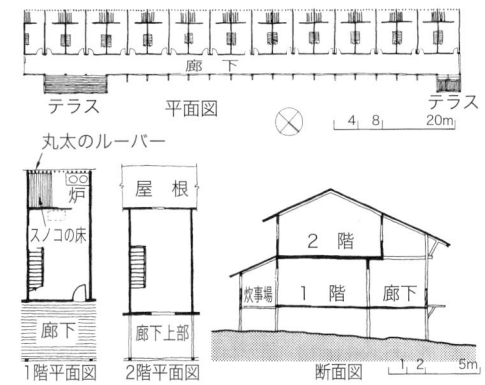

図35 マレーシア，ロングハウス

図34 鉄格子で守られた高層部の住居．中国，香港

図36 マレーシア，コタキナバルのロングハウス

7 立地条件への適合

人は平地のみならず，水の上や急傾斜地にも住空間を求めて生活圏を拡大してきた．建築が常に立地条件との対話により生まれてくることは自明であり，その与えられた環境の違いにより，さまざまな様相を見せてくれる．

タイの水上の家

水に囲まれ自然の要塞に守られたイタリアのベニスは，舟による大量輸送手段により，流通の拠点となり商都としての繁栄を極めた．車のない時代，水上輸送は陸のネットワークよりはるかに効率的な移動の手段であったといえる．

東南アジアの平坦地，インドネシアのスラウェシ島パロポの港（図38）やバンコク・チャオプラヤ川流域のデルタ地帯には，水面に柱を立て，その上に仮設的な小屋がたくさん造られている．バンコクではそれに伴う小船の水運に結びついた経済圏が生みだされ，水上マーケットが大きく広がっている．網目のように張り巡らされた水のネットワークは，交通渋滞の激しい陸上を避けて水路を利用する人びとの，重要な交通路にもなっている（図37）．

川には生活廃水が流入し，衛生面の管理が課題となってはいるが，水上生活者にとっては重要な生活用水であり，小船で通学する学生の姿と川に下りて沐浴する人の姿などのミスマッチングが，ここでは日常の風景になっている．

ピレネー山系の傾斜地に持続する平面構成

機能と建築空間が常に一致していると考えるのは，幻想である．

ピレネー山系の小村アイディウの民家は，傾斜地に建つため平面の大きさはほぼ決められてしまう．たいていの民家は斜面を削り取った1階に家畜の部屋を作り，その上にできる平らな2階の部分が居住空間となっている．しかし平面が家族の人数に合わせて造られているとは限らない．2階の屋根裏は家畜の飼料となる干し草をいっぱいに貯めておき，それを少しずつ下に落として家畜に餌をやっていたという．斜面の家は面積をあまり大きく取ることができないため，平面を2つに割り，1つを居間として利用し，残りの半分をさらに2つに分割して寝室として使っていた．人の数と部屋の数は対応しておらず，家の型に合わせて人の側が生活を工夫していたのだ（図39）．

そんな山奥の村にも車が入るようになると，1階の家畜小屋は物置や駐車場に代わり，断熱の役割を担っていた屋根裏の干し草も姿を消した．こうして家は形を変えなくても中身がどんどん変わっていく．空間構成における変化するものと変化しないものを嗅ぎわける直観力は，建築家よりも地域住民の無意識のなかに持続されていることを忘れてはならない（図40）．

図37 チャオプラヤ川の水上マーケット，タイ，バンコク

図38 パロポの水上高床住居，インドネシア

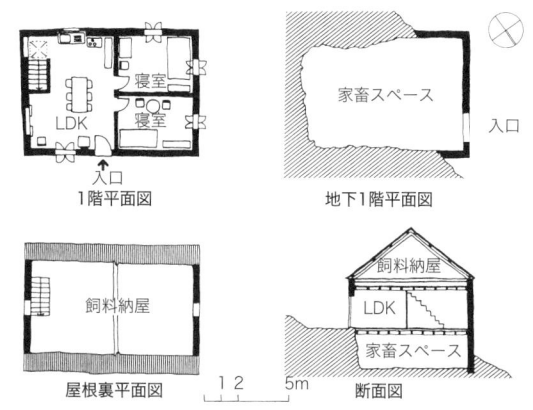

図39 フランス，ピレネー山系の傾斜地に建つ民家

図40 同じ平面形状の民家が建ち並ぶフランス，アイディウ村の風景

8　形式の持続性

　住居形式は立地条件や気候，風土の違いにより変容を繰り返していく．しかし生活を継承する保守的側面は極めて強く，建築の形式は文化的痕跡として残され，編成された技術や工法，生産システムはそれを持続させる力として働く．

　韓国の床暖房方式オンドル（温突）は，民家の採暖方法として朝鮮半島に広がっていた．これは中国大陸ではカンと呼ばれ，土間から数十センチ高くなった1畳から2畳分ぐらいの場所を暖める方法に，起源をもつとされている．しかし不思議なことに，朝鮮半島に広まった後，仏教とともに海を渡り日本に伝来することはなかった（図41）．

　なぜ日本の民家には，朝鮮半島で広く普及している床暖房方式のオンドルが伝播しなかったのだろうか．有史以来，外来文明を取り入れる経路に位置していた朝鮮半島から，多くの文化が移入されてきた．しかし居住性の根幹に触れるような工夫が，日本では普及しなかった．住居は，その本音の部分を露にする空間的表象であるともいえる．

　これが日本の高温多湿の気候風土に合わなかったという説明に一理はある．しかし日本の民家が，寒さに対し無防備に近い状態で，延々と受け継がれてきた事実は，民衆の生活に強い文化的フィルターのあったことを示している．

韓国のオンドル

　床全面を暖めるパネルヒーティングとしてのオンドルは，炊事場から出る煙を床下の煙道に導いて採暖するもので，朝鮮半島では温突何間の家というように，間取りの単位になっていたという．

　台所は，釜屋（プオク）と呼ばれ，そこで使われた火の煙は，床下の煙道を通って部屋を暖めながら，最も遠い場所に設けられた煙突に導かれる．そのため出口に来た頃には温度は低くなっており，ものが燃えるほどのことはない．

　部屋にはそれぞれ呼び名が付けられており，部屋の関係が言葉として表されている．炊事場の釜屋，それに隣接して一番暖かく家の中心となる内房（アンパン），それに続く上房（ウッパン）の3つの要素が基本単位となって，1つの典型を作り出している（図42, 43）．

　そのほかには，家の中央部に楼房（マル）というテラスのようにオープンなスペースがあげられる．ここは大庁（デーチョン）とも呼ばれ，「大庁」は祖先神の祭場という意味にもつながり，米びつを置くなど，稲作民族としての流れが現れているといわれている．

　また朝鮮語のマルは，子音のm（エム）とr（アール）を語源とする聖性に通ずる言葉であるとされ，ひいては日本語で物を貯蔵したり，墓穴を示す室につながっていると

図41　オンドルの煙突と煤で黒くなった民家の壁．韓国，慶州
　温度の低くなった煙の出口では屋根を焦がす心配はない．

図42　両膝を立ててくつろぐ老人．韓国，慶州

図43　台所から出る煙は，熱源として床下の煙道に導かれる．韓国，原州

いう説もある．

建築空間はこのように，継続的なつながりを垣間みせながら，時代と地域ごとの生活に対応した組み立てが行われてきた．

日本の民家がそうであったように，部屋の組み立ては接客や冠婚葬祭の，各種行事に対応して決められることが多い．住まいは，部屋の呼び名が細かく決められているほど，安定した生活の全体像が存在していることを示している．

履物を脱いで家に上がる上下足分離の習慣は，世界的に見ても少なく，その点では日本と朝鮮半島の居住形式は近い関係にある．それにもかかわらず対馬海峡には目に見えないフィルターがあり，外来のものに対して取捨選択がなされていた．

住まいは，人々のアクティビティを支える背景となり，そこでの立ち居振る舞いを規定している．それは受け継がれた文化として，あたかも慣性の法則のような持続力として働くため，頑固な一面を見せることが多い．

中国貴州省・少数民族の高床式住居

中国南部の貴州省は，ミャオ族やトン族を代表とする多数の少数民族が集まっていることで知られている．多くは高床式の住居形式を受け継いでおり，山間地では家の半分を山側に懸け，残りの半分を谷側に跳ねだした，いわゆる懸造（かけづくり）の住宅が多数点在している（図44，45）．

土間生活を起源とするミャオ族や高床生活を起源とするトン族などに違いはあるようだが，トン族の場合住居となる高床式の一階には豚などの家畜が飼われており，残りの部分は納屋や農作業場として使われている．細い階段を上がった2階が居住空間になっており，大きな縁側にあたるテラスを介して個室が設けられていることが多い．

これらに共通して見られる架構法は穿闘（チュアンドウ）と呼ばれ，柱を貫通する貫（ぬき）の横架材と，その中間に立てられた束（つか）の垂直材を繰り返し重ねて勾配屋根を生み出していくもので，2階の部分が数十センチ跳ね出しているのが特徴だ（図46，47）．

小屋梁に平行な方向を梁間または梁行と呼ぶ．一般的にはこの方向に5列の柱を立て，束と貫を組み合わせる明快な架構法が，民家の様式としてこの地域一帯の風景を生み出している．上階の跳ね出しはトン族に限ったわけではなく，柱を中心に曲げモーメントを打ち消し合い，室内側の梁成を小さくすることができるため，小規模な民衆の技術として，東は福建省から西はブータン，ネパールにも見られるデザインの骨格となっている．

図44　リサイクルが可能な解体中のミャオ族の家．中国，西江村

図46　柱と貫と束によって組み立てられるトン族の家．中国，肇興

図45　懸造（かけづくり）のミャオ族の家．中国，西江村

図47　トン族の民家．中国，肇興

9 地中の家の原初的形態

　穴居住居は,地上に人間が家を造るようになる前の,原始生活であったと考えられることが多い.しかしそれは考古学的に残存しやすいためであり,現実にはそれほど条件の整った地形,風土があるわけではない.

　地中に穴を掘る穴居住居の例としては,中国黄土高原がよく知られており,現在でも山の斜面を利用した住居でたくさんの人びとが生活を送っている.それは原始生活どころか,土を建材として上手に使う技術のうえに成り立っており,一大文化圏を形成している(図48,49,50,52,53).

　ヨーロッパではトルコのギョレメ渓谷にみられる火山岩層の浸食作用によって出現した洞窟に改造を加え,僧院として使っていたものや,スペイン・アンダルシア地方における白亜の村落などがよく知られている.

　地中の増築は部屋に穴を空けて掘り進むことになり,それらは例外なく地形の特殊性や土質,気象環境をたくみに利用して成り立っている.

　地下住居は地中の温度が地上に比べ安定しているため,温熱環境としては快適なものとなる.温度の安定は,物の保存にとっても好都合であり,ワインを寝かせておく倉として,わざわざ地下室を作ることは,現代建築においても行われている.

　スペイン・レオンの地下空間は,ワインの貯蔵に使われており,その造りは私たちの想像力を強く刺激してくれる.ゆるやかに波打つ丘陵に,三角形の合掌が並ぶ姿は,まるで原始的な集落を想像させてくれる(図51).

　近づくと地面の起伏そのものが小さな波のようにうねっている.これは半地下の上に合掌を組み,土を載せているためで,畝の高いところには煙突の先端だけが顔をのぞかせており,その下に円錐状の空間が造られている.

　この地域では,煙出しを兼ねた民家の食堂にも同じ円錐状の内部が造られており,空間のイメージは双方ともに共通している.

　ここでの地中構築物は,結果的に三角形の合掌が入り口を示し,煙突群はその下に占有空間のあることを物語っている.そしてわずかにうねる土の曲線は,自然に加えられた最小の造形として大地に融けこんでいる.

　入り口と煙突と土の起伏.最少の記号的要素で成り立つ空間の魅力は,建築的発想の原点として,着想の宝庫でもある.

図48　地下6メートルの深さに掘られた地下住居窰洞(ヤオトン).中国,乾県

図49　山の斜面をくりぬいて作られている地下住居ヤオトン.中国,揚家溝

図50　緑の斜面に埋め込まれた揚家溝村,中国

図51　中部地方の地下ワイン貯蔵庫群,スペイン,レオン

中国黄土高原の地下住居

黄河流域に広がる黄土高原の土は，砂漠から運ばれた細かい粒子が堆積したもので，乾燥状態ではしっかりした塊でも，水分を含むとぬかるみ状態になって流出してしまうほどに状態が大きく変化する．この黄土でできた山肌にスコップを入れると，穴の形がきれいに保たれるため，この地方にはヤオトン(窰洞)と呼ばれる地下住居がたくさん作られてきた．

山の斜面を横穴にくりぬいた靠山式と呼ばれるヤオトンがほとんどであるが，珍しいものでは平坦地にほぼ正方形の穴を垂直に6メートルほど掘り下げた，下沈式と呼ばれるヤオトンも多く存在していた．各部屋はこの地下に作られた中庭から横穴を掘ることによって作られており，長いスロープが住宅のアプローチとなって地下に潜っていく(図53)．

入り口の面からいっぱいに取り入れられた光は，ボールト型の天井をはうように内部に導かれる．室の一番奥には，カンと呼ばれる床暖房のできる高床のベッドが造りつけられており，同じ大きさのものが並列にあるいは放射状に集まって一軒を構成している．

土が生み出すアーチ状の曲線は，木造小屋組の屋根をもつ僧院や，雨乞いを祈願した廟の内部空間にも現れており，いったん形成された空間イメージが，技術や工法の合理性を超えた造形言語として採用されていく事例を示している．

図52 下沈式地下住居ヤオトンの内観．中国，揚家溝

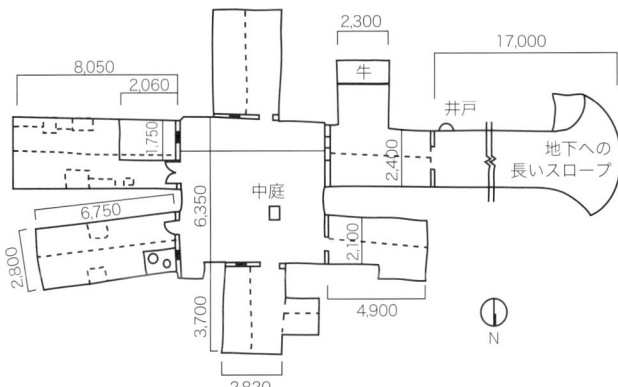

図53 下沈式地下住居ヤオトンの平面図．中国，揚家溝

スペインの地下住居

スペインの小村ヴィラカナスには，かつてシロスと呼ばれる地下住居がたくさんつくられていた．平地に掘られた階段を地中に降りていく形式は，周囲に建てられている地上の家とのコントラストで，まるでおとぎの国に降りていくようだ(図55)．

地上部分の庭には，明り採りと換気のための白く塗られた煙突だけが立っており，農家の屋上はまるで集落のオープンスペースのように道に開いているということになる．太陽光の強い地中海気候のもとで，白く塗られた家の縁取りは鮮やかに映え，それがそのまま階段の内壁となって地下に誘導してくれる．

地下ではキッチンや居間，寝室などが左右に掘られており，用途に応じて部屋どうしがつながれたりカーテンで仕切られたりしている(図54)．

土を掘って創られた部屋のため，天井はかまぼこ型のボールト状になっており，漆喰で塗り固められたインテリアは，まるでセラバーを模した高級レストランのようだ．

激しい風土を避けて地下に向かった住まいは，厚い土に守られてひっそりと大地に沈み込んでいた．

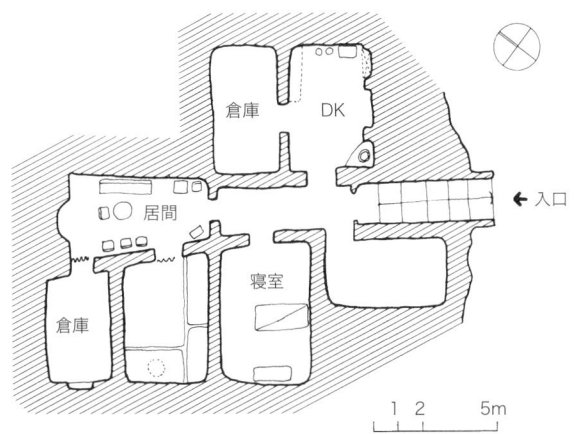

図54 ヴィラカナス村の地下住居平面図，スペイン

図55 ヴィラカナス村の地下住居に降りていく入り口，スペイン

10　倉に貯蔵される記憶

「くら」は富を蓄える建築として，生活の根幹を支えてきた．特に穀物倉は，そこに収められた種子が命の糧であるばかりでなく，次の年の新しい生命力を宿している所であった．

どのような農耕民族にとっても，自然の豊かさと神秘は，播種，育成，収穫の過程を経て穀物として「くら」に収められる．大地の豊かさと穀物の周期的な繁殖は，自然のリズムによって支配され，周期的な再生を体験することは，宇宙の原理を垣間みるときでもある．

いわば労働の結晶を蓄える場所は，宇宙の力を集約する建築でもあり，同時に富の象徴として，人びとは倉にさまざまな趣向を凝らしてきた．

そのため貯蔵は，住まいと同様に，あるいはそれ以上に重要視され，驚くほど手の込んだ建築物として扱われている例が多く存在している．

倉は地域的な循環系のなかに置かれているかぎり，昔ながらのものとして模倣され，繰り返し踏襲されていく．防湿，防虫，防犯，防鼠，通気，遮光といった基本的な機能は，強い文化的外圧を受けない限り，形態が変化しにくいとも言えるのだ．

たとえばアフリカには，部族ごとの特徴をつくりだしているものが多く，連続的な形の継承は，集団にとってのアイデンティティや歴史性を刻み込む重要な表現体にもなっている（図56，57）．

東南アジアでは，穀物の精霊が住む場所として考えられているところも多く，マレー半島のスムライ族は米倉の一部に稲魂のための部屋を作るという．またロングハウスに住むイバン族は，そこに祖霊が潜んでいるとさえ考えており，あるいは稲魂である父・母が出会って増殖が行われると考えている．

倉は通風，防鼠のために床を上げられることが多く，脚のような柱をもち，その柱頭には鼠返しの平板がのせられていることも多い．ポルトガルやスペインの北西部では，倉が足を持っているために夜間に散歩するという話が民間伝承として伝わっている（図58）．

このように聖別化され，あるいは擬人化され，ひとたび受け入れられた建築の「像」は，きわめて安定的な社会的メモリーとして共有され，コミュニティの共通言語となる．

「くら」はものの貯蔵庫であるとともに，豊かな文化的価値体系の貯蔵庫でもあるのだ．

図56　サハラ砂漠南部ニジェール，ニアメイ付近の穀物倉

図57 ニジェールを東西に貫く沿道に見られる穀物倉

図58 ポルトガル北部の沿道に見られる穀物倉

図59 宙に持ち上げられた穀物倉．スイス，チロル地方

サハラ砂漠南縁の穀倉

アフリカのサハラ砂漠南縁に広がるサバンナ地帯に入ると，大小さまざまな穀物倉が見られるようになる．

倉にはきれいに編んだ草の覆いが被せられているものも多く，本体は土器のように入念に手入れされている．土を固めてつくるため，それぞれの倉には焼物のように微妙な形が生まれており，集落ごとの違いを見せている．

穀物を守るための智恵や工夫は，虫や鼠，火や雨，あるいは家畜や盗人に対する防御が，人びとの死活問題でもあることをよく物語っている．

そのため倉は人の住む小屋より入念につくられていることも多く，芸術品と見まごうほどに洗練された造形は，住民の細かい心づかいをうかがわせている．

大きな壺の形をしたものの頂部にはマンホールほどの穴が開けられており，人はそこから梯子で出入りする．倉の中にはヒエやアワなどが穂先のまま束ねられており，それを少しずつ女性たちが脱穀する．

その彼女たちの黒い肌と原色の衣服は，乾いた大地に鮮やかな点景となって，集落に彩りを添えている（図56, 57）．

スイス，アルプス山麓の倉庫

スイス東部からオーストリア，チロル地方のアルプス山麓では，牧草を求めての遊牧農法が長く行われていた．暖かくなると高地まで移動し，秋になると谷に戻りワイン畑を手入れするサイクルが，家畜を中心に組立てられていた．

ここでひときわ目につくのが，校倉造りの倉庫である．鼠返しの大きな石の円盤の上に穀物蔵が建てられており，空気は床下を自由に吹き抜けていく（図59）．

この下には麦を脱穀するための部屋が設けられているものが多く，倉がこの上に積み重ねられている．木材を重ねた校倉造特有の物量感に充ちた収蔵庫が，宙に浮いているように見えるため，その対比がひときわ目に付く存在となっている．

壁は組積造ではあるが，内部には棟木を支えるテントポール状の柱が立てられており，屋根は下から支えられ，構造的には技術の混合が見られる．山間のルートの歴史街道として，交通の要衝であったことが技術の痕跡として刻まれているのだ．

技術は常に合理性を目指す．しかし地域性は構造にも工法にも色濃く浸透している．そこには合理性という言葉だけでは説明しきれない世界が広がっている．

道具の伝播が本来の使い方とは異なった使い方をされ，改良されることによって多様性が生まれたように，建築の技術も細部まで掘り下げていくと，職人の技術や各時代の生産システムにまでたどり着く，深い世界が広がっている．

あとがき

　家が人間生活の原点であるという確証はない．
　しかしほとんどの文化圏において，人びとは，時の流れの連続性において生活を送り，家屋形式を発展させてきた．世界には，水上にも地中にも，あらゆるところに住まいが工夫され，多様な生きざまが空間化されてきた．
　挨拶をするときの会釈が1つの形式であるように，私たちは文化的形式を必要としている．民家もまたそのようにして，時代とともに変化しながら型を完成させてきた．安定しているかに見える自然発生的な民家も，実はめまぐるしく変遷の歴史をたどっているのだ．
　現代の住まいにとって最大の問題は，ここで死んでも良いと思えるような精神が宿る空間を，充分には生み出すことができていないところにある．しかしこの問題は，都市計画や建築の専門領域にまかせるべきことではなく，生活者が自分達の参画によって，考えるべき事柄でもある．
　現代人が過去にそのまま戻れることはない．新しい世界は，新しい形式を必要としている．それを生み出すことは，専門家としてではなく，生活者として誰もがもっている可能性であると考えるべきだろう．

参考文献

- M・エリアーデ，久米博訳『聖なる空間と時間』せりか書房
- 木村徳国『古代建築のイメージ』日本放送出版協会
- B・ルドフスキー，渡辺武信訳『建築家なしの建築』鹿島出版会
- M・エリアーデ，久米博訳『太陽と天空神』せりか書房
- S・K・ランガー，矢野万理・池上保太訳『シンボルの哲学』岩波書店
- 柳田国男『火の昔』角川書店
- 池浩三『祭儀の空間』相模書房
- 上田・多田・中岡編『空間の原型—すまいにおける聖の比較文化』ちくま書房
- 東京大学生産技術研究所原研究室『住居集合論1』鹿島出版会
- 東京大学生産技術研究所原研究室『住居集合論4』鹿島出版会
- 東京大学生産技術研究所原研究室『住居集合論5』鹿島出版会
- C・レヴィ・ストロース，荒川義男・生松敬三他訳『構造人類学』みすず書房
- 和辻哲郎『風土』岩波書店
- 川島宙次『日本の民家』主婦と生活社
- 今和次郎『民家論〈今和次郎集2〉』ドメス出版
- 本多友常『ゆらぐ住まいの原型』学芸出版社
- Amos Rapoport『House Form and Culture』
- D・モリス，日高敏隆訳『裸のサル—動物学的人間像』河出書房新社
- E・T・ホール，日高敏隆・佐藤信行訳『かくれた次元』みすず書房
- 吉阪隆正他編『住まいの原型Ⅱ』鹿島出版会
- 石毛直道『住居空間の人類学』鹿島出版会
- 森田慶一訳註『ウィトルーウィウス建築書』東海大学出版会
- ロクサーナ・ウォータソン，布野修司訳『生きている住まい』学芸出版社
- 中尾佐助・佐々木高明『照葉樹林文化と日本』くもん出版
- Paul Oliver『SHELTER, SIGN & SYMBOL』Barrie & Jenkins
- Paul Oliver『SHELTER AND SOCIETY』Barrie & Jenkins
- Paul Oliver『SHELTER IN AFRICA』Barrie & Jenkins
- Paul Oliver『DWELLINGS The House across the World』TEXAS

参考：本章でふれられた各地域

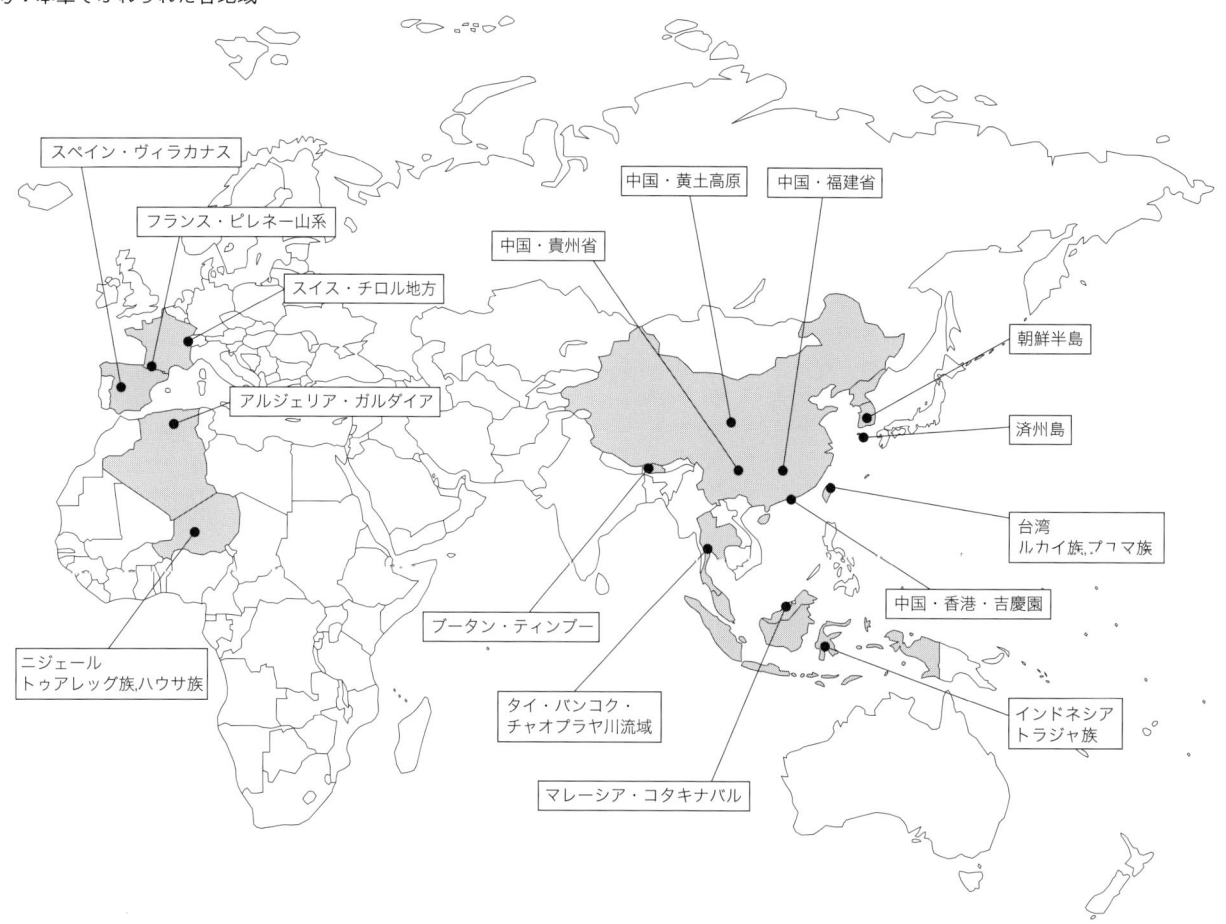

第 2 章
素材からみた現代建築

本多友常

　世界の建築にむけられた眼差しは，時代の変化とともに大きく移り変わろうとしている．そのもっとも大きな違いは，建築をひとつの作品として，オブジェのように評価するものの見方に，疑問が投げかけられはじめている点だ．

　建築は1つの物体としてではなく，環境を形成する重要な要因として，地域，都市あるいは地球全体への影響において，どのような関係性を組み立てるかが問われる時代を迎えている．それは建築を自己完結的にとらえることから離れ，歴史，文化，社会的影響から，生態系にまで及ぶ連続性のなかでとらえることが，避けて通れなくなってきていることを意味している．

　各時代の代表的な建築は，常にものごとの考え方を表明する表現体として産み落とされてきた．建築を見ていくことは，その中身を読み取ることであり，時代を考えることでもある．建築的視点は無数に存在している．この章では，主に素材や構造の視点から現代建築をみることによって，デザインの可能性をかいま見ることを目的としている．

1　重力からの解放

　産業革命による飛躍的な生産力を獲得したヨーロッパ諸国の社会は，人間の力に大きな自信をもち始めていた．

　建築素材として鉄とコンクリートとガラスが急速に生産され始めると，大地の重力から開放され，浮遊するデザインは，自然に打ち勝つ人間の力を表現した．

　それは新たな生産システムが，新時代にふさわしい建築のあり方を模索する黎明期であった．

　その思考はキュービズムに代表されるような絵画や彫刻の世界に追随するように試みられ，コルビュジエらによって建築に展開されていった．その背景には大量生産をベースにしたスケールメリットの追求があり，建築が社会的意義を一身に背負うという気概に満ちた時代であったともいえる．

　建築は常に立地条件の特性を引き出すかたちで場を形成する．しかし現代の車のデザインが特定の場に縛られることなくグローバル化しているように，建築はいち早く抽象世界への道を歩み出していった．

　シンプルでミニマルなものが，合理主義と結びつき，純粋なものへのイメージが，追求されていった．何が純粋であるかは誰も解き明かした者はいない．しかし率直な形態によって，世界を読み替えようとする試みは，美学の根底に触れるものであった．浮遊するコンクリートの床や立体は，新たな美学の可能性を刺激し，サヴォア邸のようにそのアイデアは，緑に囲まれた敷地のなかで純粋なオブジェとして結実した．それは建築が社会的使命としてのメッセージを送りながら，究極的な拠り所にアートを目指していることを示した．一方，ミースもすでに1922年には「ガラスの摩天楼計画」を発表し，抽象的な建築の姿を描いていた．スラブを何階にも積み上げ，その外壁をガラスで覆うイメージであったが，その自由な形をした平面図には禁欲的なところは微塵もなく，同一平面が積み重なることによって生まれるガラスの美しさに焦点があてられた．

　同時にスチールによる大きな跳ね出しや，型鋼をそのまま使ったディテールは，新たな工業生産品による建築の表現として，合理性と美しさが表裏一体のものとして追求された．これらの建築は，一見シンプルで合理的な納まりを獲得しているかのようにみえる．しかし溶接の歪みを直し，防水性を確保し，グリッドを守るための微調整を余儀なくされるなど，作りやすさとは離れて表現主義的な性格も併せもっていた．多くの機械的な精巧さは，実は人の手作業によって支えられているのだ．生産性が直接的に審美感と結びついたという説明は，観念的な側面の強かったことも忘れてはならない．

ル・コルビュジエ

　現代建築の巨匠ル・コルビュジエは，新しい時代にふさわしい建築の合理的なあり方の1つとして，1914年にドミノハウスの提案を行っている．それは六本の柱が水平の床を支えているシンプルな構造システムであり，階段のあることが建築的スケールを表していた．

　当時，鉄筋コンクリート造による建築の可能性は，既にペレーやガルニエらにより，試みられてきており，コルビュジエは構築の理論を美学に結びつけたもののひとつとして，ドミノ理論を発表したともいえる．構造システムとしては地味なものであったが，彼は跳ね出しのスラブやピロティを可能とする鉄筋コンクリートの潜在力が，新時代にふさわしいイメージであることを洞察していた．

　パリ郊外に建つサヴォア邸は，共同者として常に裏舞台を支え続けたピエール・ジャンヌレとともに掲げた新しい造形言語としてのピロティ，屋上庭園，自由な平面，横長の連窓，自由なファサードを，実作において示すものであった．ピロティによって支えられた本体には，横長の連窓が開けられ，内部にスロープの上屋や塔屋の造形が生活空間を作り上げていることを見ることができる．

　大地から浮き上がった建築の本体は，その下を公共性のあるものにしたいという都市空間への提案であったと同時に，緑豊かな自然のなかに置かれた彫刻としても，新時代の美学への挑戦でもあった．

ミース・ファン・デル・ローエ

　超高層オフィス，シーグラム・ビルディングは，ニューヨークの中心街に聳え，すでに半世紀の歳月を迎えようとしている．そのカーテンウォールは，都市における高層建築の現代的シンボルとして，多彩な解釈をされ続けてきた．ガラスが目に見えない仕切りとして内外を隔て，かつ連結するスクリーンとして，領域の透過性を実現するための主役となっている．しかしガラスを外から見て透過するイメージは，ほとんどの場合，実現しない．存在感をなくすことと，物質感を得ることの裏腹の関係がそこにはある．

　ガラスは目に見えないものであると同時に，石のような物体でもあることを忘れてはならない．シーグラム・ビルのブロンズとガラスによる外壁の皮膜に施された水平と垂直の等質性は，純粋なものへのイメージを，都市の風景として出現させた．

　そして現在に至る時間の経過のなかで，金属とガラスによるカーテンウォールの建築は都市のなかに，進んで埋没してきたともいえる．しかし近代主義は，没個性を目指したわけではない．むしろ素直さにふさわしい形式を求めた歴史として，厳格なプロポーションを残し現代に生きている．

図1 サヴォア邸, 設計：ル・コルビュジエ, 1931年
重力から開放された建築の新しい表現形式は，建築の抽象的表現として，現代につらなる美意識の根幹となるものであった．

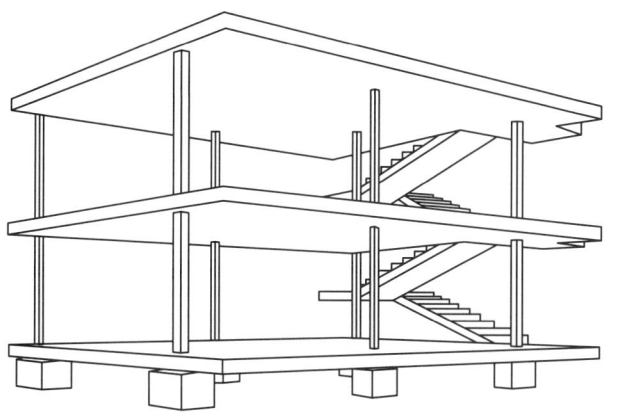

図2 ドミノハウス, ル・コルビュジエ, 1914年

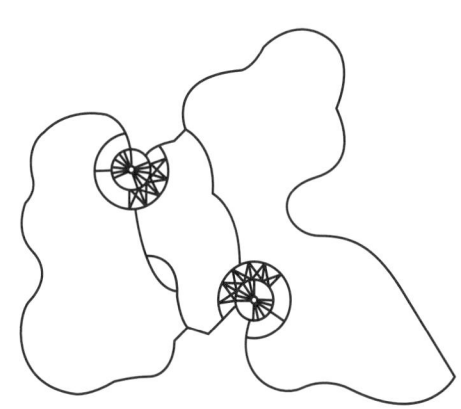

図3 ガラスの摩天楼計画, ミース・ファン・デル・ローエ, 1922年

図4 フェデラルセンター, 設計：ミース・ファン・デル・ローエ, 1976年

図5 バルセロナパビリオン, 設計：ミース・ファン・デル・ローエ, 1929年 （撮影：柏木浩一）

2 軽やかな技術

　自転車の車輪が細いスポークで作られているのは，下から支えるのではなく，上から引っ張り上げているからだ．

　スチールは引張力を生かすと，細い部材で緊張感のある構造を作り出すことができる．

　橋を見ればわかるように，鉄骨が大きな構造を支えているのは，引張力，圧縮力ともに強い性質をもっているためだ．そのため建築物の大きさのわりには小さな部材を使うことになり，軽やかな表現を得ることができる．一般的に大架構になればなるほど，構造物は自重を支えることが困難になる．単位面積あたりの強度が高い鉄骨は，コンクリートに比べ軽いため，ほとんどの超高層などには鉄骨造が使われている．しかし火災のとき，500℃前後で強度が常温の2分の1ぐらいに落ちてしまう．そのために，耐火被覆を必要とすることが多く，厚い衣で包まれているために，一見したところRC（鉄筋コンクリート）造と見分けのつかないことも多い．

　また引張り上げた力は，最後は大地に流していくための柱を必要とし，力の迂回だけ費用のかかることも多い．

　しかし鉄は溶接など熱による加工がしやすく，自由で大きな空間を構築し，接合部では精巧なディテールを施すことが可能となり，軽やかな表現の可能性を備えている．

　鉄骨材は工場生産され，現場では一瞬のうちに組み立てられていく．それは高度な建設技術に支えられた生産工程であり，それぞれの部材がどのように組み立てられているかを見せることは，技術を表現するデザインのポイントとなりやすい．

　かつてレンゾ・ピアノはリチャード・ロジャースとともにパリのポンピドー・センターを設計し，機械を隠喩として表現した．これは設備配管を外部に露出させ，各階から外に跳ね出した梁をテンション構造で引張り下げた．これは本体の梁背を小さくしようとするためのもので，構造，設備の仕組みを外に見せていくデザインを打ちだしたのだった．

　これを技術表現主義，ハイテックなどと呼ぶこともあるが，むしろ人と技術の成熟した関係を建築的に表現しようとするものであり，思想の表現だったと見るべきだろう．

　またここで惑わされてならないのは，もともと現代の建設技術に情報化技術ほどの先端性は望み得ない点だ．技術表現は技術（的）表現となる．もし本当に先端的技術の可視化を試みるなら，それは限りなくICチップやハードディスクを格納している，ブラックボックスに近づいていかざるを得ないことになるだろう．

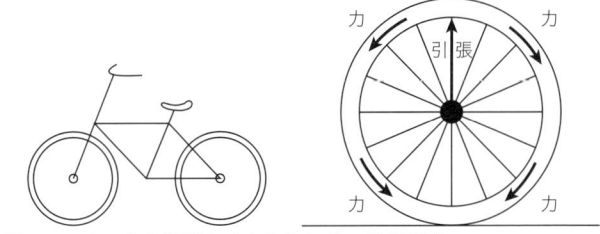

図6　スチールの引張力で支えられている自転車

図7　テンション構造で屋根が吊り上げられているルノー工場，設計：ノーマン・フォスター，1983年

図8　トラス構造で大スパンが実現しているセインズベリー・アートセンター，設計：ノーマン・フォスター，1978年

図9　室内空調による空気の流れを表現した関西国際空港の大架構，設計：レンゾ・ピアノ，1994年

図10 支えるシステムがデザインされている空港の大屋根．スタンステッド空港，設計；ノーマン・フォスター，1991年

ノーマン・フォスター

現代の建築は，コスト，工期，安全を目的としてプレファブリケーション化が進められており，現場作業は半製品を組み立てるアセンブル・ポイントとなりはじめている．プレファブ化は，スケールメリットによるコストダウンだけではなく，改良を積み重ねることにより，技術の蓄積が可能な点を見逃してはならない．そして真のテクノロジーは，その検証とシミュレーションのために駆使されるのであって，目に見える建設技術を指しているだけではない．屋根を吊り上げるために，黄色いポストを林立させたルノー工場は，構造的な理由もさることながら，軽快さと緊張感を生み出すデザイン手法を採っている．

またセインズベリー・アートセンターでは，なだらかなグリーンの上に，コの字型の断面をもった架構がまたがり，壁と屋根が連続した単純な形態が連続することにより，どこまでも伸びる長方形平面を生み出している．

スタンステッド空港のユニット化された屋根では，連結されたユニットが連なることによって浮遊した屋根を生みだしており，いずれの場合にも「支える」システムと「連続」するシステムを明快に視覚化するデザイン手法が採用されている．

建築において，この明快さを実現するのはそうたやすいことではない．発注者の細かな要求から，法規，製作，維持，コストなどの複雑な要素は多くの場合，発想の一貫性を歪めていく．それを整理する手段として，ノーマン・フォスターは建築の「半製品化」を設計のコンセプトとして造形の形態をうちたてている．

レンゾ・ピアノ

関西国際空港旅客ターミナルビルは1988年コンペでレンゾ・ピアノの案が実施案として採用された．それは飛行機の胴体の骨組みが連続するような，湾曲した鉄骨梁の，大型トラスによって覆われるものだった．設計は室内の空気の流れを分析し，それを構造家ピーター・ライスらとともに，マルチディシプリーナリー（総合的）な意見交換を交えて構想していったという．

ピアノ案がコンペで盲点を突くように浮上した理由は，大量の緑によって自然を取り入れようとする点であった．

緑は鳥を呼ぶため，飛行場にそぐわないというのが常識なのだ．それに対し，緑あふれる人工島のイメージは，新鮮な潤いを予感させた．残念ながら現実に建設されている空港には，かなりの変更が加えられ，実際にはその意図は実現されなかった．しかしここで魅力の中心は，鉄骨の特異な形状と，それが生み出す新空港にふさわしい優雅な雰囲気である．それはファンタジーにあふれており，細部のエレメントにおけるディテールの精密さは，その雰囲気を一段と助長し，「内部空気の流れに沿って，設備サイドの提案から生まれた」という空間の雰囲気はよく実現されている．

ピアノによれば，表現はリサーチの結果であり，リサーチは言葉であり，したがって「建築は言語」であるというのが，彼のスタンスだ．

3 光を透過する皮膜

谷崎潤一郎による「陰影礼賛」は，湿潤に満ちた日本の建築空間の暗さから生まれた感性を語っている．しかしヨーロッパの石造建築は，光の少なさにおいてはさらに暗く，室内に光を引き込むことは，建築的な悲願であり続けてきた．

板ガラスは昔，ビンを作るようにして溶けたガラスを膨らまし，薄くなった円筒形の板を平らに引き延ばして作られていた．そのため表面は不均質で，光が微妙にゆがむために，これを如何に平滑な面に仕上げるかが工業技術としての課題であった．現在では溶融したガラスを比重の重い金属の入った槽の上に浮かせ，その上を流すことにより平滑度の高い製品が作られるようになっており，むしろ古いガラスの風情を懐かしむ声さえあるくらいだ．

産業革命発祥の地イギリスをはじめ，ヨーロッパでは鉄骨による建築が建てられるようになり，それを被う皮膜として，ガラスの使用が実験的に試みられるようになった．

その透明な皮膜は，1851年ロンドンで行われた万国博覧会で，563メートル×124メートルの大展示館の水晶宮（クリスタルパレス）として建設された（ジョセフ・パクストン設計）．これは現存していないが，当時の面影を残しているとされるものに，ロンドンのキュー植物園の温室がある．

それは大空間をガラスによって被うという単純なものであったが，当時最先端を切ったスチールの技術が，1枚1枚手作りのガラスと結びついて，新時代の輝かしい感性を表現したのだった．

一方，ガラスは半透明な素材として使うこともできるため，光を均質に通し拡散する幕として，あるいは鏡としてインテリアに効果的に使われるようになっていた．

工業生産品と手作りの成果として生みだされたもののひとつに，エクトール・ギマールによるパリ地下鉄入り口（1900）があげられる．ここでは自由な曲線による鋳鉄の骨組みが，植物のように屋根を支え，半透明のガラスが載せられている．

またベルギーではアール・ヌーヴォーの作家ヴィクトール・オルタがその自邸（1898）で階段室にトップライトから落ちる光を受け止めるかのように光の天井を設計し，ガラスの可能性は同時代にさまざまなかたちで試みられていった．しかしそれら工芸的な表現は，その後の近代主義的建築の潮流からは姿を消し，直線材としての使われ方が主流となっていった．

ガラスの導入は，光がどこまでもまっすぐ通っていくために，素直な空間の組み立て方を要求してくる素材として現代に到っている．

オットー・ワグナー

オットー・ワグナーの代表作には，ウィーン郵便貯金局やカール広場の駅舎，レオポルド教会などがあげられる．

19世紀から20世紀へかけての激動期，建築家たちは光の見えない時代を模索しなければならなかった．過去の殻を破り，新しい時代にふさわしい建築を目指すために，決められた様式に代わる表現が必要だった．

当時の流行ともいわれるガラスの天井で，最も美しい姿が郵便貯金局に残されている．この天井は当初，設計競技に提案された図面では，屋根として雨をさえぎる役割をもたされていた．しかし現実にはその上にガラスの三角屋根が被せられ，二重に造られている．この郵便局ホールに落ちてきた光は，さらにガラスで作られた床を通して地下に光を透過させ，室内に光を導き入れている．

近代主義の考え方には，内部空間が素直に外部空間に現れるべきだという主張がある．それが近代合理主義にふさわしい建築のあり方だというわけだ．しかし近代の父といわれるワグナーにおいても，レオポルド教会に見られるように，内観と外観のデザインは，いまだ分離された対象として扱われていた．

図11 ロンドンのキュー植物園の温室，設計：デシムス・バートン＋リチャード・ターナー，1948年

図13 ギマールによるパリ地下鉄の出入口

図12 植物のような鋳鉄の骨組，設計：エクトール・ギマール，1900年

図14 階段室の光の天井，設計：ヴィクトール・オルタ，1989年

図15 ウィーン郵便貯金局ホール，設計：オットー・ワグナー，1906年
ガラスの天井から取り入れられた光は，床のガラスブロックを通して，地下にまで導かれている．

図16 ガラスのチューブによって覆われたインテリア，ジョンソン・ワックス本社，設計：フランク・ロイド・ライト，1936年

図17 マッシュルーム型構造による執務空間，ジョンソン・ワックス本社，設計：フランク・ロイド・ライト，1936年

フランク・ロイド・ライト

　フランク・ロイド・ライトは1959年91歳で逝去するまでに70年間を建築家として生き，800以上にのぼる設計を手がけたといわれている．日本では，現在，明治村に移築された旧帝国ホテル，兵庫県芦屋市に修復保存されている旧山邑邸などがあるが，その作風は彼が独立した初期の時代，シカゴのオークパークを中心とした地域の建築につながっている．

　素材の使い方としては例外的なものではあるが，その美しさで有名なものにジョンソン・ワックス本社のガラスチューブを重ねた連窓の開口部や天井がある．

　それは試験管のようなガラスの筒に空気を封じ込め，チューブとチューブの間をシールしていくことにより，開口部から光を取り入れようとするものだった．

　足元が細くなりピン構造で支えられている柱は，天井でマッシュルーム型の柱頭となって広がり，その隙間から光が導かれ，構造体そのものがシルエットとして浮き上がっている．

　彼はガラスのチューブが空気を閉じ込め，断熱性能のよいことを説いていたようだ．しかし真の狙いは，透過してくる光が屈折し，複雑な輝きを放つガラス管の美しさを引きだすことであったに違いない．

4 不透明な皮膜

　現代建築を支えてきた素材としてのガラスは，常に透明で目に見えないものとして扱われてきた．それはほとんど世界中の約束事であるかのように扱われ，ガラスさえ使えば内部空間と外部空間を分離しつつ，結合できる素材として便利に使われてきた．

　しかし実際には壁のように遮蔽性が強いことも忘れてはならない．また大きな課題として，空気を遮ることはできるものの，太陽光は透過するため，熱に対してはコントロールしにくい素材であるともいえる．特に建築のエネルギー消費の観点から見れば，ガラスに覆われた建築は，空調に膨大なエネルギーを必要とするため，大きな課題をもち続けていた．

　これを解決する方法として，サングラスのようにする方法が考えられた．これはガラス面に金属をイオン化して蒸着する方法であり，金属の種類，蒸着膜の厚さにより，光の透過と反射を調節し，光学的な現象を利用して色合いもコントロールできるようになってきた．一般に熱線反射ガラスと呼ばれるもので，現実に青や緑，赤や金，銀さまざまな製品を作ることが可能になってきた．これは都市景観にとっては危険な材料にもなりかねないものであるが，表現の幅が大きく広がったことは間違いない．

　これを使った建築は，もはやガラスの透明性どころか，建築の大きさがもつ物質性に直面することになった．ガラスで覆うことは，大きな塊を作ることになったのだ．

　ウイリアム・ペダーセンはシカゴのワッカードライブ333 (1983)でガラスを面として使い，彫刻のようにあつかい，それが周辺の景観によくマッチしていることを主張した．その景観論の正否は別として，背後には発注者であるクライアントが「都市における建築のふさわしさ」という裏書をもらいながら，いわば公における倫理観を満足させながら，立派な私有物を手に入れるという構図が横たわっている．

ヘルムート・ヤーン

　透明なガラスと熱線反射ガラスとは，まったく別の素材だと考えてもよいくらいに，都市景観に与えるインパクトは大きい．

　曲面のガラスが大アトリウムの吹き抜けをもつ事務所空間を囲うイリノイ州センターと，もう1つの大作であるノース・ウェスタン・ターミナルビルは，シンボリックな中心性と，自由な楽しさのなかにひそむ希薄さを同時に抱えつつ，都市の風景を生みだしている．

　そのターミナルビルは，高層部から滝が落ちるような，

図18　曲面の美しさを強調したワッカードライブ333外観，設計：ウィリアム・ペダーセン，1983年

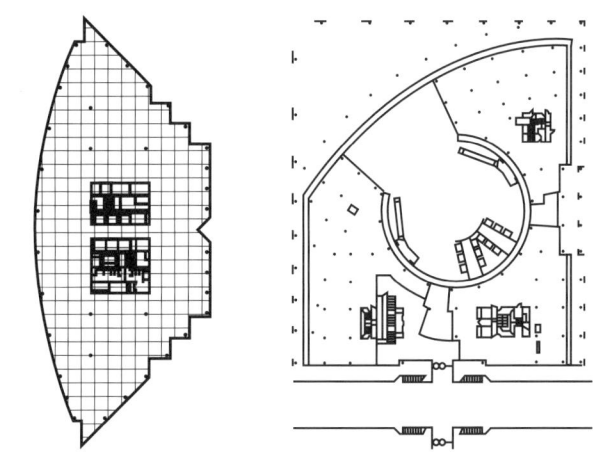

図19　ワッカードライブ333，平面図　図20　イリノイ州センター，平面図

図21　ガラスの種類を変えているイリノイ州センター外観，設計：ヘルムート・ヤーン，1985年

図22　円形のトップライトをもつイリノイ州センター内観，設計：ヘルムート・ヤーン，1985年

円弧と直線の組み合わせによるガラスのカーテンウォールを，イメージしているという．

また，州センターの外周は，絵を描いた書割のような表情がデザインされ，内部にもガラスが多用され，まるでSFの映画にでてきそうなインテリアだ．ここではガラスは透明な素材としてではなく，パネルの代わりに用いられている．

ガラスの種類を変え，パターンを作りだす方法は，ヤーンの多用する手法となっているが，その先にはパターン作りの落とし穴が待っている．

イオ・ミン・ペイ

建築において，幾何学やディテールの洗練は，設計における明快な形態を引き出す手法の1つとなる．特にガラスの平滑な面は，純粋幾何学と結びつきやすい．

ペイによるバンク・オブ・チャイナ・タワーはノーマン・フォスターの香港上海銀行のすぐそばに建てられており，香港を代表する建築として偉容を競い合っている．斜のブレースは，タワーの外形を支配し，上階に行くにしたがって平面は削り取られ，51階から上においては，正方形を対角線にそって4分の1にカットした三角形にまで分割されている．

外壁を斜めに走るトラスは，竹の節をイメージして天空に延びているという．竹・中国・東洋の連想ゲームは，その響きの明快さによって報道され流布された．そこにやや安易な東洋趣味が感じられなくもないが，カーテンウォールにはめ込まれたガラスが，その効果を引き立てている．

またファウンテン・プレイスは建築のボリュームを徹底的に同一素材である熱線反射ガラスで覆い尽くし，幾何学が建築のモニュメンタルな側面を強調している．

本来モニュメントの力は，そこに建つ場所の意味や歴史的な背景を負って成り立つはずのものだ．建築の歴史はシンボリック（象徴的）に，あるいはモニュメンタルに（記念碑的）に創られることを意図された歴史でもあった．

抽象性を目指した現代建築といえども，まるでオブジェのように創られたものは多い．しかし象徴すべきもの，あるいは記念すべきものが何であるのか，答えにくいものもたくさん出現した．

そして今や，自分が世界の中心でありたいと願う建築的な表現が，次第に意味をもたなくなる時代を迎えている．幾何学とディテールの洗練が，擬似的モニュメンタリティにつながりやすいなかで，ガラスの不透明な膜は，都市景観に大きなインパクトをもつ素材に成長した．

それは設計が，設計者の技量に左右されるだけではなく，ものごとの考え方に大きく影響されることへの警鐘でもあることを物語っている．

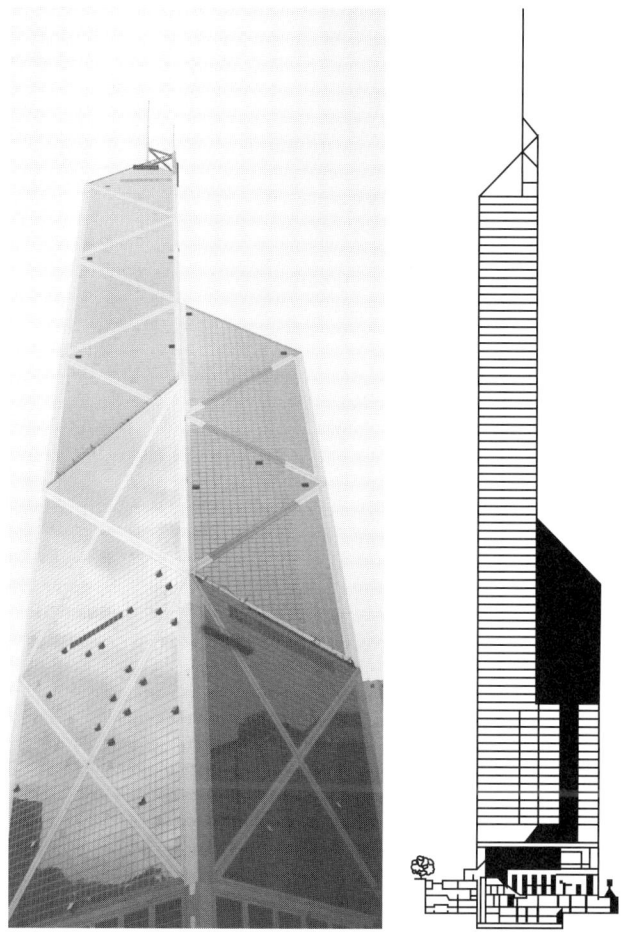

図23　バンク・オブ・チャイナ・タワー立面図及び外観，設計：イオ・ミン・ペイ，1990年

図24　ファウンテン・プレイス，設計：イオ・ミン・ペイ，1985年
熱線反射ガラスにより，建築を物体のボリュームとみなしている．

5　コンクリートの自由な造形

鉄筋コンクリート（Reinforced Concrete）は，圧縮力に強いコンクリートを，引張力に抵抗する鉄筋によって補強した構造であり，石の弱点を乗り越える構造素材として，19世紀後半から建築に使われるようになった．

新しい工法が開発されると，素材のもっているさまざまな可能性が試みられ，20世紀初頭には構造が生みだす新しい表現の可能性は，ほぼ追求され尽くしてきたとさえいわれている．

RC造は大きなスパン（梁間）を得ることが可能なだけでなく，型枠にコンクリートを流し込んで固めるため，どのように複雑な形を作ることもできる．

一度固まると石のようになるものの，流体が生みだすような造形も可能となり，内部空間は洞窟のイメージから，シェル（貝殻）のような薄くて強い構造まで，変化の可能性は限りなく広がっている．そのコンクリートの特徴をいち早く見抜いた建築家の1人にル・コルビュジエがいた．彼は素材のもつ重量感や自由な造形の可能性を引きだし，数々の建築を提案していった．

しかし複雑な型枠を造るのは困難も多い．曲面のコンクリートは直線の3倍のコストがかかるといわれ，一般的にはパネル材の平面による形状が採用されている．近年豆腐を切ったような四角い建築が次々に現れているのは，経済的な理由も少なくはない．それを乗り越えてなお，「これでなければならない」とする設計者の信念と，熱意，さらにはそれを人びとに納得してもらえるだけの論理をもたなければ，複雑な形態を実現することは難しい．

ルドルフ・シュタイナー

第二ゲーテアヌムはスイスのバーゼルに近いドルナッハの丘に，人智学会の建築として聳えている．

神秘学者ルドルフ・シュタイナーは，ゲーテの研究を基礎においたゲーテ館を拠点とし，人間存在に関わる全領域を網羅する哲学，教育，芸術の広い分野を探求した．

彼の設計による第一ゲーテアヌムは1922年，竣工後すぐに焼失してしまう．原因は放火によるとされている．

この木造による劇場建築は，大小のドームが重なるよう2つの円による平面構成がとられ，それぞれ観客席と舞台とにあてられていた．室内の内側には列柱が並び，それらの柱は東西を軸とする線対称を保って厳格な相互関係のうえに配置されていた．物質の先に精神をみたシュタイナーにとって，それは最も普遍的なフォルムのあり方であった．

彼にとって，人間は小宇宙であり，建築は精神の物質化であると同時に，物質が精神化する場であった．その根底には，フォルムは自我や意識の現れであり，精神に語りかけるものでなければならないという認識論が貫かれていた．創造することは，精神をつくることを意味しており，建築の形は，単なる表現主義的な手段ではなく，精神の形としてとらえられていた．

現在ドルナッハの丘に聳えているRC造の第二ゲーテアヌムは，シュタイナーの没後，制作された模型により建築が進められた．

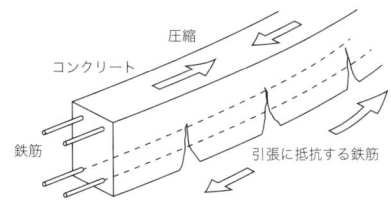

図25　鉄筋コンクリートの特徴

図26　チャンディガール，州会議事堂，設計：ル・コルビュジエ，1951年

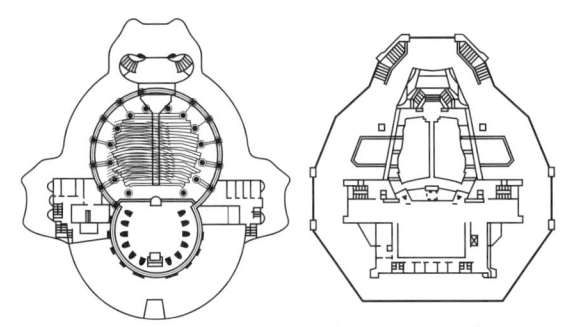

図27　左から第一，第二ゲーテアヌム（1920，1928年）平面図

図28　自由な曲面によって作られているドゥルデックの家の屋根と壁

図29　自由線形の階段をもつブロドベク＆オイリットミーハウス

図30 ドルナッハの丘にそびえる第二ゲーテアヌム,設計:ルドルフ・シュタイナー,1928年
鉄筋コンクリートにより,建築が彫刻的なフォルムを獲得している.

図31 ベンスベルグの市庁舎,設計:ゴットフリート・ベーム,1964年

図32 ネヴィゲス巡礼教会内観,設計:ゴットフリート・ベーム,1964年

図33 面の構成が印象的なネヴィゲス巡礼教会,設計:ゴットフリート・ベーム,1964年

ゴットフリート・ベーム

　ベンスベルグの市庁舎とネヴィゲスの巡礼教会は,ともに1960年代の同時期に完成したもので,コンクリートの塊を彫刻したような,量感に溢れた打放仕上げとなっている.

　平面図を見れば明らかなように,グリッドによる設計とは異なり,有機的な平面の形と外構のアプローチは,ところどころに小さなふくらみをもたせ,人を守るように設計されている.

　その鉄筋コンクリートによる自由な壁の造り方は,あくまでも人を中心に,その場にふさわしい空間を生み出そうとする態度に貫かれている.世界でその場にひとつしかないものを創造しようとするとき,手作りで組み立てられるコンクリート型枠の構法は,設計者のイメージをかなり忠実に実現してくれるものとなる.

　巡礼教会の内部は,コンクリートの柱や梁が,まるでダイヤモンドカットを施され,抉られたような空間となって暗闇を形成している.複雑に構成された構造材の面は,光を反射したり吸収しながら,光と影の絡み合う内部空間となっている.

　一般的なスケール感からみれば,必要以上のコンクリート量を使って,骨太のディテールが施されているが,飾り立てた雰囲気はなく,質素な安心感が漂っている.

　それは市庁舎にも共通する感性であり,並ならぬ太さの方立,大きく抉れたコンクリートに埋められた頑丈な手摺,飾り気のない内部空間は,すべて鉄筋コンクリートとの関係が空間の質や迫力を決めているといっても過言ではない.

6 コンクリートの多彩な様相

カルロ・スカルパ

スカルパの建築は，現代の職人かたぎを思わせる細かい細工に溢れている．

ブリオン家の墓地で多用されている繰り返しのパターンは，建物の部分と部分の間にギザギザの凹凸をデザインし，光と影の変化を細かく生みだしていく．それはやがて水面下にもおよび，映しだされてゆらぐ虚像は，池の底に刻まれたパターンに多重露光されたような効果さえ生みだしている．そこでは水もまた制御されながら，自然の本質を浮かび上がらせるべき素材としての地位が与えられている．

建築の各部には物を支えるための力がすべてにわたって流れている．そこにスカルパが着目するのは，その力の流れを切断し，留保し，迂回させることにより，各部の存在をむきだしにしていこうと考えているからだ．

それにたいし「小手先の処理を行っているに過ぎないのではないか」，「全体にたいするコンセプトが明快ではないのでは」という批評がないわけではない．確かに光と影の細かい線をたくさん散りばめると，なんとなく豪華に見えてしまい，建築としての本質を見失ってしまいかねない危険性は潜んでいる．

しかしスカルパには，部分へのこだわりを積み重ねていくうちに，思いもよらない効果をあげているようなところがある．それはまるで端から仕上げられていく絵のように，細部にこだわりながら，実は細部ではない空気が生まれてくるのと似ている．

アルド・ロッシ

一直線に建てられたマンションは珍しくない．その理由は限られた敷地にできるだけ多くの戸数を入れることや，日照などの条件に縛られていることが多い．

1970年前後，集合住宅の問題にコミュニケーションの概念が盛んに論じられた時期がある．そのとき，直線の集合住宅は，できれば避けたいと思われていた．集合住宅の基本は，いかに温かさを生みだすかにあったとさえいえる．いわゆるコミュニティ論である．

しかし都市生活にとって，隣同士がお付き合いをする地縁的なふれあいは，必ずしも生活の実態をなすものではなかった．

イタリア，ミラノのガララテーゼ地区に建てられた集合住宅は，200メートル近くにも及ぶ一直線の住棟として設計された．その効果として，前面には大きな緑の空地が確保された．各戸は平等に，前のグリーンに対して横並びに区画され，個人主義的な態度が強調されたのだ．

その淡々とした表情は，コンクリートによる縦横の格子が立面を支配するデザインとして全体が組み立てられた．その施工精度は良いとはいえず，コンクリートの荒さを覆い隠すように，白一色で塗られていた．しかしこの建築の評価にとって，精度は問題ではなかった．なぜならコンセプトこそがたいせつであり，細部は白でさえあればよかったからだ．どんなものでも同じ色で1色にまとめられれば美しく見える．雪景色がその最たるものだ．しかし問われるのは，それを支えているものの考え方である．

図34　ブリオン家の墓地，設計：カルロ・スカルパ，1972年
コンクリートの凹凸が生み出す光と影．

図35　ガララテーゼ地区の集合住宅，設計：アルド・ロッシ，1973年

図36　同集合住宅のピロティ空間．光を制御しているコンクリートの壁柱

ルイス・カーン

　キンベル美術館は，アメリカ南部の都市ダラスから車で40分程の町フォート・ワースのアモン・カーター・スクェア公園の一画に位置している．

　アプローチには，樹木が規則正しく植えられ，頭上に覆いかぶさる緑の天蓋は，深い影を落として来館者を迎えてくれる．来た道を内部から振り返ると，公園の緑が室内に連続してきているような感じを生みだしている．

　ルイス・カーン晩年の作になるこの建築の特徴は，30メートル×7メートルのサイクロイド曲線を使ったカマボコ型のボールト（アーチ断面による曲面天井）を単位とした架構にある．

　精度の高い天井の施工のためには，特別に鉄板で造った型枠が用いられたという．その上に鉄筋を組み，わずか10センチの厚さの曲面スラブ（床版）が，現場打ちで仕上げられている．コンクリート面が石のような精度で打ちあがっているのは，この鉄板型枠の精度に他ならない．

　柱や梁の架構はRC打ち放しで表現され，力を受けもたない壁は，大理石の一種である荒い肌をもったトラバーチンによって仕上げられ，光がボールトの曲面をたどり，さらに壁を伝い降りてくる．

　平面に着目すると，30メートル×7メートルを単位とするグリッドを基本に設計されている．あるところには中庭が設けられ，あるいは壁が立てられ，それぞれの単位ごとに変化が与えられている．そのため部屋を構成しているシステムが，秩序を生みだす役目を果たしながら，美術館の中にいて，そのシステムを感じさせないところに設計の巧みさが隠されている．

図37　キンベル美術館，設計：ルイス・カーン，1972年
　反射板で拡散された上部からの光は，天井面に反射して室内を均質に明るくしている．

7　組積造の生命感

　組積造は，石や煉瓦，コンクリートブロックなど小さい部材を積み重ねて壁面を造っていくもので，それがそのまま構造体として利用される．耐震性能があまり高くないため，日本では大規模な建築はあまり多くは見られない．ところがこの源流を知っておかないと，デザインの理由が理解できないことが多い．

　現在では石は積むのではなく，薄くスライスされて張り付けられているため，ほとんどは化粧として使われている．また磁器タイル張りは薄い焼物を貼っていくために，これもまた表面の保護や化粧として使われている．ちなみにタイルは張り付けて使う小さな部材の総称であり，焼物だけを指しているわけではない．建築の外壁に使用されるタイルのデザインの源流は煉瓦積にあり，如何に煉瓦を積んだように見せるかが意匠のポイントになっていた．

　組積造は大きな開口をとると崩れやすいため，窓の取り方が建築の意匠に決定的な要素となり続けてきた．デザインをするときには，窓の形だけを見るのではなく，余白の壁面のプロポーションに着目するのがプロだといわれる所以はここにある．アーチの足元の壁が小さすぎると，おかしなデザインになりやすいのは，デザインの源流が組積造にあるからにほかならない．工業生産品とは異なり，人が1つずつ部材を積み重ねていくため，そこには職人の意識が投入されていく．

アントニオ・ガウディ

　スペインのバルセロナ，何本もの列柱に支えられ，あたかも空中庭園のような床に支えられたグエル公園の広場は，極彩色のタイルに彩られている．なかには焼き物の器をわざわざ割って，タイルとして貼り付けているものもある．

　波打つ背凭れとベンチとに囲まれたこのテラスは，生物のインスピレーションにあふれた造形が，人びとの本能に直接働きかけてくる．自然界のどこかにありそうな造形を際立たせるように，タイルの色彩はそこに生命感を吹き込む素材として用いられている．

　ガウディは，その表現力に創造の命を託した．複雑な曲面に覆われた建築物は，まるで彫刻のように設計されていった．それを支える煉瓦やタイルによるカタロニアの伝統的工法は，土壌に育まれていた職人に支えられ，経済的なバックグラウンドのあったことも忘れてはならない．

　大作サグラダ・ファミリア聖堂は，いまだ建設中であり，完成予想図から推測すると，まだ何倍もの時間がかかるとさえいわれている．

　当時は多彩色のタイルに覆われた建築がもてはやされて

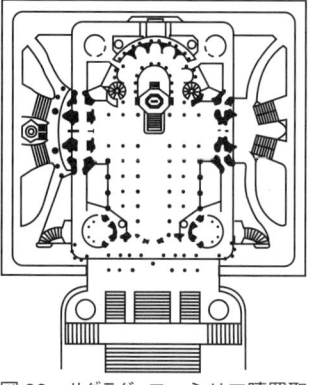

図38　サグラダ・ファミリア贖罪聖堂平面図，設計：アントニオ・ガウディ，1983年〜

図39　カサ・バトリョ頭頂部，設計：アントニオ・ガウディ，1907年

図40　サグラダ・ファミリアからバルセロナ市内を一望する，設計：アントニオ・ガウディ，1983年〜

図41　サグラダ・ファミリア，設計：アントニオ・ガウディ，1983年〜　（撮影：柏木浩一）

図42　ストックホルム市庁舎外観,設計:ラグナル・エストベリ,1923年（撮影:吉村行雄）

図43　レンガ積の詳細,設計:ラグナル・エストベリ,1923年（撮影:吉村行雄）

図44　ストックホルム市庁舎内観,設計:ラグナル・エストベリ,1923年（撮影:吉村行雄）

はいたものの，ガウディの生きた時代においては，その強烈な個性は，スペイン，カタロニア地方の風変わりな建築として注目される程度のものであったようだ．

　ガウディが構造体における力の流れを研究したことはよく知られている．水平力を消すために柱を傾け，二次曲面を多用したり，放物線の採用により，力の流れをデザインし，理にかなった骨格の上に，あの特異な世界が生み出された．当時，ブルジョアの良き理解者に才能を認められたガウディは，グエル家に関わる仕事を多く手がけ，次第に独自の世界を創りあげていった．

　初期の頃の設計には，グエル邸，カサ・ビセンスなどがあり，やがて規模を大きくしながらカサ・バトリョ，カサ・ミラ，グエル公園へと拡大していった．そしてガウディの集大成となるはずであったコロニア・グエル地下聖堂は，ほとんど建設されず未完に終わった．しかし上部の教会を支えるはずであった基礎にあたる部分は，その壮大な構想の片鱗を残しており，洞窟のような地下聖堂として現在に残されている．

ラグナル・エストベリ

　ラグナル・エストベリによるストックホルム市庁舎の平面図は，軸線が僅かに振られ不思議な歪みをもたされている．メーラレン湖に面した細長いオープンスペースは，先の方で幅がせまくなっており，透視図的な効果を狙った計画であることがうかがわれる．ストックホルム市街から遠望すると，コーナーには高い塔が聳え，頂部の金色がひときわ輝いている．屋根には彫刻や小塔の頭がとび出し，参照された原型は，どことなくヴェニスの面影を髣髴とさせる．

　エストベリは石や煉瓦の文化圏であるイタリアや，イスラム圏のデザインを取り入れながら，独自の感性を働かせて，建築の独創性を高めていった．

　あたかも織物の地模様のように，煉瓦はその積み方や凹凸をコントロールされ，斫られ，あるところでは窓を付けた上にさらに埋められるなど，細かく細工が施されている．

　ヨーロッパにおける組積造の歴史は，西欧建築史そのものであり，様式に深く根ざしている．様式は単に設計者のデザインによって決められていくものではなく，それを支える職人集団の精神がこめられて形成されてきた．

　エストベリがそれをどれほど意識していたかは知る由もない．しかし建築の各部位に注がれた熱意の痕跡は，これに携わった人びととの当時の精神性を深く刻むものとして，世界的名作となっている．

8 金属の皮膚

現代では，金属は外装材としてガラスとともに欠かせない素材となっている．アルミ板，ステンレス板，銅板，コールテン鋼等，皮膜には耐候性があり架構しやすい金属が選ばれる．鉄板はすぐさびてしまうが，表面を亜鉛や錫（すず）で保護すると耐候性が得られるため，安価な材料として屋根や外壁に多く使用されている．

金属素材は異種金属が接触し水に濡れると，イオン化傾向の小さい金属が電食により急速に錆びるため，必ず絶縁が必要となる．工場生産品としてのアルミやステンレスは，自然素材と異なり平滑な面を構成することができるために，車や電車のような技術文明を表象する素材として使用されることが多い．特に現代の工業デザインでは，たとえばパソコンのように，本体の先進性や高度技術を直接表現することは難しいため，金属の光沢やパッケージの平滑さをデザインすることにより，間接的なデザイとして表現することが多くなっている．

いわばデザインが表面を撫でまわすだけの，表皮の差異化競争に追い込まれつつあることも事実であり，現代建築においては金属のもつ等質感や精度が，先進性の表現に結びつきにくい時代を迎えつつある．

リチャード・ロジャース

ロイズ本社は，ロンドンの歴史的な建造物が残るビジネス街シティの一画に建てられている．ステンレスの鎧をまとったような姿は，歴史的な街並みとの調和においてふさわしくないのではないかと，市民に景観論争を引き起こした建物でもあった．

外観もさることながら，ビルの特徴は平面図にある．オフィス空間は単純な長方形平面を持っており，敷地条件に合わせて階段やエレベーター，便所等が分散されている．マスター（主）スペースが分散したサーバント（従）スペースによって支えられているのだ（p. 114，図18）．

いわばフレキシブルな設計方法論が組み込まれた平面計画であり，立面は設計システムの結果として現われてくる．外観には，ステンレスの設備配管が巡り，街並みに露出されたガラスのエレベーターが，ピストン運動を繰り返す．金属板をまとった階段は，現代のよろいかぶとのように光沢を放ち，メンテナンス用のクレーンがデザインの要素として屋上に据えられている．これら各部位ごとに強調されたデザインは，システムを視覚化することをめざしており，高度技術を暗示する金属やガラスの光沢，構造体の露出，部分への分節化などの特徴により，新たな機能表現主義としての形式を求めた事例といえる．

図45　波形鉄板とアルミ（左）及び鉄板曲加工の上に塗装（右）した外装の事例

図46　ロイズ本社，設計：リチャード・ロジャース，1986年

図47　ロイズ本社，設計：リチャード・ロジャース，1986年

図48 ベルリン・フィルハーモニー・コンサートホール，設計：ハンス・シャロウン，1963年

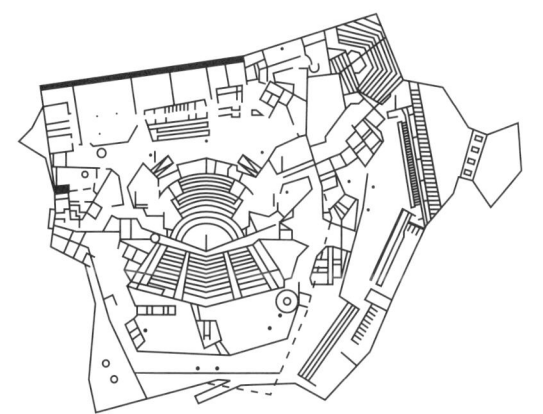

図49 ベルリン・フィルハーモニー・コンサートホール，平面図

図50 集合住宅，ロメオとジュリエット，設計：ハンス・シャロウン，1954年

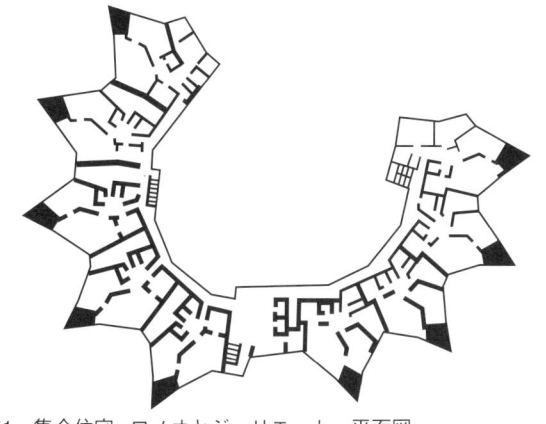

図51 集合住宅，ロメオとジュリエット，平面図

9 柔らかな平面

平面構成には，建築に対するものごとの考え方が凝縮している．しかしこれを構成手法として捉えてみると，建築を抽象形体にまとめていく方向と，壁を自由に立てていく方向に大きく分かれていく．

人のふるまいを受け止める建築のあり方として，モデュールの直行軸に制約を受けない平面計画は，人の動きが自由であるかぎり，建築空間もそれに対応するべきだという考え方に基づいている．これは音響的にみると，有利な条件を与えてくれることになる．

音環境にとって吸音材や反射板は重要な役割をもっている．残響時間は素材の吸音率により大きく異なり，吸音性能をもたせるためには，音のエネルギーを熱エネルギーに変換するために，孔あき板や多孔質材料が使われるのが一般的だ．しかしより重要なのは室形や室容積だ．音響的には，並行する壁や，円や楕円のように焦点を持つ平面は，音が一箇所に集まりやすいために，注意しなければならない項目の1つになっている．

ハンス・シャロウン

ハンス・シャロウンによるベルリン・フィルハーモニー・コンサートホールは，音を中心として設計が進められたことはよく知られている．

ぶどうの段々畑をイメージした観客席は，ステージを囲むように配置され，音が適度に分散するために，質の高い音響環境が得られているといわれる．

1959年に建てられたロメオとジュリエットは，近代主義的な四角い建築像に真っ向から立ち向かい，各コーナーにふくらみやへこみをもった，自由な平面計画を追求した．

直角ではない角度のついた壁は，使いにくいのではないかと思われたが，やわらかい平面計画に賛同する人たちは，むしろ喜んで使いこなしていたという．当時このような住宅は世界的にも注目を集め，これに続くサリューテなどの集合住宅も生み出されるきっかけとなった．

シャロウンが想定した機能とは，抽象的なフレキシビリティを目指しているわけではない．内部が必要とする空間にしたがって全体を組み立てていく．それは単位を生かしながらあらゆる構成要素を等質に扱おうとする，シャロウンの社会に対するものの見方でもあった．

建築として現れた結果は，固定した理想の形に向かったものではない．しかし読み違えてはならないのは，偶然に出来たものにすべてを任せているのではなく，全体と部分のフィードバックを重ねたところから，これらの作品が生まれてきている点だ．

10　光の充満するインテリア

　空間の設計は，光と影の制御に他ならない．微かな光の揺らぎや，深い影の奥に見出される精神性は，文化の根底をなしてきた．ステンドグラスを通る一条の光の下に生まれた大聖堂の闇のように，建築はそのおかれた状況に意味を生みだす行為として，深く光と影の解釈に関わっている．

サンチャゴ・カラトラバ

　ミシガン湖を望むミルウォーキー・アートミュージアムは，1950年代，イーロ・サーリネン設計による巨大なキャンティレバーとピロティで，世界に名を馳せた．その後，増築が繰り返され，サンチャゴ・カラトラバにより新たにクァドラッチ・パビリオンが，湖に羽を広げる鳥の姿として建設されている．それは建築を生命体のように表現してきたカラトラバならではの造形であり，構造体は生物の骨のように，応力の大きさに合わせて断面が変化させられている．

　メインホール上部の全面ガラス屋根は，光をコントロールするためのワイヤーで吊られたブリーズソレイユが冠せられ，太陽光に従って羽の広がりを実際に変化させるという．しかし建築が駆動装置に頼るとき，空間的な深みとは異なり，新たな刺激を求めての表層の道に踏み外す危険性も大きく口を開けて待っている．

エーリック・グンナール・アスプルンド

　アスプルンドの設計による「森の礼拝堂」はその奥の松林に囲まれて建っている．樹木に囲まれていること自体が，この礼拝堂の設計の要点だ．白く塗られた木製の円柱のピロティの下には深い影が落とされ，静かな空間に導かれる入り口への大切な中間領域を生み出している．中に入ると，お椀を伏せたようなドームの天井に沿ってトップライトから光が落ちている．白い漆喰による天井は，光を吸収しながら再び放っていくような優しさをもっており，棺を包むように静かに照らしだす．

　アスプルンドの設計で，建築空間に光を優しく充満させているもう1つの作品に，ストックホルム市立図書館のリーディングホールがある．シンメトリーの造りや，中央に登っていく階段，求心的な開架書架の取り巻く円形の室など，空間構成は古典主義的だ．その円筒状の高いところから降り注ぐ光は，白い大きな天蓋となって室を覆い，静かに囲われた非日常的な空間を生み出している．

　幾分無造作に飛び出したコブが円筒の壁に，光と陰の模様を生み出しているのが印象的だ．周囲にはびっしりと整理されて並べられた書籍だけが浮かび上がり，本の世界は幻想的な知の殿堂としての威厳を見せている．

図52　ミルウォーキー・アートミュージアム，設計：サンチャゴ・カラトラバ，2001年

図54　森の礼拝堂，設計：エーリック・グンナール・アスプルンド，1940年

図53　ミルウォーキー・アートミュージアム，設計：サンチャゴ・カラトラバ，2001年

図55　ストックホルム市立図書館，設計：エーリック・グンナール・アスプルンド，1928年

図56 グラスゴー美術大学図書館，設計：チャールズ・レニー・マッキントッシュ，1899年

図57 ヒル・ハウス外観，設計：チャールズ・レニー・マッキントッシュ，1903年

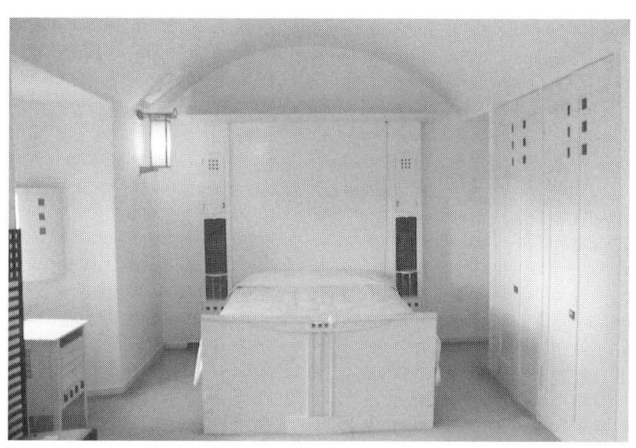

図58 ヒル・ハウス・インテリア

図59 ヒル・ハウス・インテリア

11　家具の力

　月と太陽の大きさの違いを実感することができないように，ものの大きさは比較するものがなければ，正確に判断することができない．

　マッキントッシュが描いたインテリアのスケッチには，多くの場合，家具が描かれており，椅子はインテリアデザインと一体となる重要な要素であった．これは部屋のスケール感を得るための重要な役割をしており，椅子が置かれることによって，人が居るのにふさわしい場であることを示す記号ともなっている．

　彼のデザインによる背もたれの極端に高いハイバックチェアは，インテリアの置物としておかれることが多い．これは実用の椅子にしてはサイズが小さ過ぎる．しかし室内のスケール感を若干ずらすことによって，日常的な空間に緊張感が生まれる効果をもたらしている．それは人間的な尺度としてのヒューマンスケールを巧みに操作しているといえる．

　一方背もたれを大きめにデザインすることにより，椅子に囲まれた食卓テーブルの一角が，あたかも小さな部屋のような雰囲気を生みだすこともできる．それは同時にプライベートな場を暗示するだけではなく，背後を守ってくれるという心理的な安心感を与えてくれる．

　ヒューマンスケールの操作は，心理学的な意味を多く含んでいる．しかしそれ以上に，身体的な実感をもたらしてくれるという点で，設計には不可欠な要素となる．

チャールズ・レニー・マッキントッシュ

　グラスゴー美術大学の図書館の読書室は，家具と建築が一体のものとして扱われている．木を主体にした部屋は人の肌をやわらかく受け止めてくれる．ここではその素材を生かした書棚や椅子が，壁や窓と同じ色調にそろえられ，家具の生みだす気配と室内空間が，ほとんど重なるようにデザインされている．

　また白を基調としたヒル・ハウスのインテリアには，白いエナメルで塗装された調度品がはめ込まれ，壁と家具は相互に溶け合うかのように連続性を保っている．

　もちろんなかには，壁と調度品の対比によって構成されたインテリアも見られないわけではない．白い漆喰の壁を背景として，黒い格子のデザインモチーフによる家具は，強いコントラストを生みだしている．

　どのような場合にも，マッキントッシュは建築空間を，あらゆる部分の連鎖として強く意識している．細部を隣接するものの，変容した存在としてとらえることによって，室内は1つのまとまりのある空間に変容する．

あとがき

「素材と技術の生み出すデザイン」を，建築を作るための手段としてだけみているのは片手落ちだ．建築は常に時代の集約としてあり続けてきた．素材や技術の探求は，現代における私達の思索や観念に深く結びついている．とかく素材はモノ派で，抽象的な概念操作はコンセプト派として色分けされやすい．しかし，素材への思い入れと技術の拡張はさまざまな意味や価値の生成と結びついている．

素材の本来備えている表現力や意味を剥ぎ取ることによって，抽象世界の新たな創造に向かう考え方も，建築においては「素材と技術」を意識したデザインである．

新素材の開発や慣習的な材料の使い方を打破するのも大きな挑戦かもしれない．このように，素材と技術への態度は，実は私たちの文明の在り方にかかわっており，建築の可能性を規定している．

一方それぞれの素材，技術についての知識は，個別の業種に携わる人々の専門性に依存しており，決して建築家がすべてに精通しているわけではない．だから知識の少なさを心配する必要はない．必要なのはさまざまな関係性のなかに，可能性を見出していく感度の高さなのだ．

かつて大量生産は社会建設の切り札と見なされ，建築のプレファブ化や既製品開発の狙いは，スケールメリットによるコストダウンにあった．建築家は規格化を推進することも，あるいはそこから距離を置くことも，共にとるべき態度として社会的意義を信じてきた．ところがその実態の裏面には，知識の独占による情報の小出しが，専門性というバリヤーを生み出していたことは否定できない．このような時代を通して，規格化の利点をスケールメリットによるコストダウンにあると思いたがっていたのは，とりもなおさず建築家の側であった．しかしそこを軽くみているうちに規格が商品として流布され，消費者のフィルターによって洗練されるにしたがい，専門家が所有していた技術の独占性は次々に剥がされていった．

現在，技術の蓄積は規格化された商品の上流で，電子情報として集約される道への一途をたどっている．これは修練という名の個人に属していた技能のメカニズムを解体し，多数の目と経験を通して改良の加えられる標準化に向って疾走している．

素材も技術も，もはや情報システムの関係性のなかで捉えなければ意味を成さない時代を迎えているといえる．しかしそれをどのように生かしていくかはすべて人間の側に属している．未来がどうなるかではなく，どうするかが広い意味での建築デザインにかかわっていると考えなければならない．

参考文献

- 狩野忠正・本多友常『建築ノート』新建築社
- 富永譲『ル・コルビュジエ』丸善
- ル・コルビュジエ，生田勉・樋口清訳『伽藍が白かったとき』岩波書店
- 『建築の20世紀』日本語版編集・発行，デルファイ研究所
- 越後島研一『建築形態の世界』丸善
- 松隈洋『ルイス・カーン』丸善
- 『新建築 建築20世紀 part1』新建築社
- 『新建築 建築20世紀 part2』新建築社
- Peter Carter『Mies van der Rohe at work』Phaidon
- Werner Blaser『Mies van der Rohe』Birkhauser Verlag
- 『Le Corbusier, Euvre Complete Vol.1-8』Artemis
- Girsberger『Le Corbusier』Birkhauser Verlag
- Patricia Cummings Loud『The Art Museums of Louis I.Kahn』Duke University Press
- Peter Blundell Jones『Hans Scharoun』Phaidon
- Wolfgang Pehnt『Rudolf Steiner, Goetheanum, Dornach』Ernst&Sohn
- Guido Lagana『Charles Rennie Mackintosh』Electa, Moniteur
- Alberto Ferlenga『Aldo Rossi, architetture 1959-1987』Electa
- Alberto Ferlenga『Aldo Rossi, architetture 1993-1996』Electa
- Bruce Brooks Pfeiffer and Gerald『Frank Lloyd Wright in the Realm of Ideas』Southern Illinois University Press
- 『Gunnar Asplund Architect』Essay by Hakon Ahlberg, Svenska Arkitekters Riksforbund
- Claes Caldenby『Asplund』Gingko Press INC.
- 『Studies and Executed Buildings by Frank Lloyd Wright』Rizzoli
- Grant Carpenter Manson『The Early Work of Frank Lloyd Wright』Dover Publications,Inc.
- Jackie Cooper『Mackintosh Architecture』Academy Editions
- Anthony Tischhauser and Stanislaus von Moos『Caltrava public buildings』Birkhauser
- John Lobell『Between Silence and Light』Shambhala
- Wolfgang Pehnt『Gottfried Bohm』Birkhauser Verlag

第 3 章
日本建築の空間史

安原盛彦

　空間の歴史が日本の歴史全体にわたって必要である．物理的時間は時間どおり流れていても，「歴史」はただ流れているのではない．空間史は，その「歴史」（時間）に空間への，視点を設定する．われわれが建築や庭や都市を直接感じるのは，歩き廻っている自分が巻き込まれた空間を見，聞き，触り，嗅ぎ，感じていくときだ．そのとき，空間はあるだけではなく時間も同時に経過していく．空間に時間が組み込まれる．

　過去の記録がないとしても，その空間があったとき，その時代の人びとは空間を感じ，批評し，意見を述べていたはずなのだ．個人の視点だけではない．集合的，文化的，技術的，科学的，産業的，経済的，政治的，環境的等さまざまな視点がある．いずれにしても空間に視点を設定して記述していく必要がある．

　さらに同時代的な視点で，また現代からの視点で，その空間がなぜ，ひとに訴えかけてくるのかを知と感性を働かせ論理的に説明しなければならない．それは「建築史」が見ないできた分野を切り拓くことでもある．

　そうした空間の歴史が時代を超えてつながっていったとき，日本に新しい「歴史」が生まれるだろう．そのとき，建築はある場所に存在するだけでなく，現実に人間に感じ取られてきた空間存在となる．それは空間の記憶がつながっていくことでもある．建築空間は記憶の連なった空間として空間史を形成する．

1 伽藍配置と空間

古代寺院建築の伽藍配置

古代寺院建築の回廊内の伽藍配置はどの建物が中心を占めるかによってその建物の重要性が説明されてきた．また，当初から伽藍南北の中心線に対し左右対称が基本であった．

初期には塔が中心に置かれ重視された．その理由は，塔はインドにおける釈迦の墓，ストゥーパ（卒塔婆）であり，その心柱の下（心礎）には釈迦の遺骨（仏舎利）が安置され，最もたいせつにされたからである．飛鳥寺（図1），四天王寺（図2），山田寺（図4）では塔が重視され回廊内の中心，前面に正面を向けて置かれ，その寺の本尊が安置された金堂はその廻りや後ろに配置された．つまり最も重視された塔は奥ではなく正面，前面，中心に目立つよう建てられた．それはこの時代まで伽藍の回廊内では，奥ではなく中心線上でも前方がまた，正面性が重視されたことを意味する．神社建築でも伊勢神宮内宮は正殿が前面，中心を占めている（図24）．ただし日本の空間では中心，前面，奥がさまざまに表現されることは注意すべきだ．その後，川原寺，法隆寺への変遷で，塔と金堂が並置されるようになった．塔（仏舎利）と金堂（本尊）の重要性が同一視されたのである．興福寺になると金堂が中心に位置し，塔が回廊の外に出された．金堂（本尊）が重視されたのである．

しかしこれを空間の歴史としてとらえていく場合，建物の平面上での配置が伽藍全体を見渡すことをさまたげているようにみえる．たとえば四天王寺（昭和の復元であるが）をみると塔が正面前面にあり，その後ろに金堂が配置されている．参道に沿って南大門から入り正面の中門へアプローチしながら見ていくと，塔だけ見えて金堂はまったく見えない（図3）．金堂を見るためには，回廊内・外を横から廻っていかないと見えてこない．つまり歩き回らないと建物群がもたらす全体の空間を把握できない．しかも重視されていたのは中心部でも奥の場ではなく前面である．中心や左右対称性，建物配置にこだわりすぎることによって空間性が軽視され，空間の未成熟が現れている．

川原寺（図5）や法隆寺西院（図6）はこれとは異なる．法隆寺西院をみればその有り様が明快に示されている．五重塔と金堂を並置，ともに正面を向けることで南大門から中門へのアプローチに回廊内のすべての建物が見えるようになった．このアプローチ上に見える伽藍すべての建物（建立当初，回廊以内は中門，塔，金堂だけがあった）のバランスに法隆寺西院の空間の美しさの論理性がうかがえる．法隆寺西院伽藍は次の時代に金堂が重視され回廊の中心に置かれる伽藍配置への過渡期とみるのではなく，空間として成熟した完成度の高い形姿であるとみることができる[*1]．

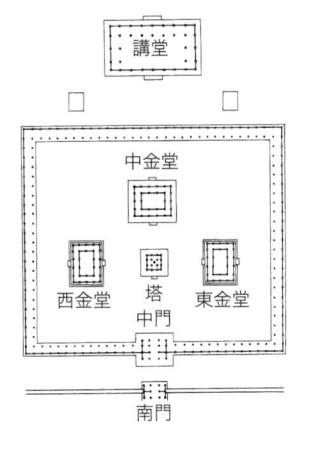

図1 飛鳥寺（図出典：日本建築学会編『日本建築史図集』彰国社，1999）

中・東・西の三金堂がすべて塔に向いて建っており，正面を向いた塔の中心性が強調されている．ただし，中門や南門の外からは，アプローチ上ではそれらの門が邪魔をして塔がよく見えなかったと考えられる．

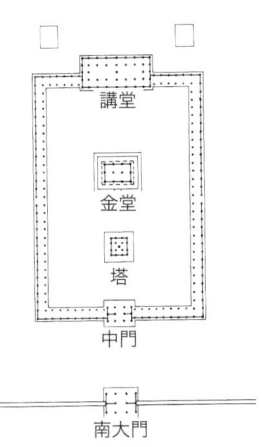

図2・図3 四天王寺（図2の出典：前掲『日本建築史図集』）

塔が回廊内前面の中心に位置し正面からの見通しにおいて金堂を隠している．右は南大門から中門，五重塔を望む写真である．やはりアプローチ上では，中門や南門が邪魔をして金堂はまったく見えず，塔は五重，四重しか見えない．

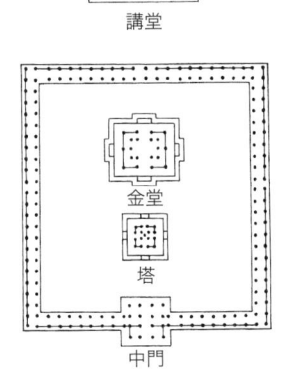

図4 山田寺（図出典：『建築学大系2 日本建築史』彰国社，1999）

四天王寺の伽藍形式から，講堂が回廊の外に出て，回廊が金堂北側で閉じる形式である．南の中門外からの見え方は四天王寺と同じであっただろう．

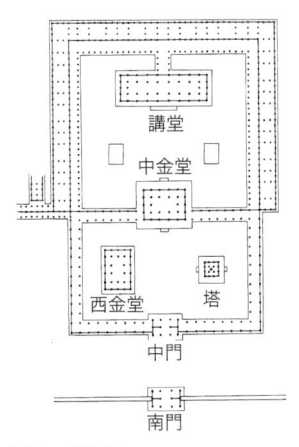

図5 川原寺（図出典：前掲『日本建築史図集』）

塔と西金堂が並置されているが西金堂は塔の方を向いており塔重視が残っている．ただし金堂が二つあり，中心線上にあって正面を向けた中金堂の重視が現れている．回廊越えに中金堂は見えないが塔と西金堂の一部（上層部）は見えたと考えられる．

[*1] 四天王寺は，現在もそうだが，既に鎌倉時代『一遍上人絵伝』（1299）に，側面にあたる西側からの五重塔，金堂の並んだ眺めが優先され，アプローチや空間が形成されている様子が描かれている．この方向からの見方に，人びとが志向していたことの現実的な現われと考えられる．

図6 法隆寺西院（建立当初の復元図）（図出典：『奈良六大寺大観第一巻法隆寺1』）（奈良六大寺大観刊行会　岩波書店，1972）

建立当初，南大門は中門近くにあった（点線部分）．また回廊内には塔と金堂だけがあり講堂，鐘楼，経蔵は回廊の外にあった．

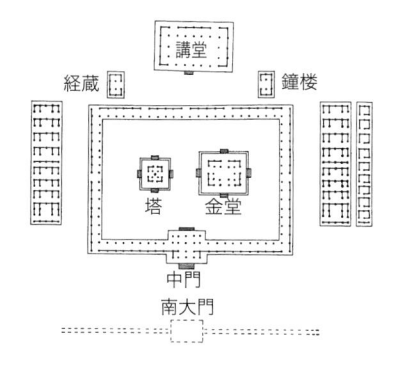

図7 法隆寺南大門より西院を望む

塔と金堂が並置され，それぞれ一棟で共に正面を向き等しい扱いがなされている．中門外から回廊越しに塔も金堂も見える．その見え方は西院の南北中心線に対して左右対称ではなく量塊的，立面的バランスとしての「シンメトリー」である．南大門から中門へのアプローチは広場ではなく，幅は広目だが限定された細長い参道によって導かれる．それも中門に近づくほど広くなり（図12），参道両脇の築地塀も少しずつ高くなってゆき（図7），西院正面の見えがかりを引き寄せ，逆パースペクティブを形成している．ルネッサンスにミケランジェロがカンピドリオ広場（p.92，図9参照）でなしたことが参道という道空間を利用して，すでにここで繊細な形でなされている．

図8 薬師寺（図出典：前掲『日本建築史図集』）

塔が左右に，中心線上に金堂が置かれ金堂重視が現れている．しかし回廊外からは両塔はよく見えるが金堂は中門によって視線を遮られほとんど見えなかったと考えられる．見え方においては金堂重視が表現されていない．

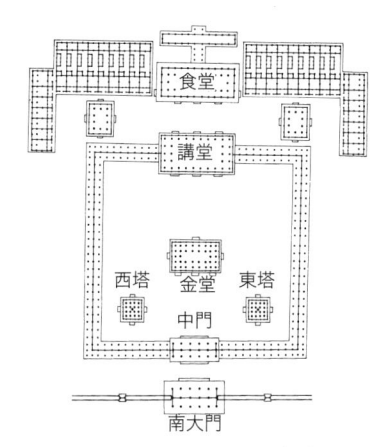

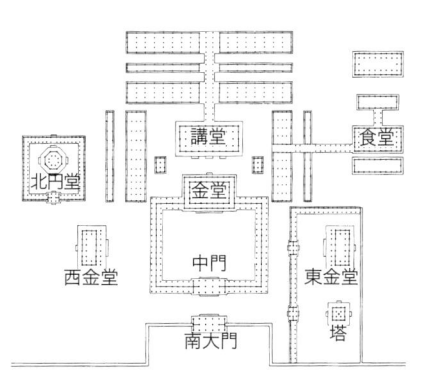

図9 興福寺（図出典：前掲『日本建築史図集』）

塔は回廊の外に出され，金堂が重視されているが回廊内の伽藍配置の多様性がなくなりその見え方もシンプルになっている．その分，回廊内は広くなり，人が集まったり行事などで使いやすくなった．つまり象徴性より機能性が高まったと考えられる．

法隆寺西院

観察者は見ること，感じることによって空間のなかに巻き込まれる．観察者にとって，巻き込まれている空間・領域のなかで建築がどのように見えてくるか，どう見るかが重要である．日本建築の特徴として傾斜した屋根がある．その先端は軒を形成する．日本建築の際立った特徴の1つが，軒のあること，つまり外壁から軒が突き出ていて，それが屋根と一体になっていることにある．そのため日本建築は屋根とともに軒先，軒裏をもつ．ともに傾斜している．この引き剥すことのできない軒の出の表・裏である屋根，軒先，軒裏は見え方において日本の建築空間に影響を与える重要な要素である．建物へアプローチしていくにしたがって建物の見える部分（屋根，軒先，軒裏）が変化するからだ．それらが見える領域，見えなくなる領域を検討することは日本建築の外部空間，内部空間にとって重要なことと考えられる．後に述べるように日本建築は外観が重視されてきたからだ．それ故，外観に現れる屋根，軒先，軒裏に視点をあわせ，建物へのアプローチに伴う屋根，軒先，軒裏の見え方を通して日本建築の特性を考える必要がある．

アプローチにおいて，屋根が見えていて，ある瞬間から軒裏が見え始める．その転換点は空間の変質点であると考えられる．屋根が見えなくなる瞬間は空間の劇的な変化の瞬間である．それには建物が放出する屋根勾配を延長した線（屋根勾配線），軒裏を延長した線（軒裏線）が観察者に重大な影響を及ぼしていると考えられる．法隆寺において現南大門から入って中門にアプローチしていく過程は，①西院全体が立面図的に見える状態→②中門の一重と二重の屋根が見える領域→③一重の屋根，二重の屋根・軒裏が見える領域（中門二重は屋根勾配と軒裏勾配が違うため両方見える領域がある）→④一重の軒の鼻を正面に見る→⑤一重の軒裏線，二重の軒裏線内に入り込む．一重，二重の屋根が消える．こうしたシークエンスを経過していくのだが，中門一重の鼻先だけ見えている瞬間，一瞬静止したように感じ，そして一重の軒裏線の中に入り込む．その鼻先だけ見えるわずかな間に二重の屋根も消えて見えなくなる．このように，ある位置で空間の見え方に変質が起こる．しかも中門の一重と二重の軒裏線が放射されるなか，五重塔の四重と五重の軒裏線が放射される．中門へのアプローチに伴なって起こる空間の見え方の変質に，さらに五重塔の四重，五重の屋根と軒裏もそれに伴って見え隠れしていく．加うるに金堂二重の屋根，回廊の屋根，軒裏も見え隠れしていく．単体の建築では起こらない多様な空間の見え方の変化をする．そのことを西院では五重塔，金堂ともに正面を向け並置することによって可能にしている．川原寺では塔，西金堂が横を向いており，これが徹底化されていない．

2　アプローチ上に展開する空間の変質

アプローチに流れる眼から聴く音楽（Visible Music）

　西院へ近づいていったときにわれわれが体験するのは，空間や領域のなかへ巻き込まれていくことである．寺院，神社，茶室などの日本の空間は歩く場所，アプローチ，参道，露地など幅が限定されている場合が多い．そのアプローチをたどりながら見ていくことになる．それが日本の空間の見え方であり，見せ方である（図12）．

　ヨーロッパでは神殿や教会堂の前に広場があることが多く，そこでの建物へのアプローチは幅が限定されない．日本の建築空間との違いである．空間の見え方も違ってくる．

　古代日本の寺院建築空間へのアプローチは，参道上に今まで述べてきたような屋根と軒裏が複合して形成する多様な空間や領域を経過していくことになる．それは観察者にとってカノンやポリフォニーのように繰り返しや，微妙に変化しながら繰り返していく音楽を聴くようであったろう．またそれは屋根と軒裏との複雑なる二重奏を聞くようであったかもしれない．

　フェノロサ（1853〜1908，アメリカの日本美術研究家）は薬師寺東塔（730）を「凍れる音楽 Frozen Music」と呼んだが，それは建築をあまりに固定したものとして見たからだ．そして自らが止まって見たからだ．日本建築のアプローチに関わって生じてくる変化を，つまり観察者の動きに連れて現われてくる空間の見え方の変化を言葉に表わすことができなかったのだ．この法隆寺南大門から西院へのアプローチには観察者が止まって見れば「凍れる音楽」となろうが，観察者がアプローチしていくにつれての空間のシークエンス（継起的連続）の変化は，見える音楽，見える旋律，眼から聴く音楽，Visible Music といってよい．

　各建物の屋根，軒裏，組物が，音楽における対位法の声部（パート）のようにそれぞれ従属せず独立しながら入れかわり，変化しながら見えたり隠れたりする．

　建築空間の対位法とも呼べそうである．たとえば1つの建物の屋根が見える部分の見え方を1つの声部（パート），軒裏が見える見え方を別の声部（パート）と考えてもよい．そしてそれぞれの声部（パート）が，つまり各々の建物（中門，金堂，五重塔，回廊）ごとの屋根や軒裏が独立性をもってアプローチの過程に次々と現われ，消えていく．

　それを観察者はまさに眼で聴くのである．それは建築空間においてアプローチに並んだ建物が順番に見えてくるという空間認識とははるかに異なった見え方である．全建物の屋根勾配線，軒裏線のすべてが放射されているなかを観察者のアプローチにつれ，その眼に屋根，軒裏が建物の並んだ順でなく次々と見え隠れしていく．このアプローチに現われてくる建物順にではなく全体のなかからさまざまに建物の屋根，軒裏が順序を変えて現われてくる見え方は，オーケストラによるシンフォニーを聴くようである．つまり，たとえば総譜と部譜の関係のように，バイオリンの途中に別の楽器の音が入って重なったり，多数の楽器の音が重なったりする仕方で見えてくる．

　法隆寺西院建物群へのアプローチにおけるシークエンスは，伽藍内の一つひとつの建物が異なり，つまり1棟，1棟の高さ，形，屋根・軒の重層数，勾配が違い，しかも建物一つひとつの影響力に差があるなかで生じている．それがアプローチにしたがって次々と複雑な領域を発生させる．それにつれ建物が継起的に変化する姿を見せ続ける．まさにアプローチとは音楽でいう五線譜，総譜なのだ．アプローチに建物が並び，次第に見えてくる姿は作曲された五線譜に違いない．しかもそれは彫刻でも塑像でもなく建築という空間であるため，西院へのアプローチには建築空間的な奥行きを観察者に意識させる．それらはさまざまな領域を発生させ，より複雑微妙な，見える音楽を奏でる．日本の空間，日本の建築の多くにこうしたアプローチに連れての領域の変化，音楽的といえる程の空間の変化を観察することができる．

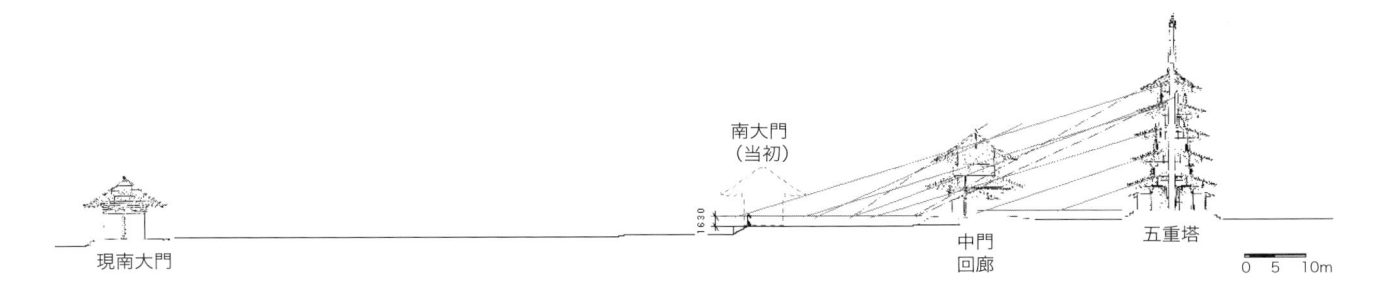

図10　法隆寺西院の屋根延長線，軒裏延長線想定断面図 （図出典：博士論文「『源氏物語』における寝殿造住宅の空間的性質に関する研究」）
　南大門からアプローチしていくと屋根延長線，軒裏線が参道上に放射され屋根，軒裏の見え掛かりが変化していく．それが建物がアプローチ上に並ぶ順序に従ってではなく現れ，消えていく．目で聴くシンフォニーである．（この図は敷地高低差の実測に，『奈良六大寺大観第一巻法隆寺1』の断面図を合成して作成したものである．実際の目視と多少ずれるところがあるが記述した内容と適合している．）

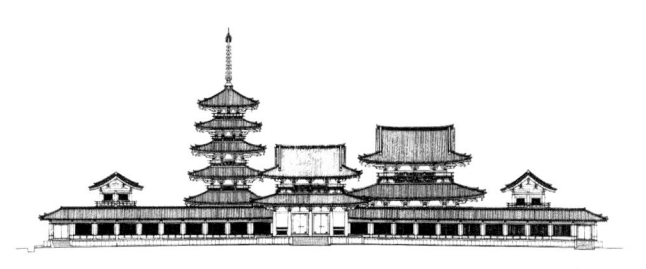

図11 法隆寺西院立面図（図出典：日本建築学会編『日本建築史図集』彰国社，1999）

無限遠からの遠望である．回廊以内のすべての建物を参道上に見せている．この一つひとつの建物が自己主張し，かつ全体としてのバランスを保っている姿が，静止した地点からはもっとも惹きつけられる眺めである．しかし静止した地点からばかりでなく，アプローチ上で近づきながら見えてくる見え方に西院が獲得した動的な美がある．たとえば，中門一重屋根が見えている場所から一重の軒裏線のなかに入り込むわずかの間に一重ばかりでなく，二重の屋根も消えて見えなくなる．このように観察者が移動するなかで空間の見え方に変質が起こる．そこへさらに五重塔，金堂，回廊の屋根と軒裏もアプローチ空間に影響を与える．五重塔と金堂を並置し南大門を遠くに下げ（1031）アプローチを長くし遠望を与えることによってそのことを徹底させた．

この南大門の移転が平安時代の中頃，つまり大陸・朝鮮半島から渡ってきた文化の日本化（国風文化）がなされていた時代に起こったことは象徴的である．この西院への長いアプローチの空間構成は日本化の現れと考えられる．

垂木も軒裏隅角部を含めて全面平行角垂木でありアプローチ上での軒裏の見え方が統一された．四天王寺では軒裏隅角部は扇垂木であった．こうした造形の変化にも，日本建築におけるアプローチ上に展開する軒裏の見え方の重要性が現れている．

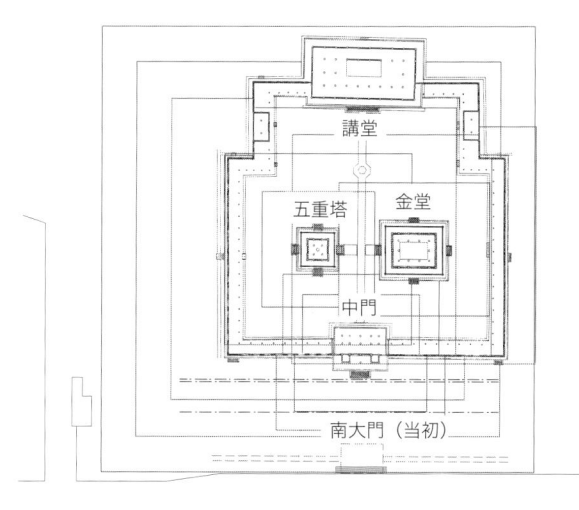

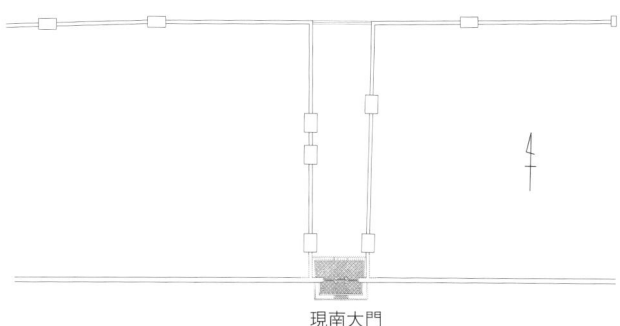

図12 法隆寺西院の屋根延長線，軒裏延長線想定領域図
（平面は現状図）（図出典：前掲『日本建築史図集』）

各建物の軒裏線，屋根勾配線が観察者の視線高さとぶつかる線を表示．

＊2 事実，五重塔が重視された四天王寺（図2）では復元されたものではあるが五重塔の基壇の高さが金堂のそれよりかなり高い．五重塔が中心，前面に位置し，重要とされ目立たせることが意図されていた現れである．

法隆寺西院の空間づくり

法隆寺西院は五重塔，金堂（二重）を並置することでこうした空間を生みだした．五重塔も金堂も使われているのは一重だけである．二重以上の空間は外観をつくりだすための構造に使われた．ともに二重以上を闇の空間として閉じ込めることで外観に徹底した空間づくりの意図を込めたのである．そこで外観を形成する屋根，軒が重要な要素となった．屋根延長線，軒裏延長線が空間や領域づくりに重要な役割を果たした．そのことは基壇の高さを操作することにも現れる．回廊内の各建物（金堂，五重塔）の基壇の高さを操作することによって，つまり西院では金堂基壇が五重塔のそれより約10センチ高いことで遠望における立面的バランス，量塊的バランスを調整し，さらに軒裏延長線，屋根勾配延長線の到達距離を変化させ，アプローチ上に音楽的操作を加えた可能性が指摘できる．ただ塔を高く見せることを意図するのであればわざわざ高い建物の象徴である五重塔の基壇を金堂の基壇より低くする必要はない＊2．

しかもこうした西院へのアプローチ上に流れる Visible Music を見せるには南大門からの長いアプローチが必要である．当初の南大門は中門に極く近い位置にあった（図12）．その場合，南大門自体に遮られて現南大門からの立面図的に見える西院の遠望を見ることはできない．それゆえ，南大門の位置を現状の所まで遠ざけ，見せた意図に感嘆する．現在の位置に移された（1031）ことによって獲得された遠望，中門への長いアプローチ上に立面図的な西院全体が見えるようになったのである．この立面図的に見える遠望が法隆寺西院の美しさとして強調されてきた．正面性といえる．それだけではない．両側を築地塀に挟まれた長い参道をアプローチする間，逆パースペクティブがとらえた法隆寺西院のバランスのとれた立面図的外観を引き寄せ見ることができ，さらにその先，一段高くなった所（当初南大門）から屋根延長線と軒裏線が影響する複雑な Visible Music を観察することができるようになったのである．

それは西院遠望の正面性に対する断面性である．静止した正面性ばかりでなく観察者の動きに連れて変化するダイナミックな空間性をも取り込んでいた．法隆寺西院への南大門からのアプローチには，この両者（静的，動的）が総合され人びとを巻き込んでいく空間がある．南大門を西院から遠ざけることによって拡がった領域には多数の人びとが入ることができるようになった．そのより多くの人びとに法隆寺西院がアプローチにつれ見えてくる空間を呈示したのだ．そこに南大門の位置を移した設計者の意図がみてとれる．中国から入ってきた伽藍配置，建築様式を用いて金堂と塔を横に配置し，アプローチ上に，さまざまに見せることで新しい日本の空間が獲得されたのである．

3 軒が囲い込む空間，領域

軒内包空間・軒内包領域

ここでは，今まで述べてきた日本建築に大きな影響を与える軒裏線が影響する空間，領域を図化し，概念化する．

建物に観察者が外部からアプローチしていくとき，まず屋根が見えるが，近づいたある位置（眼の高さによって多少の差がある）以内は，軒裏が見え，屋根が見えなくなる．屋根，軒の先端がその見切りとして重要な転換点となる．

外部から建物へのアプローチにおいて，その建物の見え方は，外部から軒先端や軒裏を見るとき，軒先端が屋根勾配に直角，あるいはそれに近い角度をもっている場合，その見付け（ものを正面から見たとき，見えている面）は建物に近づいていったとき，外部のある場所で真正面に見えるが，それより建物に近づくと，すなわち，軒裏が見えはじめると屋根ではなく軒裏の影響を受けはじめる．

つまり歩いて建物に近づくとき，軒裏の延長線が観察者に向かってくる．目とその延長線とが出会う地点，この一線を越えると，屋根が消え屋根から軒裏へ空間的影響力が移行するという変化によって大きな空間の変質が起こる．屋根が見えなくなる一瞬はドラマチックとさえいってよい．

そこから内側は軒裏に包みこまれるといえる．それは雨だれ線によって区画された軒下という空間とも違う，もっと広いポテンシャルをもった空間である．これを軒内包空間，軒内包領域と呼ぶ．これには軒下空間，軒下領域も含まれる．こうした屋根，軒裏が相互に影響しあうところに日本の建築空間の1つの特徴がある．われわれ，観察者はこれらの複雑で美しいものの形を見ているばかりではない．これらが誘なう空間の中に招き入れられたり，あるいはその一線の内側に入ることができなく，拒絶されることで期待する空間の外に置かれたりするのだ．それは軒内包空間・軒内包領域がもたらす1つの影響力の結果である．

茶室の軒内包空間・軒内包領域

建物から離れたある一定の場所を境に，それより遠くでは屋根面が見え，それより近くでは屋根面が見えない．つまりわれわれは常に建物のすべてを見ているのではなく，移動していくことによって，また，ある領域から異なった領域へと移行することによって，またそうした経過のなかで建物を見，空間を了解していく．この場合，それは視線の高さに影響をうけることになる．

ところが茶室の場合，露地を伝ってアプローチしていくとき，茶室の軒が実に低いため，軒先端見付け（土間庇の軒であったりする）を真正面に見る位置の内と外とでは，すなわち，軒内包領域に入り込む前・後では，実に激しい空間の質の差のあることを感ぜざるを得ない．それは茶室の軒が低く，目の位置に近いため，人がゆっくり歩くスピードで近づいても，軒内包空間に入ると即，軒下に入ってしまうという急激な空間，領域の変質を体感するからである．つまり軒内包空間と軒下空間がほとんど重なっているためである．

しかも厳密にいえば，単に視覚のみならず聴覚についても，この一定の場所の外と内では，たとえば屋根に雨があたる音も，この場所の内側ではこもって聞こえ，外側ではもっとはっきり聞こえるという違いを生ずる．茶室へのアプローチにおいて，耳と軒の位置が近いため，軒内包空間に入るとすぐ軒下に入り，音の変化をはっきり知覚できるからである．人間の目と耳の高さがほとんど同じであるため，ここでは視覚偏重に頼らない空間体験ができる．つまり観察者は，茶室においては雨だれ線付近で視覚，聴覚一体となった劇的な空間の変化を身体的に体験することになる．茶室の切りつめられた極限性はこうした所にも現れている．

このように軒内包空間・軒内包領域を利用，工夫した日本の建築空間をわれわれはさまざまな場所で見ることができる．

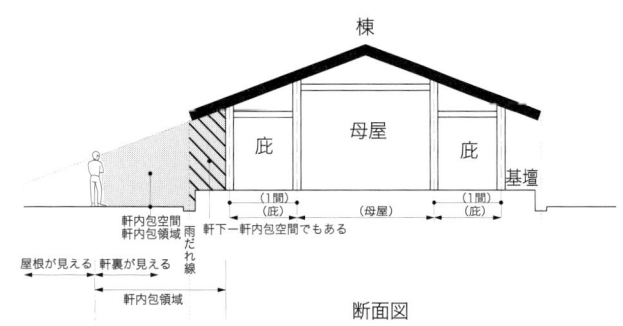

図13 軒内包空間・軒内包領域
軒裏線が及ぼす影響を概念化したのが図である．軒をもつ日本建築の空間や領域の把握に有効と考えられる．寺院建築の断面図では軒下は基壇上だが，ここを簀子にすると寝殿造住宅の断面図となる（平面図は図29参照）．

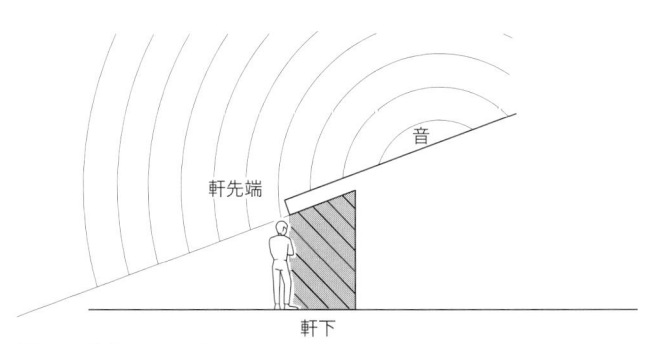

図14 茶室へのアプローチ
軒内包空間に入るとすぐに軒下に入ってしまう．軒内包空間と軒下がほとんど重なっている．

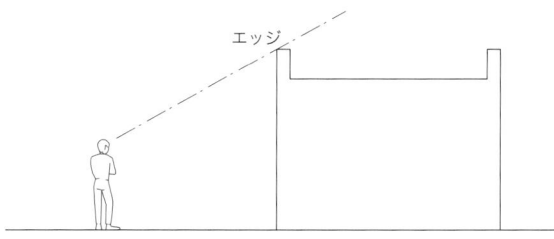

図15 陸屋根の場合

近代建築が多用してきた軒の無い陸屋根の建物は外形が直方体的な立体として表現される．建物の形のエッジの線が強調される．エッジがつくる形が空を切り観察者をひきつける（p.31, 図1）．ミースはそのほとんどの作品をエッジをきかせた厳格な直方体でつくりあげた．同じ直方体で出発したその弟子，フィリップ・ジョンソンはポストモダン期に変形ペディメント，変形様式で建物上部を形づくり，建物エッジを直方体→様式へと変更し，1920年代の摩天楼以来，再びアメリカの都市のスカイラインに様式的な形を加えた．

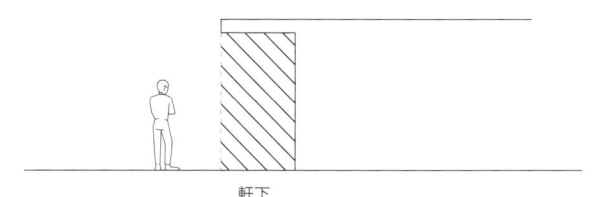

図16 水平軒の場合

屋根がそのまま軒として水平にのびている場合，軒の延長線が地上と焦点を結ばない．この場合，屋根は常に見えず，一方，常に軒裏が見えている．建物にアプローチしていく時，その見え方に勾配屋根のような屋根，軒先，軒裏と継起して見えていく空間や領域の変質が起こらない．ここでは屋根と軒裏がからんで現象する日本の空間的特質が失われることになる．そこには軒下空間があり，あとは開放的で軒によるエネルギーは発散する方向をとる．ただし軒裏が常に見えることがアプローチにおける空間構成の重要な要素となる．また，ここでも軒先のエッジが空を切り強調される（p.85, 図37）．

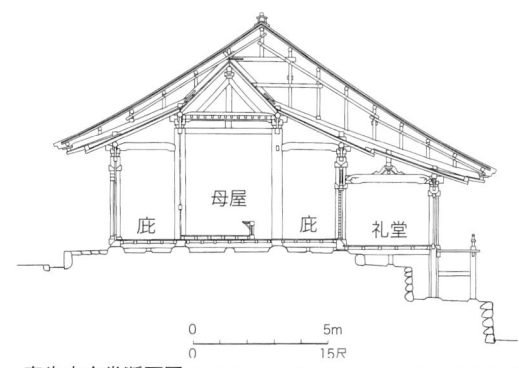

図17 室生寺金堂断面図 （図出典：日本建築学会編『日本建築史図集』彰国社, 1999）

室生寺金堂，五重塔

法隆寺西院と異なり室生寺は，仁王門（中門）からは金堂や五重塔は見えない．そこから入って左手の石段（鎧坂）に向き合う所で，金堂の屋根が見える．この参道石段では，金堂の二軒の飛檐垂木の軒内包空間のみが拡がり金堂へ招いている（図18）．のぼりつめた場，広い平面の拡がりの中を金堂へ近づくとき，弥勒堂への参道（敷石）の分かれ道あたりで金堂の屋根が消え，地垂木の軒裏が見えてくる．そこから屋根が消え軒内包空間に入り込むのである．

室生寺境内は各建物の脇に階段があり，それらが金堂，本堂（灌頂堂），五重塔，奥の院と，奥へ奥へと空間づくりがなされていく．アプローチにつれて，高低差を変え，つまり移動する視点につれての空間づくりである．金堂は何度かの増改築を経ているが，その空間は平面を歩くなかで現れるのではなく，長い階段という大きな高低差を利用し，金堂の庇から礼堂を懸造で差しだすことで（図17），石段を昇りきった場のなかに軒内包空間を囲いとっている．観察者にとっては金堂の内部空間も参拝の経路にしたがって，軒裏勾配をそのままに，また少しずつ勾配を変え礼堂，庇，母屋へと天井勾配を高め，繋がっていくように見えてくる．設計者は観察者の視線をそのように意図して取り込んだのだ．

五重塔ではアプローチの石段から屋根（五重以外）を見せないで軒裏，軒先だけ五層に重ね五重塔として表現している（図19）．石段アプローチのすべてが軒内包空間に入っている．そこを昇りきった五重塔の脇から奥の院への長い石段が始まる．室生寺は金堂，五重塔，その他各建物とも高低差を徹底して利用し，つまり地形を含めた全体断面を操作することで，アプローチに各建物の空間の特性をみせるよう工夫している．個々の建物だけでなく法隆寺西院で図示（図10）したように寺域全体の断面図を切ったときに現れてくる空間性を見ていく必要がある．今後，こうした寺域や境内など長いアプローチをもつ空間は敷地全断面の検討が空間を解明する有効な手段となりうる．

図18 室生寺金堂を参道石段（鎧坂）より仰ぎ見る

金堂は平安前期に造立されたと考えられ，中世以降に礼堂を懸造でのばした．軒裏や屋根が参拝のアプローチに対し巧妙にデザインされている．石段中心線は金堂中心線より1間左に寄っており左方向に奥の建物へのアプローチがあることを暗示している．

図19 室生寺五重塔を参道石段より仰ぎ見る

五重塔は高さ約16メートルと小さいが，建物芯と階段の中心線を重ね，階段・塔を含めた垂直性を強調している．屋根側は見えず軒裏だけ見えている．

4 闇の空間

天井裏，屋根裏，小屋裏という空間

　平安時代，野屋根*3という構法が考えだされると，次第に屋根勾配と天井勾配，天井面は相互に関係なく決めることができるようになった．そのため屋根面と天井面との間に膨大な闇の空間が発生した．軒も同じである．屋根勾配と軒裏勾配は大きく違えられ，屋根面と軒裏面との間に大きな空間が隠される．そしてその空間は使われることがない．問題はこの野屋根という構法を使ってつくられた屋根勾配と軒裏勾配，天井面を空間構成にいかに利用できたかということである．その決定の意図，内容が探られなければならない．野屋根という構法ができた理由の1つに，長い軒を出しても垂木勾配を緩くできるので軒先が下がらないことがあげられる．だがその結果できた屋根勾配と垂木勾配の違いが，日本建築の空間構成に大きな影響を与えている．たいせつなことは屋根勾配と軒裏勾配，屋根勾配と天井勾配，天井面を変えることができた自由さを，いかに空間形成に利用しているかである．前節で記した室生寺金堂（図17）にはそれを見事に扱った例が現われている．

　しかし多くは外形を形づくることに注意が向けられ，内部空間がかえりみられなかった．闇の空間のヴォリューム（容積）が内部空間のそれを超えることも少なくなかった．法隆寺でさえ外観，外部空間に比べて建築の内部空間への意識の傾注は非常に少なかったと言わざるを得ない．壁画等はそれを補うための方法でもあったと考えられる．

　法隆寺金堂の二重はまったくの空洞，天井裏（小屋裏）である．正に外観をつくるための構造であり，そのなかに一重にのみ外観と異質な内部空間が組入天井，小壁，折上組入天井，天蓋によって意図的に囲いとられている．この内部空間と外観の間の空洞は天井裏（小屋裏）である．五重塔はもっと徹底している．内部で使われているのは一重だけである．二重から五重の内部空間は闇の空間，構造のための空間である*4．

　それ故もあって日本建築では二重以上の床レベルは外観にはほとんど強調されることがなかった．

　「天井裏」「屋根裏」「小屋裏」という表現，つまり「裏」と言われることには，その場が非合理な側面を隠していることが暗示されている．また日本の建築は高床のものが多い．「床下」といっても「床裏」とはいわないことには，床をつくることの合理性が潜んでいるように思われる．歩くこと，座ること，置くこと，それは人や物が床に触れ，接する機能性を必要とする．また，防湿の合理性である．高床は床下に風を通し，日本の夏の湿気や，多雨による水から機能的に避けることが意図されているからだ．

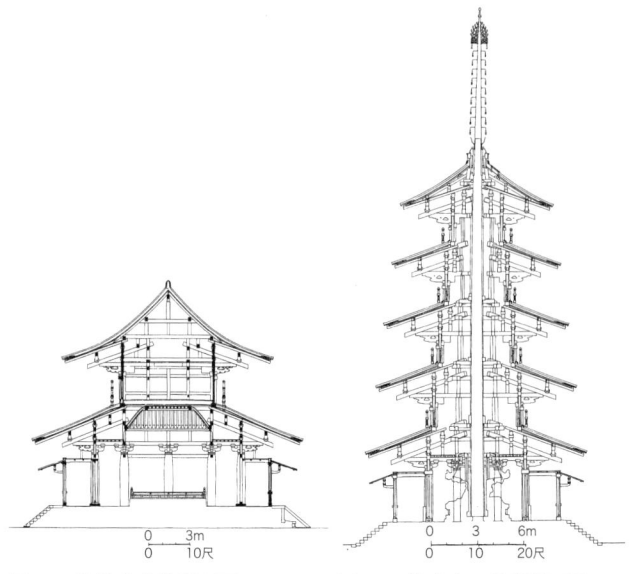

図20　法隆寺金堂断面図　　　図21　法隆寺五重塔断面図
（図出典：日本建築学会編『日本建築史図集』彰国社，1999）

　これらの建物は二重，五重と復層であるが使われているのは初重だけである．いわば平屋，一階建である．二重以上はすべて床もなく闇の空間である．構造体が露出し身動きもとれない．つまり二重以上を構造のために使って闇にし，内部空間をかまわないことで外観への造形を徹底，集中させている．外から見られるためにつくられた建物である．二重以上に窓があるがダミーであり，光や空気は入らない．外観のための窓である．

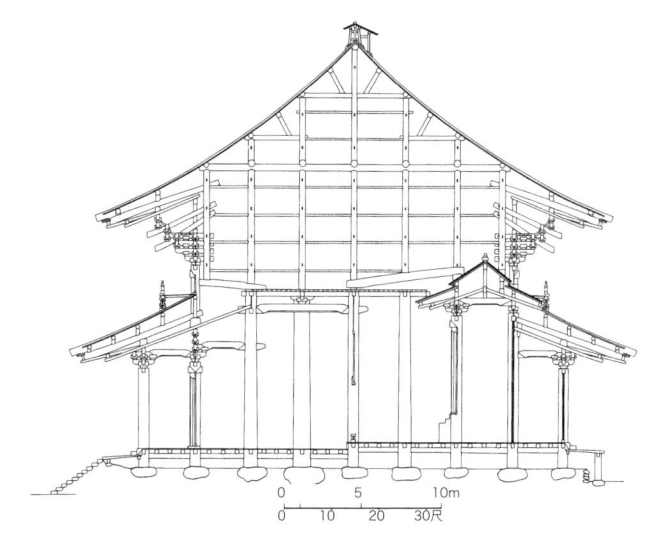

図22　金峰山寺本堂（蔵王堂）断面図　（図出典：前掲『日本建築史図集』）

　この吉野山の山上に建つ二重の建物の断面を見るとき，内部と外観の形との関係を考えないわけにゆかない．まさに見えない部分の空間の量が見える部分のそれをしのいでいるかにみえる．二層目内部はまったく天井裏（小屋裏）にすっぽり納まっている．しかしこの建物の内部空間たる初層は，必要以上に太く，長い，ほとんど未加工の，太さも一定でない，多様な樹種の柱によって構成され，外観から想像できない異質な内部空間を呈示している．堂内には68本の柱が建ち，それらは杉，桧，欅，栗，深山つつじ，やまなしの樹によって構成されているという．多彩で，テクスチュア，照りなどが観察者を楽しませもし，また落ち着かせない．ここには内部をつくろうとする意志が明らかに見てとれる．そしてこの巨大な天井裏（小屋裏）という空洞のなかに外観を形づくる意志もみえている．

*3　化粧垂木の上に束を立て母屋桁を支え，その上に野垂木を並べ屋根をつくる．つまり二重に屋根のある架構となる．平安時代に発生し，鎌倉時代になると桔木が入れられ長い軒を支えることができるよう工夫された．
*4　中国にも木造の五重塔がある．仏宮寺木塔（1056年，山西省応県）である．ただし，この塔は五重すべてに仏像が置かれ階段で上下使われている．つまり五階建である．囲いとった空間をすべて使おうとする中国の合理性があらわれている．

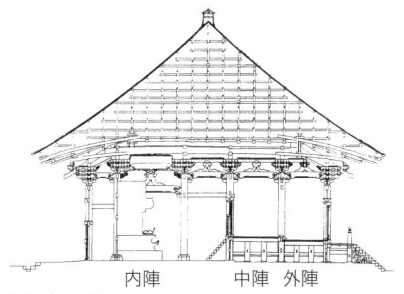

図23 延暦寺根本中堂 (図出典：中川武編『日本建築みどころ事典』東京堂出版, 1994. 國寶延暦寺根本中堂及重要文化財根本中堂廻廊修理工事報告書, 昭和30年刊より)

　日本の建築空間が「奥」に向かって昇っていくとき, 意識の緊張と高揚をみるが (図10, 20, 21), 逆に床が下落していく空間にぶつかるとき, 日本では出会うことの少ない異質な体験をする. それは権現造の石の間 (相の間) であったり, 延暦寺根本中堂内陣 (1640年再建) であったりする. 石の間には本殿と拝殿の間の外部空間を内部化した合理的なわかりやすさがあるが, 延暦寺根本中堂の中陣から2.5メートルほども下がって石敷の土間床になって暗く拡がる内陣の空間には, ある種の畏れをともなった驚異を感じる. 地上より回廊, 外陣, 中陣へと徐々に意図的に床を上げてみせ, そこから内陣へ一気に人間の身長より高い2.5メートルを下げる. だが実はそこは昇りはじめの地上レベルと変わらない. ここには床によって空間をつくるという意図が徹底して現れている.

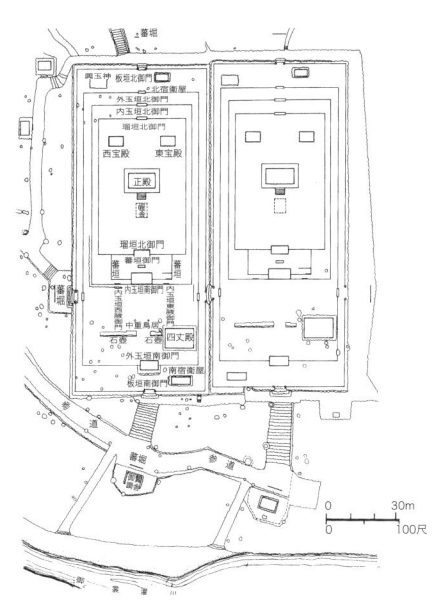

図24 伊勢神宮内宮配置図 (図出典：前掲書『日本建築史図集』)

禁域空間——神社建築の内部

　日本建築を発生させた古い形式の1つに神社建築がある. ブルーノ・タウトは『日本美の再発見』のなかで伊勢神宮が「その構造は単純であるが, しかしそれ自体論理的である. 後代の日本建築にみられるように, 屋根裏が天井によって隠されることがなく, 構造自体がそのまま美的要素をなしている」ことを記している. 日本に6世紀から入り始める合理的な大陸から伝わってきた建築については指摘せず, 伊勢という神社形式から一気に日本建築へと論理が展開される無理があるが, 日本建築の展開のなかで屋根裏があることを鋭く指摘している. そして構造が露出し屋根裏のない伊勢神宮を合理的と評価する. しかし伊勢神宮は屋根裏ではなく, 内部空間全体が隠されている. つまり神社には少なくとも人に見せる内部空間がないのである. 内宮・外宮の正殿はさまざまな自然 (川, 森), 構築物 (橋, 鳥居, 垣), 空き間に囲まれており, 近づくことができない. 「奥」へとできるだけ遠く, 距離的にも, 心理的にも人のいるところから引き離され, 隠されるようにつくられている. 正殿にいくらか近づくことができても何層にも重なった垣を見ると (図24), 近づけば近づくほどかえって, 近づいてはいけないのだ, 近づくことが拒否されていると感じてしまう. そう感じるよう意図的につくられて (設計されて) いるのだ. タウトは正殿という1つの建物の本体のみを伊勢神宮の空間全体から切り離し取り上げ, 解体して考察していたのだ. 自分が正殿に近寄ることを拒否され, 内部空間を見ることができなかったことを忘れている.

　桂離宮が歩くこと, 巡ることによって空間が現われてくるように伊勢神宮も鳥居を通り, 橋を渡り歩いて近づいていくにつれ空間が現われる. ともにタウトが賞讃した建築だが, 両者の決定的な違いは, 桂離宮は, たとえ限られた身分の高い人びとであっても, 人間が住み, あるいは滞在し建物のなかに入り, 隅から隅まで見, 使うという空間であり, 伊勢神宮は本殿までたどり着いても, 建物ばかりか垣のなかにすら招かれず, 入ることも, 勿論, 滞在することもできずに, 帰っていく空間であるということだ. つまり伊勢神宮では内部空間へは拒絶されているのだ. 垣が巡らされているため正殿の軒内包空間に入っていくことすらできない. 人が入ることが拒否され, 内部は隠されている. それは外部を, 外観だけを見せていることになる. 外観, 軒内包空間による見え方がここでも重要である.

　日本の神は形ではない. 自然物であったりする. 当初, 神体はなく神の依代があり, それが後に神社建築のなかに安置されたと考えられている. 神はいつもそこにいるのではなく祭事などのときにその場所に現れるのである. 同じ信仰の対象であっても, 寺院建築の本尊 (仏像) と異なり, 後代になっても神を見せることがなされなかった. 神社建築の内部は見せることがない. 建物の中に何もなかったり, あっても自然物であったりする. 寺院の仏像や仏画のように人の手になってたとえば美的, 造形的につくりあげられたものとは異なる. 何もない空間は「奥」として人に, 公に見せられることがない. 神社建築の内部はなにか人の手をつけられていない状態にあるように思える. できるだけ人間の手を加えること, 触れることを避けた空間づくりをしているのだ. 基本的に人が入ることを禁じている. これは内部空間というより禁域空間と呼べるものだ. 一方, 寺院建築の内部空間は本尊 (仏像) という一定の形のあるものを中心化するため, 当初は隠されていたとしても徹底的に手が加えられ次第に見せられ, 人を入れるようになった. 神社建築と寺院建築の空間の大きな違いである.

5　日本建築の透明性

闇への光

　日本建築には天井裏，屋根裏という膨大な闇の空間があることを指摘した．寺院建築は巨大な天井裏，屋根裏，小屋裏を抱えていた．内部空間よりボリュームが大きな場合も多々ある．たとえば法隆寺金堂，五重塔である（五重塔はすべてそうである）．その闇の空間を外してしまう方法が，平安時代の絵巻物の手法「吹抜屋台」である（図26）．天井裏や屋根裏が外され，吹抜けてしまい，視線があるはずの闇の空間を抜けて俯瞰する．それは現実にはあり得ない視線なのだが，だからこそこの視線をつくりだした当時の貴族たち，絵師たちに意図があったと考えねばならない．

　この図法が非常に明快にみえるのは，天井裏，屋根裏といった不合理な闇の空間が取り外され，そこを通して見ることができるからだ．不合理性がはずされ合理性がみえてくる．「吹抜屋台」は平安時代の合理的見方の象徴なのである．そこには全体を見る見方への志向性がある．そこに「吹抜屋台」という表現方法の意図もあったと考えられる．

　現実の視点からでは，たとえば寝殿造住宅*5の内部空間にいる人物（内部空間に入り込んだ観察者）には，眼前の室礼が見えるだけで，その奥は見えない（図26）．自らが歩き，動き廻ることによって継起的に見えてくるだけである．つまり，ひとが目の前にある空間全体を知ろうとすれば，自らが歩き廻って知るよりない．寝殿造住宅の内部空間では仕切り（室礼）を越えなければ，仕切り1枚の先ですらわからない．仕切りがあればその先を知るには気配をうかがうか，その仕切りを越えるしかないのである．

　「吹抜屋台」は，そうした室礼の配置（つまり平面）と，姿（つまり立面）をともに一目で見渡せ，表現するのに適した方法であった．しかもそれは内部空間だけに限らず，外部空間をも，また内・外の相互関係（相互貫入）をも全体的に表現できた．日本の建築空間がもつ奥行きを合理的に，全体的に見せる方法であった．

　また「吹抜屋台」では天井裏，屋根裏がはずされることによって内部空間が見えてくる．そのため内部空間を徹底して描くことができた．このことはこの時代，あるいはこの図法では内部空間が重視されていたことを意味する．日本建築の外観重視が進むなかでの開明的な方法であった．

　しかし，そこにはもともと屋根裏，天井裏という暗闇が上におおいかぶさっていたということを忘れてはならない．室内空間とは屋根あるいは天井がふさがれてはじめて，現実的にはあらわれるからだ．だがそれゆえにこそ，屋根裏を外すことによってあらわすという合理的な方法，操作を考えついたことの重要性を評価しなければならない．それによってあらわれてくる空間の意味は重要である．当時の貴族は，屋根や屋根裏という闇の空間を外すことの意味を知っていたことになる．

　中世のヨーロッパは神の視線を意識することで世界が見られた．それからルネッサンスに至って，透視画法（パースペクティブ）という個人の視点を獲得した．

　日本では平安時代に「吹抜屋台」という全体をとらえる視点を獲得していた．「吹抜屋台」という視線はそれまでの外国からの文化的影響を受け続けてきた日本，そして古代的政治・宗教の不透明さに対し，自力で光をあて，透明性を獲得する行為であったと考えられる．それが天井裏という日本の建築空間の膨大な闇の空間を取り外すことによってなされたことは象徴的である．闇への光であった．

図25　「朝覲行幸・舞御覧」（個人蔵，図出典：小松茂美編『コンパクト版　日本の絵巻8巻　年中行事絵巻』中央公論新社，1994）

　「吹抜屋台」は見下ろしの視線（一種の鳥瞰図）で建物の内・外全体を描ける方法であった．『年中行事絵巻』のこの場面には屋根は吹抜けていないが，上からの見下ろしの視線のもとに，この行事全体が描かれ，天皇や上皇（後白河上皇）ですら，顔は階隠や簾で見えないようにされてはいるが，他の人々とともに全体のなかに配置され描かれている．この絵巻では，儀式や行事における空間（建物，庭）のなかでの人の位置，配置を描くことが重要であり，この画法はそれに適していた．そうした場を描くことが『年中行事絵巻』，つまり儀式では重要であったのだ．

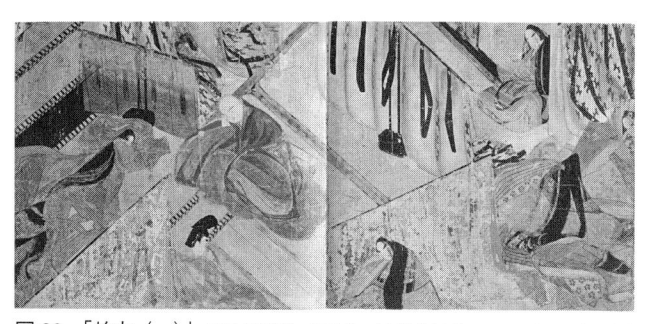

図26　「柏木（一）」（徳川美術館蔵，図出典：小松茂美編『コンパクト版　日本の絵巻1巻　源氏物語絵巻』中央公論新社，1993）

　「吹抜屋台」は寝殿造の屋根，屋根裏を剥がして上からの視線で室内を見せている．特に女は男の視線を遮るために几帳，屏風，簾等の背後に身を隠して暮らしていた．普通，人の目の高さからではそれら室礼が邪魔をして先を見通すことができない．つまりここでは人が止まっている限りものは見えてこない．それを見せる工夫がこの「吹抜屋台」という図法である．ここには几帳の背後の男・女すべての配置が描かれている．実際に動き回る観察者の視点ではなく全体を見渡そうとする視点である．

　「吹抜屋台」は，いわば室内空間という六面体の上面，天井裏という闇の空間をはずした．そこから，闇を通して，平安貴族の光り輝く世界を，平面，立面，配置，内部空間・外部空間の関係を含めて光のもとにさらしたのである．内部空間と外部空間の相互貫入までも描くことができた．それは寝殿造住宅の透明な面を明快に示すことでもあった．

＊5　寝殿造は平安時代の貴族の住宅である．そこで儀式も行われた．

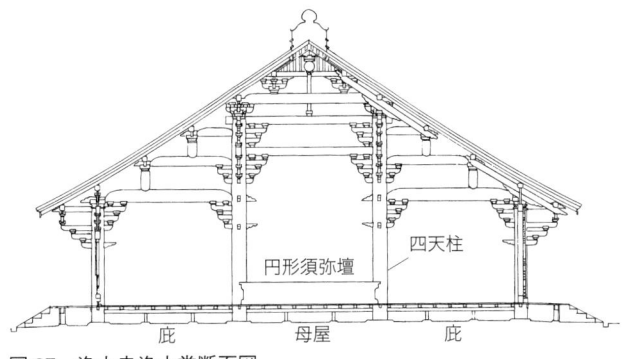

図27 浄土寺浄土堂断面図

図28 浄土寺浄土堂内部 (図・写真出典：日本建築学会編『日本建築史図集』彰国社, 1999)

　大仏様、特に浄土寺浄土堂（1194）には、その内部を支える構造を、そのまま露わにし内部空間にしている見事なまでの表現を感じる．化粧屋根裏で、天井は張られていない．垂木は隅角部は構造的に合理的な扇垂木である．その他は平行垂木にして直線性を生かし、構造的合理性は一貫させている．その構造はそのまま外部にも露出し外観を形成している．
　そこに納められた木造阿弥陀三尊立像は構造を露わにされた堂内一間四方の母屋の中に、内部高さいっぱいに立っており、内部空間を徹底的に利用し、なおかつ、背面西側の透蔀を通して直接入ってくる西日の逆光と床の板面に反射した光とで、仏像の姿が微妙に内部に浮び上がる構成をとっている．さらに、それを外壁、真正面1ヶ所のみ内法貫をわざわざ抜いて、桟唐戸を桁下まで高くとり、その最上部を透格子とすることで、外部からの観察者がこの建物に近づいたある地点で、逆光に浮び上がる仏像、その顔の位置を、正面外部からも拝することができる工夫までがなされている．内部空間の母屋のところが構造的に最も高い．四天柱が屋根のすぐ下まで立ち上がる．その母屋の高さいっぱいを使い切る．ここにこの木造阿弥陀三尊像が立像である理由もある．立像にして三尊像の顔の位置を高く上げる．高く差し上げられた本尊の顔を外部から礼拝できるよう、正面外部の内法貫が1ヶ所抜ける．内部と外部、いちいちが相互に関わっていく．こうした内部と外部の構成が直截に表現されている．日本における最も透明性に富んだ建築空間の1つである．
　一般に「丈六」と呼ばれる像は座像で、実寸高さは半分くらいとなる．浄土堂の阿弥陀如来像は実寸で丈六の立像である．立・坐による大きさのイメージ操作をしていない．つまり浄土堂では建物だけでなく仏像も率直に表現されていたのだ．

TOPIC 『源氏物語』のなかに現れる「奥」と「端」の主な意味
　「奥」はその場面の主語、あるいは主体から見て、対象方向の側、その向こう側という意味で使われている．「奥」は方向性を示す概念であったと考えられる．「端」は方向性もあるが、意味、場所の限定性が「奥」と比べてはるかに強い．その方向性も主体や主語から見てではなく、空間的に外部空間に近い場と関わっている．

大仏様

　平安時代の寝殿造は、住宅であることも1つの理由であろうが天井をはらず屋根裏をそのまま露出させた、構造的にはわかりやすい空間であった．しかし天井裏はないが、長押から上部は暗く、さらに室礼の重なりが内部空間を暗く、見えにくくさせていた．寺院建築においては野屋根という構法が考えだされると和様がますます日本化していくなかで、内部をつくることと外観をつくることとが別に考えられそれが合体した姿がみえる．構造体と内部空間が乖離しており、逆に言えば和様ではそこに内部空間をつくる契機もあった．
　中世、鎌倉時代になってそこに大陸から大仏様という、形に対しても構造が合理的な様式が入ってきた．しかも母屋・庇構成はそれまでと変わらず、外観および内部空間は構造そのままに表現されていた．このとき、和様が陥っていた不明快さ、曖昧さ、つまり和様の野屋根を使う技術によって屋根裏という不合理な部分が全体の空間量の多くを占めてしまうことに対する、明快な構造、明快な内部空間が入ってきたのである．それは当時の和様への批評でもあったろう．合理的な構造がそのまま露出し、それが仕上げであり、内部空間であり表現となっていた．まさに隅々まで見える透明な空間であった．しかし大仏様、禅宗様は日本の建築空間のもっとも大きな流れである和様のなかで、ほとんどは生かされることなく、多くは装飾や「ディテール」として折衷様式へと薄められていく．
　大仏様には明快な合理性、つまり内部空間、外観が構造と強く見合って現われるあり方があった．その後もこうした様式、構造のあり方と、それまでの和様との差が意識され、その意識のもとに空間がつくられていったなら、明治になって洋建築が入ってきたときも、外観だけに意識が集中されるということは起こらなかったかもしれない．実際には、透明で合理的な空間は江戸後期にも細々ではあったが連綿とつながっていた（栄螺堂）．しかし明治期になって大学ができ、懸命に洋建築を学ぶなかで外観重視が徹底していく．そして日本建築は忘れられていったのである．
　大仏様ばかりでなく、日本の建築空間が、合理性、透明性という視点において、その世界に向けて大きくかかわり、変わっていく可能性のあった時期がいくつもあった．大きくは古代以降に限れば、6世紀、大陸の仏教建築の様式が入ってきてそれが展開していくとき（和様化である）、次が上述した鎌倉時代の大仏様、禅宗様がでてきたとき、そして洋建築の入ってきた幕末・明治期、さらにセセッションなどヨーロッパの思潮、建築紹介がかなり入ってきた1910年代（大正初めから）、そして第二次世界大戦後の国際主義の流入である．

6　光のくる方向

横からの光

　建築空間は五感によって把握されるが，近世，近代，現代を通して，そのうち特に視覚が重視されてきた．しかし空間を把握するためには視覚だけで足るわけではない．日本では，それよりはるか以前，平安時代に寝殿造の空間が貴族たちによって五感を駆使して把握されていたことは『源氏物語』に詳しい．そこには視覚だけではとらえることのできない空間が描かれていた．しかしそこでも視覚は重視されており，平安時代から視覚で場や空間，人を感取することの優位性が表現されていた．

　ものが見えるのは光があるからだ．それ故，建築空間に光がどう入るかは重要である．同じ空間であっても，光の入り方で視覚的に空間の質が変わる．視覚が重視されているということは，空間を見るための光の扱いが重視されているということである．建築空間に光はどう入っていたのか，また光はどう入らぬよう工夫されていたのか．光に対する開と閉の空間構成，空間造形が問われていた．

　高床，柱梁軸組構法など日本の木造住宅の基と考えられる寝殿造では，光（外光）がくる方向は横からであった．庭→簀子→庇→母屋（図29）と光は進む．建物内部への光の取り入れ方は外観をも決定することになる．横からの光が日本の内部空間，外観を決定していたのである．貴族の時代の寝殿造から変化してきた武家の時代の書院造も，同じ横からの光が空間を支配していた．

　寝殿造では姫君たちは普段は母屋の中にいた．外部からくる男の視線を避けて暮らしていたのである．そのため彼女たちは，母屋・庇・簀子構成（図29）という空間構成を利用し，さらに，簾，几帳など仕切りを駆使して室礼した．母屋・庇・簀子構成は平面構成であり，床に段差があったり，またそれぞれの空間に質の差がある空間構成でもあった．

　男の視線のくる方向は横からであり，光のくる方向と同じである．光源氏は女たちにとって男の象徴であるが，外部から入ってくる光そのもの，また光が引き起こすことの象徴でもあった．この時代の1つの理想的な男性像に光という名前を与えたのは紫式部のすぐれた見識である．『源氏物語』は男（光）が女の空間に外から押し入る物語でもあるからだ．

　男の視線を遮ることは，横からの光をも遮ることであった．それ故，母屋，庇のなかは光が遮られた暗い空間となる．特に，母屋は昼でも暗い．庇に囲まれ，さらに室礼に遮られ視線や光の通りにくい，暗くて見えにくい空間となる．視線は幾重にも遮られ，遮られた先には五感を駆使しないと把握できない空間が拡がっていた．つまりこの時代，空間は視覚だけでなく五感によって感じ取られていたのである．空間を把握するには知もまた必要であった．有職故実に通じ，和歌，漢詩，楽器等を創作，演ずることで空間も人も現れてきた．貴族たちが五感や知を空間に集中し対峙させると，次第に，その緊張の先に空間，人が現れ，感じ取られてくる．それ故，貴族たちは懸命に歌，詩，楽器，当時の知（有職故実）を学び磨いたのである．

　寝殿造の各建物は建築的構成自体が明快で，基本的には透明度の高い空間であった．それ故にこそ，室礼を徹底して工夫することでさまざまな方向からくる視線を遮ったのである．

　建物の構造体は内・外に露出しており，柱梁間のほとんどを壁ではなく開閉のできる仕切り（格子，蔀，板戸，障子等）で建て込み，床下は高床であいており，遣水や庭の起伏が流れこんでいた．また重層した階をもたない平屋であり，それ故，1階の内部空間および内部空間と庭との相互関係が究極的に問いつめられていった．横からの光はその空間の見え方に大きな影響を与えた．

　五感を通して感じ取られる寝殿造の空間は，その建物の建築的平面構成，空間構成自体は，基本的にはわかりやすい空間であった．それを徹底して室礼し，当時の生活様式をつくるなかで，複雑で多岐多様な，日常生活空間として，また儀式空間として，高度に利用可能な空間にしてきたのである．寝殿造の内部空間には，室礼の扱いなどによって複雑多様で見えにくいところと，建物自体の平面構成，空間構成，構造など明快でわかりやすいところがある．それらを混同してはならない．

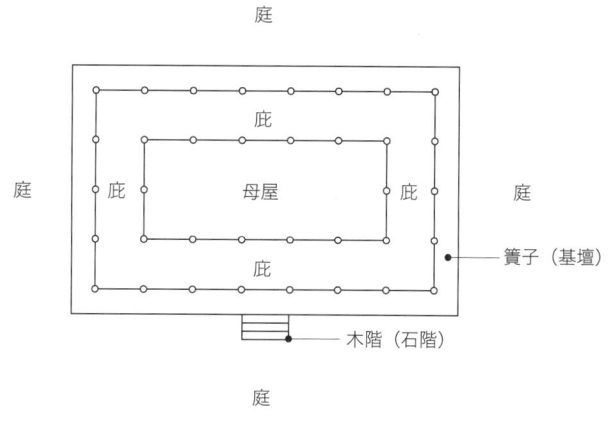

図29　母屋・庇・簀子・庭構成（寝殿造住宅の構成）
　　（　）内は母屋・庇・基壇構成（寺院，宮殿の構成）

　寝殿造の各建物は母屋・庇・簀子構成で成り立っていた．これは平面構成でもあり，空間構成でもあった．母屋を庇，簀子が囲んでいく中心性が現れた構成である．しかし構成はシンプルでも，庭からは横からの光（外光）が，仕切り，室礼の開閉の仕方によってさまざまにグラデーションがつけられて採り入れられ，空間に複雑な陰影や闇の場をもたらした．上からの光はない．

図30　桂離宮新御殿，一の間上段 (写真出典：日本建築学会編『日本建築史図集』彰国社，1999)

桂離宮は，公家（貴族）である八条宮智仁，智忠親王，父子2代がかかわることによって建てられた．その新御殿（1658頃）一の間上段には，かつての平安時代の室礼の並ぶ空間が極限にまで凝縮，閉じこめられ，記憶の底を氷結させたかのように表現されている．寝殿造という貴族達の家づくりにおける室礼の重なった空間構成を，飾棚（桂棚）や中空に浮かんだ書院地板に徹底して抽象化して取り込んでいる．さらに，新しい近世の外光の扱い方を取り入れ，つまり外光を絞り込み，高い位置や書院（上段付書院櫛形窓）腰高上・下の位置から室内に光を入れる工夫，造作が極限にまでなされた空間である．貴族の時代から武家の時代までの空間を取り込み，凝縮し，結晶させた見事な例といえる．近世になって，茶室空間が光を壁や屋根のさまざまな位置や高さの絞られた開口部から入れることによって（図35），それまでの横からの光による日本の空間を変質させたのだが，一の間上段には，この茶室空間の光の扱いまでが取り入れられている．

図31　「鈴虫(二)」(五島美術館蔵，図出典：小松茂美編『源氏物語絵巻』中央公論新社，1993)

光源氏と冷泉院（実は光源氏と義理の母・藤壺中宮との間の不義の子）が庇で対面している場面であるが，ここには母屋・庇間の下長押，庇・簀子間の下長押がともに描かれている．母屋・庇・簀子構成が『源氏物語絵巻』のなかで，もっともストレートに描かれている場面である．内部空間が，母屋→庇→簀子と下長押を介し下がってゆき，ついには庭とつながっていく空間構成が直截に描かれている．この図のように室礼がないと，寝殿造は光も空気も横に抜けていく透明な空間である（この例では母屋・庇間は同一床レベルである）．

書院造の光の扱い

寝殿造から変化してきた書院造の対面・接客空間においては，室礼を床のなかに簡略化し閉じこめ，室に室礼を置かないことで，光が入り，風が通り抜ける新たな室形式を獲得した．そこでは実質的な明るさや夏の涼をも獲得したのである．武士階級という実利的，実務的な層が時代を支配することで，彼らの住む建物にもそうした傾向が現れたと考えられる．室礼がない分，その場にいる人びとの視界の広がりも獲得した．その場にいる人びとの配置も明確に目に見えて了解できるようになった．対面・接客の場が重視され，そうした場では人の位置が室構成，空間構成の重要な要素となった．身分，あるいはその上・下による位置関係の明示は封建体制にとって重要な課題であった．

それを書院造は，室礼のない目に見える拡がりのなかで，床，上段，中段，下段（図32，34）などさまざまに空間へと定着していった．庭に接した，その室礼のない対面・接客の場を明るく照らしたのはやはり横からの光であった．寝殿造から書院造への変化は，見えにくい空間から対面・接客の場における明らかに配置の見渡せる，明るく，明快で透明な空間への変化でもあった．それは女の空間（貴族の時代）から男の空間（武家の時代）への変化でもある．

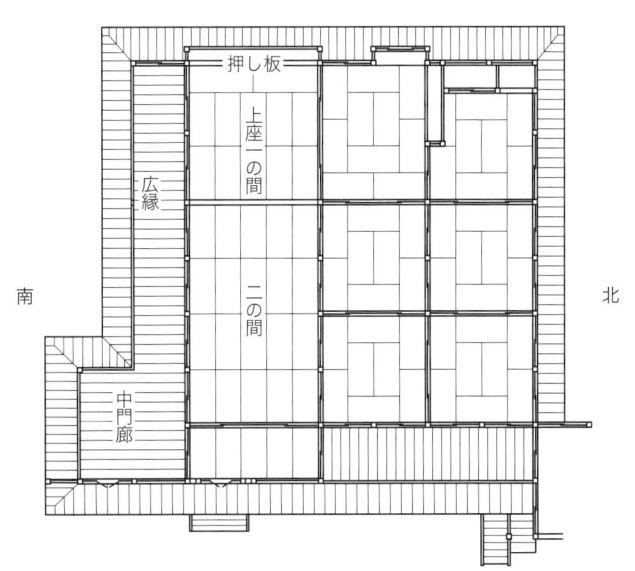

図32　勧学院客殿
真ん中の室はすでに母屋的性格を失っている．

TOPIC　書院造

書院造は武士の時代の住宅建築である．寝殿造と同じに横からの光が室内に入るが，入る方向が限定される．床など光をふさぎ，飾る壁面ができたことによって内部空間に強い方向性が現れた．建築物が光を意図的に絞り，絞られた方向からの光が室内空間に空間の特性を与える．建築において光への設計者の意図が明確に現れてきたことを意味する．書院造では庭と接して接客・対面の場（室）が並び，地位の上・下の位置関係も庭に接し平行する．光はその上・下関係に対し横から直角に入ってくる．室内の上・下関係，空間性において光に対する左右対称性を喪失する．横からの光によって室内空間，上・下関係が人に曝され見られる．つまり光の入ってくる方向に対し正面から空間を利用する方法が書院造において徹底して変革されたのである．

7 さまざまなる光

寝殿造から書院造への光の扱いの変化

　平安の貴族の時代から次の武家の時代に移ると，建物形式が書院造に変化していくが，書院造では寝殿造と違い，光は建物の中心部に通っていくのではない．母屋・庇構成がなくなっていくからである．対面・接客の場が重視され，それらの場が光の入ってくる庭に接して建物の外周廻りに並んでいく．書院造では壁，床（押板），違い棚，帳台構えという固定された装置をつくることでその側を遮り，その方向からの光を断った．光浄院客殿（図34）や勧学院客殿（図32）は光が入るのは主に南側からであり，床のある西側は光を完全に遮断している．書院造では寝殿造と同じに横からの光が室内に入るが，入ってくる方向が建築的構築物（壁等）で塞がれ限定された．限定された光が室内空間に空間的特性を与える．つまり住宅形式の寝殿造から書院造への変化は光のくる方向を限定する建築空間をつくりだすことでもあった．書院や引戸を通して横から入ってくる絞られた光の当たり方が，空間ばかりでなく床に置かれた物や配置された人物などの見え方を決めていく．

光の入り方による空間の変質

　ゴシック建築の内部空間は上方へ高く高く立ち上がってゆき，その上方から外光が降り注いでくる空間であった．しかも光を身廊（図47）という中心部に入れようとする．それ故，建築の中心と光が結びつき光は中心を照らす．日本建築の内部空間では光は横から入り，庇→母屋と進むが，さまざまな仕切りに阻まれ特に寝殿造の場合，中心部へはなかなか届かない．それ故，『源氏物語』のなかには闇がしばしば表現され，問題にされる．『源氏物語』において闇は物語を進行，構成するうえでの重要な要因となっている．

　「夕顔」の巻で夕顔は「奥の方は暗うもむつかし」と対の「奥」の闇を怖がった．光源氏が庇の格子を閉じて外部からの光を絶つと「奥」の物の怪が「端」（庇）にいる夕顔の所まで跳梁し夕顔の命を絶つ．近世になって茶室空間が光を屋根（上部）や壁の絞り込まれたさまざまな高さの開口部から入れることによって（図35），それまでの横からの光による日本の空間の見え方を変質させた．従来の日本建築のように柱間が開口ではなく，光をしぼった窓という開口部，その位置を意図的に決めたことが，それまでの柱間という構造体をそのまま開口としたこととの大きな違いであった．それは建築を設計することの本質を現していた．開口部の取り方，位置によって光を微妙に操ることができる近代的な方法の発見であった．そこに意図的に閉じられた内部空間がたち現れ，その結果，外観も表現された．

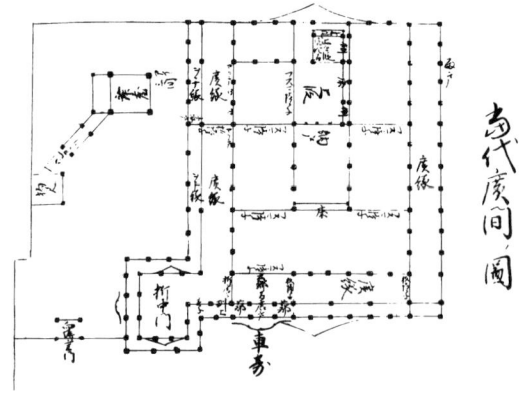

図33　当代広間の図（『匠明』・「殿屋集」）（図出典：日本建築学会編『日本建築史図集』彰国社, 1999）
能舞台があるが武士にとって能は必須の式楽であった．能舞台は必ずしも常設ではない．

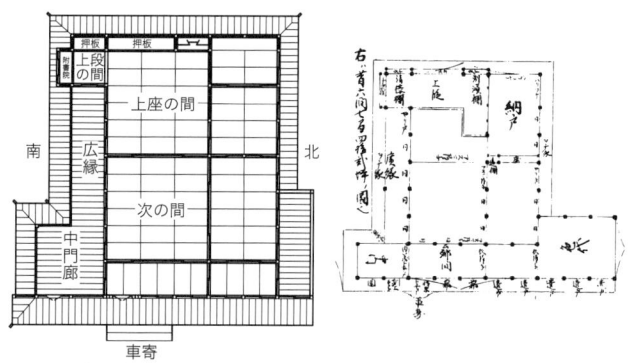

図34　光浄院客殿
『匠明』・「殿屋集」の「昔主殿の図」（右図）とよく似た平面である．

図35　裏千家茶室又隠（千宗旦による利休四畳半）（写真出典：前掲『日本建築史図集』）
窓は壁のなかに部分的に開き，突上窓の位置は掛込み天井の竹垂木の位置に拘束されていない．

TOPIC　茶室
茶室にはさまざまな高さから，しかも柱間でなく壁に自由に穴を開け，光を絞り込んで入れようとしている意図をみることができる．横からの光だけに頼っているのではない．様々な高さから絞られた光が入ってくる．屋根からも，つまり上部から光を入れようとする場合がでてきた．光が室内に入ってくる高さの変化もあるが，意図的に光を入れている設計者の意思が伝わってくる．空間をつくっているのだ．茶室一つひとつに一人の設計者の個性，意図を感じとることができる．その作為は日本の個の発現とも呼べるものである．横からの光によって特徴づけられる日本の建築空間に違反を試みたのは茶室空間である．茶室空間に壁の上・下や天井（屋根）から光を，多くは紙を介してはいるが，直接入れるなかで，「茶」tea ceremonyが行われる．ここで日本建築の内部空間が激しく変わったのだ．

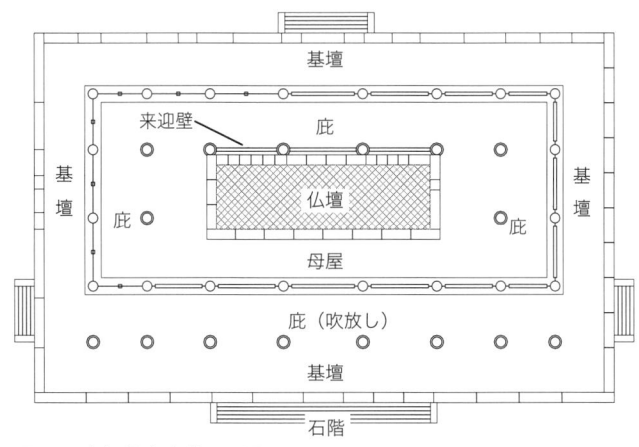

図36 唐招提寺金堂平面図

図37 唐招提寺金堂断面 (写真出典：前掲『日本建築史図集』)

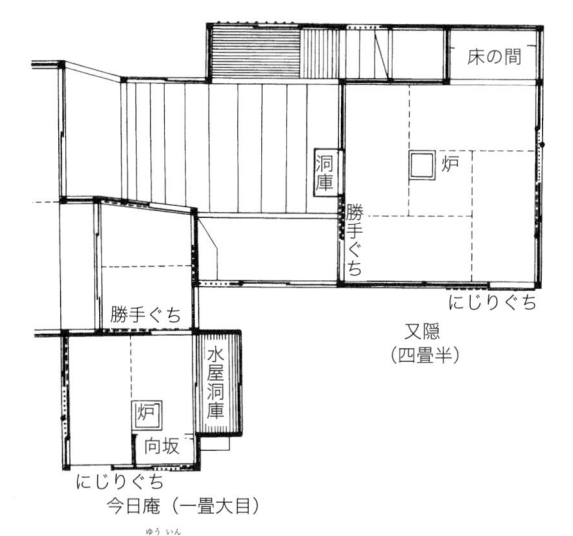

図38 裏千家茶室又隠平面図 (図出典：前掲『日本建築史図集』)

茶室における台目（大目，畳3/4の大きさ）という寸法には日本建築の四角形平面という室空間の拘束に変革を試みた意図が見て取れる．

TOPIC　行灯部屋

寝殿造において，庇空間を経なければ光が到達しない中心部の母屋空間は，現代でそうした室があれば「行灯部屋」と呼ばれ，現代生活に適した室ではない評価がなされ，できるだけつくらないようにされている．現代の住宅建築にとって，寝殿造の母屋空間は異質な空間である．現代人はその空間を体験することができない．母屋という空間がわからなくなっているのである．寝殿造や寺院建築を理解するにはこの母屋空間を知る必要がある．

唐招提寺金堂における横からの光

日本建築においては，本尊を母屋の中心に置く中心性の強い寺院建築でも中心部分に上部から直接，光を入れることをしない．しかし，横からの光を利用して母屋に直接光を入れる工夫をしている寺院建築がある．唐招提寺金堂である．唐招提寺金堂（天平時代）は正面一間通りの庇をすべて吹放ちにし，直接，母屋を外気にさらしている（図36）．正面板戸（正面五間両開きの板戸）を開けたとき，また正面の連子窓（正面両端）から直接母屋に光を取り込み，そのことによって視線も通っていく．横からの光に対し中心部（母屋）を露出させたのである．平等院鳳凰堂中堂（平安時代）は母屋に三方吹放しの裳階を直接巡らすことで，母屋に直接光を入れる同様の試みがなされている．

日本建築では外部からは内部を構成する母屋・庇構成は見えないのが普通だが，唐招提寺金堂の空間構成はそれを見せようとしている．仕切りを後退させ，横から光を引き込み，横からの外部→内部への視線を通すことによって成立させている．この建築の非常に意図的なところである．本尊を置いた金堂の母屋という中心部にまで光や視線を入れ，空間に透明性をつくりだそうとしている．ここでの透明性は外部から空間の内部に光や視線が入っていくことで，外部から見たときに内部空間を認識しやすくしている．

闇空間を介した物語　-空間性と物語性-

光源氏は「蛍」の巻で，母屋の暗闇の几帳の陰にいる女性の姿を兵部卿の宮（蛍宮）に見せるのに，その暗がりに蛍を飛ばしている．六条院，夏の町の西の対に，光源氏によって住まわされた玉鬘の姿が蛍の光の中に浮かび上がる．玉鬘は，「なにがしの院」で，光源氏と一緒にいて，闇のなかから現れた物の怪に襲われ不幸な死を遂げた夕顔の娘である．つまり夕顔と玉鬘という母と娘の物語は，闇を介して紫式部によって関係づけられ進行させられていたのだ．闇という空間がこの2つの物語の共通媒体なのである．これらの場面では闇が物語に強い枠組みを与えていた．

『源氏物語』は物語性と空間性とが密接に関わりあって構成されている．単なる心理小説ではない．その空間性とは光（視覚）の空間であり，闇（五感）の空間である．しばしば闇という見えない世界，視覚に頼り切ることができない世界で物語が進行し『源氏物語』に光のあたる世界とは別の空間性を与えている．それは外光による視覚的透明性とはかけ離れている．寝殿造における建築構成，構造としての透明性は視覚と通じ合う世界で成立すると考えられがちだが，紫式部は物語に闇を描くことで，視覚だけでなく五感を駆使して感じとる空間の透明性を描いたのである．

8 五感で感じとる空間

風と空間

　視覚を通じた世界で，空間や場の緊張が見事に表現されているのに出会うことがある．視ることの極限，視線がとらえることの難しいものがとらえられた場合である．それは目に見えない空気であり，風である．しかし風は必ずしも触覚によって感じ取られるわけではない．眼にも風によってものが動く姿としてとらえられる．耳にも風がものにぶつかる音として聞こえ，鼻にも風がものの香を運ぶことで感じ取られていく．

　風に関していえば，寝殿造の建物（寝殿，対）の四周が庭に囲まれていて（図39），ときによって方向は変わるとしても，風は基本的に一方向から他方向に向かって通っていく．中心に留まるわけではない．光とは性質を異にする．光は，寝殿造では寝殿や対は棟が独立しているから，簀子，庇を通って強弱はあるが平面構成の中心である母屋に入ってくる．風は建築的仕切りや室礼に沿っておおむね風の吹く一方向に通って抜けていく．

　遣水や池を含め，寝殿造の形式ができ上がってきた理由の1つが，夏の暑さをしのぐためであったと考えられているが，涼を得るため風を通したい夏であっても，内部空間は仕切り，室礼が重なっていて風を遮っている．「更衣」で冬とは違って，室礼の材料の布地や織り方や編み方が変わっても，男の視線を遮ることに，冬も夏も変わりはない．すると室礼は風をも遮り，奥まで風は届かない．姫君たちは視線の通らない奥の母屋にいるのである．しかも室礼の陰である．男の視線のくる方向と風の通る方向はともに外部からで重なっている．それ故，仕切り，室礼は外からの視線を遮る方向に使われ，その上で風の通る工夫がなされた．いずれにしても仕切り，室礼は四季を通してあり，風は室内を通りにくいのである．

　武士の時代の書院造では，四周を庇で囲まれた母屋空間はなくなり，室礼も床に凝縮配置されることによって，室に風が通りやすい空間形成がなされたが，そうした生活様式を，平安時代の貴族たちは採らなかったのだ．そして重要なことは，そのときに寝殿造という日本の住居形式の基本が形成されたことだ．

　日本の支配階級の住まいが鎌倉時代以前から，徒然草のいう「家の作りやうは，夏をむねとすべし」と考えられながら，平安時代当時の貴族たちの室礼や服装の形式自体が夏向きにできてはいない．そのなかで工夫をし，そこに日本独特の文化，生活形式が形づくられていった．貴族たちは室礼で遮られてはいても，夏の「更衣」によって変わった室礼や衣服の材料，布地，織り方や編み方の差，それらを透かし通ってくる熱を減じられた光や微妙な風の動き，涼しげな室礼や衣服の見えがかりを感じとる感性を磨いていたのだ．夏ばかりではない．季節に合わせて「更衣」がなされ，時間を取り込んだ感性が磨かれていく．

　風は風そのものを感じ取る触覚ばかりでなく，風が動かすものを見る視覚，渡ってくる匂いを感じ取る嗅覚，草木や室礼がはためく音を感じ取る聴覚，これらが総合され感じとられていく．そういう感性を磨くことで涼感，季節，人の気配，距離などが感取されていたのである．

風を描く

　日本にはすでに12世紀，『源氏物語絵巻』「宿木（三）」（図39）に風が描かれている．秋風にそよぐ簾に仕切られた寝殿造の庇・簀子構成の場である．吹き抜ける秋風のなかに，2人きりで描かれた匂宮と中の君の揺らぐ関係すらが暗喩されている．庭の萩と女郎花も風にそよぎ，その場の不安定な状況を暗示している．簾も庭の草花も，ともに風になび

図39 「宿木（三）」（徳川美術館蔵，図出典：小松茂美編「宿木（三）」『源氏物語絵巻』中央公論新社，1993）

いている．観察する画家の表現である．

建築とかかわって空気の動きが描かれている例がある．『一遍上人絵伝』(鎌倉時代中期)に「大井太郎の屋敷」(図40)が描かれているが，主屋の背後の建物の屋根の上(煙出し)から煙が出ている．この建物が火を使う場所，台所であると考えられる．主に火を使う場所が主空間から切り離されることによって火事の延焼を防ぎ，主空間を煙による汚れや臭いから遠ざけ清潔で，丹精をこめてつくられる接客空間として扱うことができた．こうした工夫は，すでに寝殿造の時代からなされていた．一方，縄文時代以来，竪穴住居を始めとして民家は火を主屋の中で使った．「民」の空間が発生する．排気(煙)口が屋根廻りにあけられ，そこから空気の出入りばかりでなく光が入り込み，それが採光窓として利用される可能性が生じる．

奈良・平安時代以降，支配階級の住まいは火を扱う場所を別棟にし主空間から遠ざけることによって寝殿造，書院造という住宅コンプレックスの中の主空間をさまざまに丹精，工夫を込めた空間に形づくっていった．そして次第に大陸様式の強い空間から日本の建築空間へと変貌を遂げた．

一方，民家は火を焚く場所を主空間から切り離さず一体化し，ときに牛馬をもその中に入れた．火は上昇空気をつくりだし上・下への排気や給気を必要とし，さらに雨をも遮る開口部が工夫された．そこに上からの光が工夫される契機があった．民家と茶室の接点が現れる．

気配で感じとる空間

『源氏物語絵巻』のなかに女房が見えない空間を感じ取ろうとしている図が2枚ある．「夕霧」(図41)は雲居雁が夫・夕霧と落葉の宮の関係を嫉妬し，文を読む夕霧の背後から忍び寄り，文を奪い取ろうとする場面である．寝殿造住宅の中心部分である母屋で起こっている狂乱の「劇」を，それを取り巻く庇という周辺空間(周縁空間)から，女房たちが目に見えない空間の気配を聞こうとする．夏衣の生絹の単が，雲居雁の生身の腕まで透かせて見せ，その状況を強調する．夕霧が直衣(常服)を着た服装をしているため，対比的にいっそう生々しく鬼気迫ってくる．

「宿木(一)」(図42)は，やはり2人の女房が帝と薫が碁を打つのをうかがっている姿が描かれている．1人は「夕霧」の絵巻とまったく同じ姿勢で障子越しに聞き耳を立てているが，もう1人の女房は，「夕霧」の絵巻とは異なり障子を細く開けて几帳越しに2人の男性を垣間見，のぞき見ている．ここでは聞くと見るが画面に同時に描かれ，聞くことと見ることがそのままに表現されている．この2枚の絵を比較することで，「夕霧」の場面に，視覚的にのぞき見る女房を描かないことの理由を理解できる．つまりそれだけ，「夕霧」の母屋内部で起こっている出来事の異常性を，五感を働かせ，聞き耳を立てている女房たちには感取できるのである．目に見えなくても女房たちに感取できるほど母屋内部は殺気立ち，粟立ち，緊張している，それを表現しようとしているのだ．内部で起こっている出来事の緊張感の差が描かれている．女房たちは視覚に偏することなく五感を働かせることで空間を感じとっていたのである．

姫君1人では何もできないのだ．『源氏物語』のヒロイン(姫君)一人ひとりを支える女房集団が，寝殿造の内部空間に潜んで，姫君を，来訪した男君を，五感を働かせ，うかがい，感知していたのである．

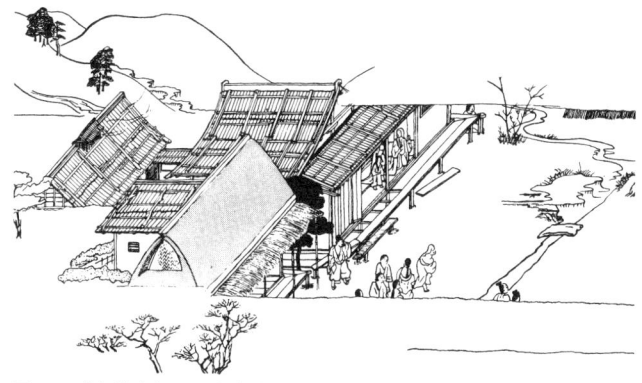

図40 「大井太郎の屋敷」(一遍上人絵伝) (図出典：住宅史研究会編『日本住宅史図集』理工図書，1996)
図左端の建物の屋根から煙が出ている

図41 「夕霧」(五島美術館蔵，図出典：前掲「夕霧」『源氏物語絵巻』)

図42 「宿木(一)」(徳川美術館蔵，図出典：前掲「宿木(一)」『源氏物語絵巻』)

9　日本とヨーロッパの空間の光の扱い

この節では，ヨーロッパの建築空間の代表的な例としてギリシャ神殿，ローマ神殿，バシリカ教会堂の空間を図とともに取りあげ，日本の建築空間との違いを示した．

日本の寺院建築とギリシャ神殿の基壇

多雨という気候帯にありながらほとんど樋のない日本の建築においては，なるべく軒先をせりだし，雨だれ線を建物から離れさせ，そのせりだした軒先によって吹き降りの影響を少しでも避ける処理が，建物の延命のためにも必要であった．そして雨だれが地面に落ちて泥や水をはねかえし，建物を汚し，また，腐蝕させるのを防ぐためにも基壇は必要であったし，それは耐久性の強い石，瓦などでつくられた．それ故に日本の基壇は雨だれ線に強く影響をうけ，雨だれ線の内側に位置するものであった（図13, 20）．

寝殿造など住宅建築には，その場にこうした基壇ではなく簀子（縁）があるが，それは人が住みながら建築空間を庭，地面（土）とできるだけ自然に，直接結びつけたかったからであろう．

基壇は雨だれ線の内側に位置するとはいえ，日本の建築では軒の出が長いために，雨だれ線と建物の柱脚，外壁との間にスペースが生ずる．これが軒下であるが，基壇のある建物ではこの部分が基壇上にくる．ここが建物をとりまく回縁的（廻テラス的）役割をはたす．これが日本の建築空間に1つの動きと特徴を与えている（図29, 36）．

ギリシャのパルテノン神殿（どのギリシャ神殿もそうなのだが）をみると，コーニスが少しでる程度で軒もないが，基壇（スタイロベート）上に建つ柱の柱脚と基壇端部との間にスペースがない（図43）．基壇の段鼻と接するように円柱が並んでいく構成をとっている．そこに人の動きを誘発する場がない．ここでは1本の柱を巡る行為も容易でないし，神殿の廻りをめぐることは，すなわち基壇下の外部周囲をめぐることである．基壇上が即，建物の内部である．つまりここ基壇は建物の一部，建物と一体化している．

日本の基壇は建築を見切っているようにみえる．段が全周を取り巻くパルテノンと異なり，正面性を保ちつつ，正面に幅の狭い石階で地と基壇上が繋がっている（図29, 36）．このことは日本の建築空間へのアプローチが限定され非常に方向性が強いことを示している．参道も幅が限定されている．日本の建築の基壇上のスペース（回縁的廻テラス）は人の動きを誘う部分である．柱と基壇端部との間にスペースがあって1本の柱の廻りを巡ることも，基壇上の堂，塔の廻りを巡ることもできる．パルテノン神殿では1本の柱の廻りを廻ることがスムーズにいかない．基壇が建物と一体化しているのである．日本の基壇では建物の廻りを巡ることが，基壇下の廻りを巡ることであったり，基壇の上を巡ることであったりする．この場も，軒によって形成される日本の建築に特徴的な場，空間の1つといえる．

掘立柱のまわりを巡ってから交わることによって「国生み」を始める日本の神々の神話も，柱の廻りにこうした場があることによって成立し得た．

東大寺二月堂では建物の廻縁を松明をもって廻る「お水取り」の行事がある．

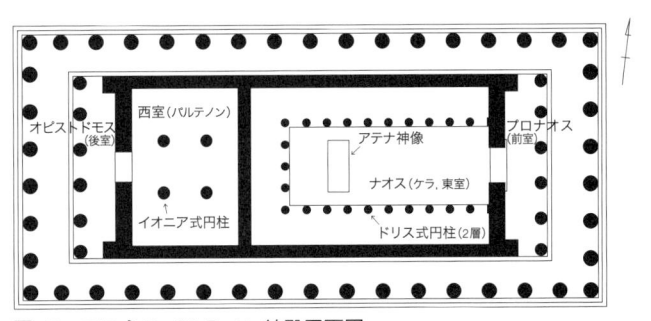

図43　アテネのパルテノン神殿平面図
ギリシャ神殿は原則，矩形平面をもつ（少ないが円堂もある）（BC447～432創建，フェイディアス）．

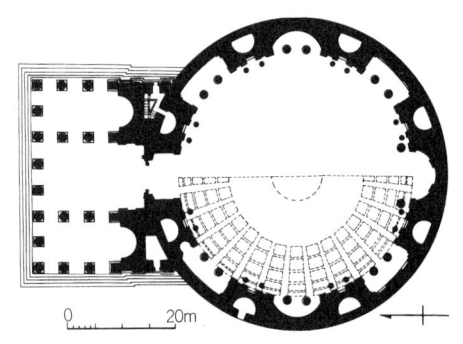

図44　パンテオン平面図（図出典：日本建築学会編『西洋建築史図集』彰国社）

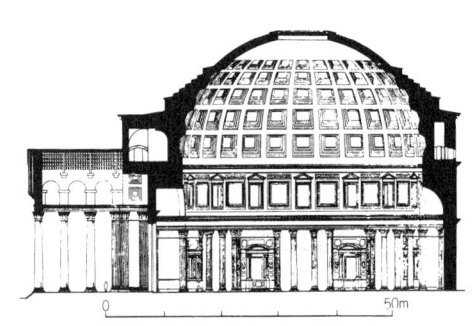

図45　パンテオン断面図（図出典：前掲『西洋建築史図集』）
ローマに矩形平面の神殿ばかりでなく，アーチを利用したドームで大空間を覆った円堂形式がある．パンテオンはギリシャ的な明快さを保ちつつ表現されているといわれるが，主空間上の半球ドームの中心に開口部があり，中心に上から光が降り注ぎ，ギリシャ神殿の内部空間とは異質である．またギリシャ神殿にはアーチは使われていない．パンテオンとは万有神殿の意である．内部空間は球（内径約43m）を内包した形態をしており，それは当時の知の世界を象徴している．光によって照らしだされたこの中心のドーム空間（内部空間）には古代の透明性が現れている（BC27アグリッパ創建，AD118～128ハドリアヌス帝再建）．

宗教建築における光の入り方

ヨーロッパの教会建築（バシリカ教会堂，ゴシック教会堂）は身廊に直接，光を入れる断面形をしている．身廊が高く側廊が低いので，その高さの差を利用してクリアストーリーという採光形式をとる（図46）．外観からも身廊・側廊構成が，分節化（アーティキュレイト）しているのを目にすることができる．身廊は建築構造（断面）上で比較すれば，日本建築（寺院建築，寝殿造の寝殿，対）で母屋にあたり，側廊が庇にあたるが，日本建築にはこのクリアストーリーという母屋に直接，光を入れる方法が取られていない．外観から見ても，母屋と庇は分節化していない．

必ずしも日本建築が，中心部に上から光を入れられない断面形をしていたわけではない．宗教建築である法隆寺金堂は，断面形からすれば二重目の外壁に，高さの差を利用して開口をとって，クリアストーリー的に中心（母屋）に光を入れる扱いをすることも可能だ（図20）．だがそうしていないのは，上から中心部に光を入れる意図がないのだ．初重には天井が張られ，二重は閉鎖した闇の空間である．母屋に本尊が置かれ強い中心性をもつ寺院建築でも，この中心部分に上部から直接，光を入れることをしない．日本では寺院建築でも神社建築でも上から光を入れる方法を採らなかった．光を入れる場合，横からである．寺院建築では本尊に向いた礼拝者の方向が正面であり，来迎壁，光背，天蓋等を設置することで背後や上からの光を断ち，正面性を強調し，正面からの光や視線を受け入れるよう建物に工夫がなされていく．しかし浄土寺浄土堂は，木造阿弥陀三尊立像の背面西側の透蔀を通して直接入ってくる西日の逆光と，床の板面に反射した光とで，仏像の姿が微妙に内部に浮び上がるのを，東正面から参拝できる構成を採っている．つまり仏像背後からの光も考慮，工夫されている（図28）．「浄土信仰の西方浄土」という方向性を取り入れ，横からの光を利用しての工夫である．

神社建築では内部に光を入れること自体が意図されていない．日本でも一部，茶室，民家などで上部からの光が考慮される場合があるが，あらゆる方向からの光を自由に扱うようになったのは近代建築においてである．

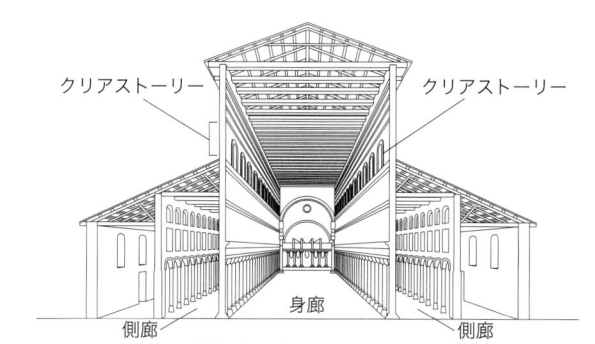

図46 バシリカ教会堂断面図（旧サンピエトロの断面）

日本とヨーロッパの建築空間の差

横からの光と上からの光は東・西の内部空間の見え方に大きな差を与えた．それは当然，外観にも差をつくりだす．日本の建築空間とヨーロッパの建築空間の差はこの光の扱い方の差に大きく現れている．構造や平面が空間を構成していると考えられがちだが，それはどう光を扱うかで工夫されてきた結果だともいえる．光があることで初めて内部空間が見えてくるからだ．物質と空き間でつくられる建築はその空き間に入り込むのは光，空気，人，ものなどである．そして光が届かないところは陰となり闇となる．

日本では，たとえば『源氏物語』を読んでいくとき，「奥」や「端」等の言葉の使われ方やこの横からの光に注意し，見えてくるものをとらえる必要がある．「端」は内部空間でも外部（庭，外光）に近い場を現し，それ故，そこは「奥」に比べ明るい場所であった．しばしば光や明るさ，ものが見えることと関わって表現される．位置的場所ばかりではなく，光のくる方向や空気の動き（風）を含めて空間的に見てゆかなければならない．そのとき，物語も見えてくる．

われわれは形を決定するために設計する．それは最終的に躯体と仕上げを決めることだが，実は，つくられたのは，決められたのは，それによって囲いとられたボイドの空間（空き間）である．そこに光と，陰と，闇がある．

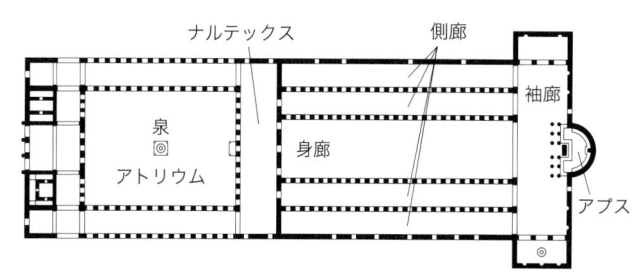

図47 バシリカ教会堂平面図（旧サンピエトロの平面）

TOPIC バシリカ教会堂

古代バシリカの構成を利用しているとされるキリスト教会堂は中心部（身廊）と周辺部（側廊）をもち，直接，中心部に光を取り入れる空間構成を，断面を動的に活用することで成し遂げた．身廊と側廊の天井高の差を利用して光を取り込むことであった．中心部である身廊へ上からの光を集めようとする．つまり宗教（キリスト教）また宗教建築の中心重視を建築空間によって表現している．ゴシック教会堂がそれを徹底させた．フライングバットレス（飛控え）という屋根ヴォールトの側圧を受ける構造が工夫された．組積造であるに関わらず垂直性が強調され空間は高く高く垂直に立ち上がってゆき，そこから光が中心部へ降り注ぐ．ヨーロッパにおいて高く，深い漆黒の樹々が立ち並ぶゲルマンの森のなかでは横からの光はない．期待できるのは上からの光である．それがゴシック教会堂に象徴的に表現されている．バシリカ教会堂（ロマネスク）からゴシック盛期への動きは柱，またバットレスに力を流して壁をそぎ落とし開口部化していく空間の透明化の過程でもある．

日本に上からの光を扱った宗教空間がないわけではない．沖縄の島々，その深い森のなかの空き地，御嶽は時に上からの光によって特徴づけられる．しかしこれは自然がつくりだした空間であり建築空間に向かうことはなかった．

鎮守の杜は，社（建物）のある場所は上から光が入るが，森自体は小さく横からの光も期待でき，ゲルマンの森と違い透明感のある空間であった．

あとがき

「建築概論」は建築を目指す人びとが,「建築とは何か」に向かい合うこと,そしていくつかの疑問を解くこと,さらにそこから自ら問いを発することが目指されている.本章の内容は,日本建築空間史概論である.概論といっても総花的便覧ではない.新しい視点,論理性,意外性を組み込み空間史として呈示したものである.従来,「建築史」は対象建物の建設年代の特定,時代,様式,形,構法,技術,材料,平面,用法,作者,場所,文化,環境,一般史等の視点から書かれてきた.

ここでは,建物をつくりあげてきた物ばかりでなく,それが囲いとった内・外の空き間や,それらを見せてきた光等に視点をあて,主に日本の建築空間を取りあげ「建築とは何か」「空間とは何か」という問いにアプローチを試みた.

現代に視点が現れてきた建築を読む概念である「透明性」については,ギーディオン(『空間・時間・建築』),コーリン・ロウなどに取りあげられてはきたが,西欧の建築においても少なく,日本建築に至ってはほとんど見当たらない.その見過ごしてきたものを記すことは新しい歴史を示すことでもある.またここでは今まで説明されてこなかった日本建築の空間性を論理的に説明すること,また闇について記すこと,全体を見る見方等で,「透明性」にアプローチしている.

さらに空間を,立ち止まって見る視点や個々に建物を見る視点だけではなく,建物,建物群にアプローチし,そのシークエンス(継起的連続)のなかで,外部空間から外観を見,内部空間に入る,動いていく観察者の視点で空間を見,とらえようとした.限られた頁数ではあるが空間を読みとる視点をつなげ「歴史」としてとらえようと努めた.

読むと充分ではないが,日本の建築空間だけでなく,ヨーロッパ(ギリシャ,ローマ,中世,ルネサンス)から欧米の近代・現代建築までの空間に触れている.

また,「あとがき」の後に,年表として時代と日本建築を簡潔にまとめて併記した.ただし,年表は自分でつくるべきものと考える.建築空間に対する自分の視点を盛り込めるからだ.ここでは時代の流れと日本建築の流れの概要を,縄文時代から現代まで通して参照できるようにした(ただし,記された年代には創建,再建,改築等あるため注意を要す).

参考文献

- 『奈良六大寺大観第一巻法隆寺1』(奈良六大寺大観刊行会)岩波書店,1972
- 森田慶一『西洋建築入門』東海大学出版会,1971
- 拙書『日本の建築空間』新風書房,1996
- 拙書『近代日本の建築空間』理工図書,1998
- 拙書『源氏物語空間読解』鹿島出版会,2000
- 拙論『『源氏物語』における寝殿造住宅の空間的性質に関する研究』博士論文(東北大学)

年表—時代と日本建築 (作成・安原盛彦)

●先史時代 [Prehistoric Age]
○縄文時代,〜 to 500 B.C.(約1万年から1万2千年前)
 ・竪穴住居・高床式建物

●原史時代 [Protohistoric age]
○弥生時代,B.C.5世紀〜A.D.3世紀(約600 or 700年間)
 ・100〜300 A.D. 登呂遺跡・卑弥呼金印239,
 ・竪穴住居・高床式建物・家屋文鏡4C,
○古墳時代,3世紀後半〜6 or 7世紀(約300 or 400年間)
 ・大和政権成立・竪穴住居・高床式建物・古墳・埴輪

●歴史時代 [Historic Age]
○飛鳥時代,6世紀末〜645(約50年間)推古天皇592〜628在位,聖徳太子622没)〜大化改新,中大兄皇子(天智天皇),中臣鎌足,蘇我氏滅亡
 ・飛鳥寺596・四天王寺・山田寺・川原寺・法隆寺西院
○白鳳時代,645〜710(65年)
 ・壬申の乱672,天武〜持統,天皇家権力掌握
 ・法隆寺焼失・大宝律令(藤原不比等)701・太宰府
○奈良時代,710〜794(84年間)(元明天皇,平城京遷都)(美術史では天平文化)
 ・興福寺・海竜王寺五重塔730・東大寺・唐招提寺金堂759・新薬師寺本堂・当麻寺東塔・古事記712・風土記713・日本書紀720・万葉集・多賀城724・秋田城733・懐風藻751
○平安時代,794〜1192(約400年間)(桓武天皇,平安京遷都)貴族の時代
 ・密教渡来・最澄,空海入唐804・遣唐使廃止894・古今和歌集905
 ・延喜式927・源氏物語・作庭記・野屋根の発明・和様・寝殿造
 ・室生寺・醍醐寺五重塔952・法成寺1020・法隆寺南大門現位置31・平等院鳳凰堂53・末法52・当麻寺西塔 平安前期
 ・法勝寺1077・浄瑠璃寺九体阿弥陀堂1107・中尊寺金色堂24
 ・蓮華王院本堂三十三間堂1164,1266再建・三仏寺投入堂1168
○鎌倉時代,1192〜1336(約150年間)(頼朝,征夷大将軍)武士の時代
 ・(new Medieval forms)大仏様・禅宗様・南都焼討1180・東大寺再建,重源・浄土寺浄土堂92・石山寺多宝塔94・臨済宗,建長寺1253蘭渓道隆,円覚寺82無学祖元・建仁寺,栄西1202・東福寺39・南禅寺91・天竜寺1338夢窓疎石,尊氏・寝殿造から書院造へ・新古今和歌集1205・方丈記,鴨長明12・徒然草,吉田兼好
○室町時代,1336〜1573(237年間)(室町幕府成立〜義昭追放)
 (南北朝時代1336〜92,後醍醐天皇吉野〜南北朝合体,足利義満〈1358〜1408〉の時代),義政(1436〜90)
 ・書院造・金閣1397・銀閣1489・風姿花伝(1400〜18)
 ・吉備津神社25・東求堂同仁斎85・羽黒山五重塔1372
○戦国時代,応仁の乱1467〜関ヶ原の戦1600まで(133年間)
 ・書院造・城・本願寺飛雲閣1595・雪舟
○安土・桃山時代,1568〜1600,1603
 (信長上洛〜関ヶ原の戦,又は江戸開府まで約35年間)
 ・書院造・茶室(待庵1582?)・城(天守閣)
 ・金峰山寺本堂1588・勧学院客殿1600・光浄院客殿1601
○江戸時代,1603〜1868(265年間)徳川時代,鎖国時代→開国
 ・書院造・二条城二の丸御殿1603・匠明08・権現造流行・桂離宮15・中書院41・新御殿58・日光東照宮1634・後楽園流店91・栄螺堂1796・大瀧神社1848
○明治時代,1868〜1912(45年間),文明開化,富国強兵,殖産興業・日本建築・洋風建築・擬洋風(明治20年代後半まで)
 ・造家学科1873・コンドル来日77・工部大学校初卒業生79・コンドル鹿鳴館83・辰野帰国83,教授就任84・造家学会86・臨時建築局設立86〜90妻木頼黄・森鴎外「しがらみ草紙の本領を論ず」89・伊東忠太「法隆寺建築論」1893・古社寺保存法,建築学会と改称97・「我国将来の建築様式」1910
○大正時代,1912〜1926(15年間)
 ・日本建築・近代建築・野田俊彦「建築非芸術論」1915
 ・分離派結成1920・下田菊太郎「帝国議会案」20・コンドル没・漱石「私の個人主義」14・芥川「薮の中」21・帝国ホテル22
○昭和時代,1926〜1989(64年間)
 ・1945第二次世界大戦敗戦(1926〜45までは20年)
 ・天沼俊一「日本建築史要」27・堀越三郎「明治初期の洋風建築」30・タウト来日33・堀口捨巳「建築における日本的なもの」34

第 4 章
空間と架構デザイン

大氏正嗣

　建築物に最初に求められる機能は，さまざまな自然の外力から人びとを守るシェルターであることである．しかし，同時に社会的な存在として居住性能や生産コストに対しても配慮しなければならない．確率論的に発生する自然の猛威と同時に日常的な建築物の価値に対しても配慮が必要とされる．建築物は両者のバランスによりその価値が決定され，それゆえ生み出される空間の価値は建築の骨格に大きく左右される．

　建築物は時代と共にその姿を変えていく．これは，社会が求める結果として当然の帰結ではあるが，いま私たちが結果としての建築物をみることにより，その前提条件である当時の社会をかい間みることも可能となるであろう．そして，それは建築の外観だけではなく骨格そのものにおいても言える．

　建築の骨格は構造体と呼ばれ，建築の目的，規模・形態，外的要件（気温，日射，風，湿度，その他）などに応じてさまざまな形式が存在する．この骨格を安定させるためには，いくつかの課題をクリアしなければならない．その課題とは，外力または荷重と呼ばれる建物にかかる力である．

　ここでは，建築物が外力に対して抵抗するとともに，同時に社会的要件を満たすために取りうる形態を探っていこう．

1 重力 ― 抵抗する

重力は地球の質量と物体の質量の相互作用によって引き起こされる物理現象であり，建築物に最も大きな影響を与える外力でもある．また，恒常的に働く力として常時その影響を考えなければならないことが特徴である．

重力は建築物の各部分に鉛直方向に働く．その結果，建築物を構成する水平方向の部位（たとえば，梁や床）に大きな影響を与えるが，この外力に対していかに抵抗するかは，建築物の形態を決定するうえで大きなポイントとなる．一方で，多くの建築物の柱が鉛直に立てられるということは，空間利用の最大化という利点はあるものの，同時に重力に最も効率的に抵抗できるためであるという点を忘れることはできない．

重力に抵抗するとは，構造体の力強さを利用して重力に抵抗するシステムである．一般に，水平方向に展開される部材，すなわち梁や床が重力に対して最も不利な要素となる．ここで取り上げる構造要素は，重力に対して部材の軸線方向以外の力強さにより抵抗しようというものである．

基本形（Basic Style）とそのバリエーション

（1）片持ち梁（Cantilever Beam）

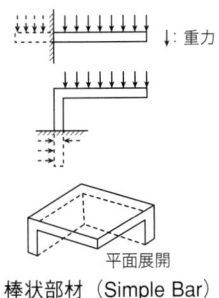

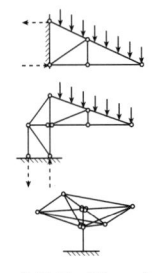

棒状部材（Simple Bar）　　トラス（Truss）

片持ち梁の安定には2点が重要となる．1つめが支点の確実な支持，そして2つめが梁断面の変形抑制である．この両者を如何に成立させるかが，片持ち梁の形態決定に大きな影響を与える．

（2）単純梁（Simple Beam）

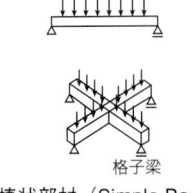

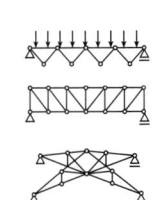

棒状部材（Simple Bar）　　トラス（Truss）

単純梁においては，梁の変形抑制が設計上大きな影響を与える．変形の抑制は，同時に梁部材の破壊を抑制することにも結びついている．

（3）連続梁（Continuous Beam）

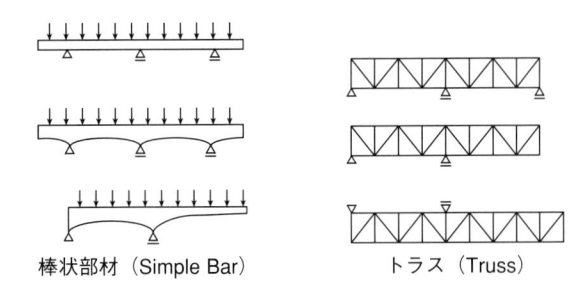

棒状部材（Simple Bar）　　トラス（Truss）

連続梁は，単純梁と比較して変形が抑制される．これは，中央部支点において部材が剛であることから部材角が生じないため生じる．

（4）ラーメン（Rahmen）

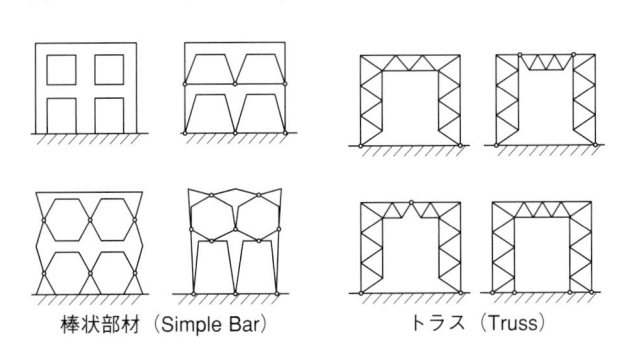

棒状部材（Simple Bar）　　トラス（Truss）

屋根や梁の水平部材のみで構成される形式と異なり，鉛直部材である柱材も含めたシステムとして理解できる．

システムの組み合わせ（Combination Style）

基本形状は，さまざまな形で組み合わせることが可能である．この組み合わせは，構造体全体の安定性を図るうえで重要となるとともに，建築形態に大きな影響を与える．

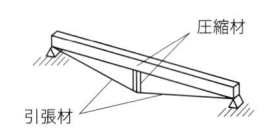

例）張弦梁

単純梁では自重により生じる力が決定的な外力となるケースが多く，部材の下側が引っ張られる．このことを利用して引張に抵抗可能なケーブル材（あるいは鉄筋等）を下側に用い，断面のボリューム低下，軽量化を図っている．

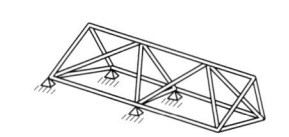

例）立体トラス梁

三角形断面のトラス梁を設けることで，水平方向鉛直方向ともに抵抗する片持ち梁を設けることも可能である．

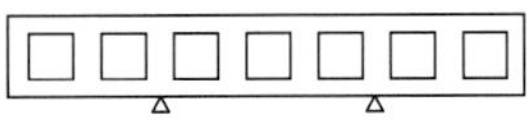

例）フィーレンデール架構

ラーメン架構を利用した梁形式である．2層分の梁・柱を利用して架構を構成している．斜め材がないことから，空間利用の可能性が広がる．

システムの変形（Deformation）

　基本形状は，建築物の用途や各種要求に応じて，変形される．その変形は力学的合理性を有している場合もあるが，空間構成上の要件として与えられる場合も多い．

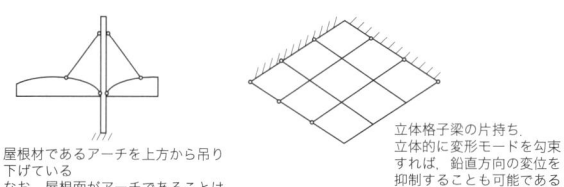

屋根材であるアーチを上方から吊り下げている
なお，屋根面がアーチであることは構造的には大きな意味をもたない

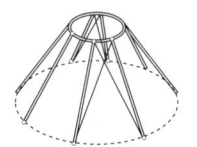

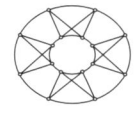

立体格子梁の片持ち．
立体的に変形モードを拘束すれば，鉛直方向の変位を抑制することも可能である

上部のリングが圧縮・引張に抵抗することで，斜めにかけられた単純梁同士を拘束している

システムの変形例

システム利用の目的と留意点（Purpose and Remarks）

　主に梁や床の曲げ抵抗により構造物の安定を図っている．変形は支点間距離（スパン）が大きくなるほど飛躍的に大きくなるため，曲げ変形の結果，生じるたわみを如何に抑制するかは大きな問題とされる．

　空間を矩形(くけい)に切り取るためには，柱梁を地面に対して垂直，並行に位置させることが有効である．これは，建築物を複数階に積層する際に特に効果的であり，そのため一般的な建築物においては基本構造形式としてラーメン構造が採用される．ラーメン構造では柱は重力と同じ向きになるため，容易に軸方向の圧縮力を負担する．すなわち，部材としては重力に最も抵抗できる向きに配置されていることになる．しかし，梁は重力の向きと直交するために，柱とは異なる剛強さが求められる．そして，梁が抵抗して保持した力は，接合部を通じて柱に伝達される．

　一方で，建築物の屋根面等のパーツについての安定を図る際には，単純梁のみならず連続梁や片持ち梁等が，その必要性に応じて用いられる．たとえば，手すりと床を受ける材をトラスでつなぐことで，薄い床面を構成しながらも，大きなスパンを確保することを可能としている．

　また，梁形式を平面的に展開することで，床を構成することが可能であるが，床は平面的な展開により直交方向との協力効果が働き，より小さな断面により大きな空間を支持することが可能となる．

　このような直交方向との協力効果の利用は，立体的な架構においてもさまざまな形で考えることができ，それにより生み出される形態が，建築の全体の形態を左右することも多い．

図1　国営明石海峡公園日除け　設計：大氏正嗣
間伐材を用いた片持ちのシェルを，トラスを用いて構成している．

図2　線路をまたぐ歩道橋（マドリッド）
連続梁をトラス梁を用いて実現している．

図3　はこだて未来大学，設計：山本理顕，構造：木村俊彦，2000年
プレストレス（PC）を利用したラーメン構造は，空間の効率化を生み出すとともに，整然とした秩序感をわれわれに与える．

図4　ルーブル美術館，設計：I. M. ペイ，1993年
梁を格子状にかけることで，より大きな空間を確保している．通常の梁の平面展開形であると同時に，特殊な（リブ付き）床版と考えることもできる．立体的に構成することで，一方向の梁に比べて大きな剛性を得ることが可能となる．

2 重力―利用する

　重力等の外力を軸方向力に変換することで抵抗する構造形式である．特に，重力を利用して形状安定化を図る場合がこれにあたる．軸力は材料特性を直接的に利用する力のため，重力を利用した構造形式は非常に古くから利用されている．

基本形(Basic Style)とそのバリエーション

(1) アーチ（Arch）

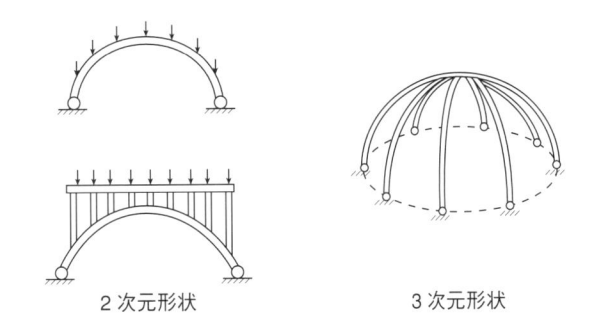

2次元形状　　　　3次元形状

(2) 懸垂曲線（Catenaly, Suspension）

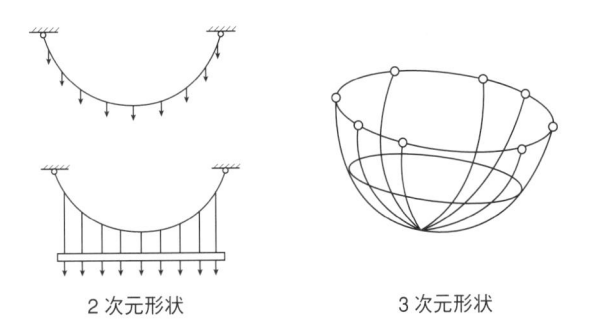

2次元形状　　　　3次元形状

システムの組合せ(Combination Style)

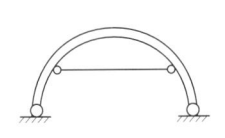

例）タイバー
　アーチの上下方向変形を抑制するために，水平方向変形を拘束している．複数のタイバーを組み合わせることにより形状安定を図っているケースもある．

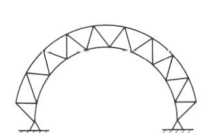

例）アーチとトラス
　アーチ形状は断面内の軸方向圧縮力を最大限に利用する方法であるため，実断面を用いることが効率的な使用法ではあるが，これをトラスで構成することももちろん可能である．

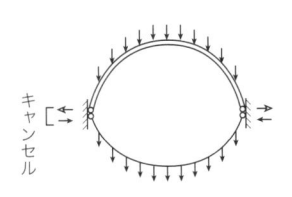

例）アーチとカテナリーの組合せ
　アーチとカテナリーは相反する構成（圧縮と引張）を有しているため，支点の反力も逆方向に生じる．逆に，それを組み合わせることで，支点の水平方向反力をキャンセルすることもできる．

キャンセル

システムの変形(Deformation)

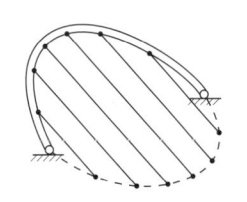

アーチを傾けて，自重による転倒を構造物の安定に利用する．

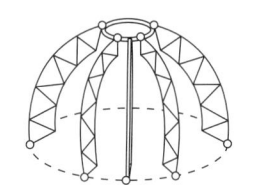

4点ヒンジとなり，不安定な架構を立体的に組み合わせることで，安定した形態をつくりだしている．

システム利用の目的と留意点(Purpose and Remarks)

　重力に効率的に抵抗する形式はいくつか考えられるが，その形状が空間利用上は必ずしも汎用性に富んでいるわけではない．具体的には，幾何学的な整合性を追求した場合，構造物が曲線，曲面により構成されることになる．これは，空間を積層して効率的な利用をする場合には必ずしも効果的とはいえない．そのためエポック的な大空間を確保する様なケースに利用されることが多い．

　アーチ，カテナリーは基本的に上下方向に対象形状の構造特性を示している．両者とも，重力が作用しない状況では必ずしも形状が安定しない．すなわち，形状安定に重力を利用する構造形式である．部材内に生じる力は軸方向力であり，部材（材料）が最も効果的に働くことができる点が，重力に抵抗するシステムと比較して異なる点である．

　また，重力のみでは形状の安定が不十分な場合には，別途アンカーや引張材を用いて形状の安定を促進する場合もみられる．これは，架構を構成する部材の重量を大きく増やさないままに，形状の安定を図ることができるという意味をもっている．

　なお，アーチおよびカテナリーがどの程度効果的に働くかは，山（あるいは谷）のライズ（高さ／スパン）に大きく左右される．一般的には，ライズが大きいほど重力に効果的に抵抗し，ライズが低ければその効果が小さくなる．これは，ライズが小さくなれば，形状的にも梁要素に近づくくことを考えれば自明である．

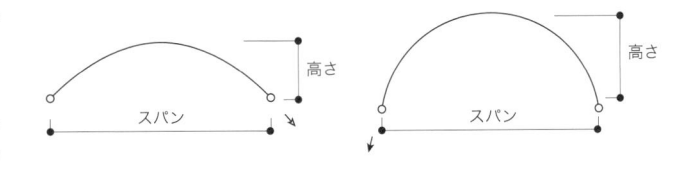

スパン　高さ　　　スパン　高さ

図5　グエル公園，設計：A. ガウディ，1914年
　石積みのアーチが大きな重量を支えている．上部の土による重量は，石の面内力に変換され，その軸力が水平方向のせん断力として抵抗する．

図6　代々木第一体育館，設計：丹下健三，構造：坪井善勝，1964年
　2本の支柱に架けたカテナリー（懸垂）曲線を利用した優美な形状．さらに，屋根が周辺の架構との間に架けられている．

図7　バック・デ・ローダ橋，設計：S. カラトラバ，1987年
　2つのアーチを利用して，道路橋を保持すると半円形状にせり出した歩道部分を吊っている．

図8　明石大橋，1998年，発注：本四連絡橋公団

図9　ウォータールー国際ターミナル，設計：N. グリムショウ，1993年
　建物外部に露出したテンショントラスシステムによりアーチ形状が保持されている．

図10　ロンドンアイ，設計：D. マークス ＆ J. バーフィールド，2000年
　ホイール形状のつり合いは，絶妙のバランスを見せてくれる．

3 水平力 — 抵抗する

　水平力は地震あるいは台風等により建物に強制的に加えられる，重力と直交する向きの外力である．その外力は一時的かつ確率的な存在である．建築物は，この水平力に対して次の2つの条件を満足しなければならない．
1　水平力による建物の倒壊を避けなければならない．
2　倒壊することはなくても，過大な変形を引き起こすことで，仕上げ材料等の破損落下を生じることも防止しなければならない．

　建築物は，重力という恒常的な力と同時に，地震力や風圧力，あるいは潮力，土圧・水圧といった水平力にも抵抗することが必要とされる．特に，地震力並びに風圧力は，地震や台風を頻繁に受ける日本の建築物としては，避けては通れない外力となる．

　これら外力により生じる水平変形を，建物の堅さにより抑制しようとする構造形式がある．その方法としては，壁（面材）を多く設けて負担する形式と，ブレース（線材）を設ける形式がある．近代までの建築物は，基本的にこうした抵抗形式を用いることで水平力に対応してきた．

基本形（Basic Style）とそのバリエーション

(1) 柱（Column）

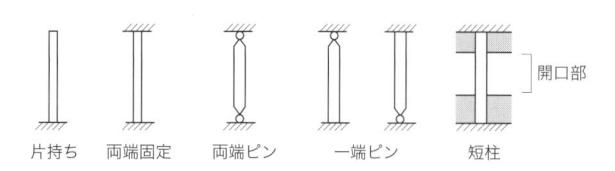

片持ち　両端固定　両端ピン　一端ピン　短柱

(2) 筋違・ブレース（Brace）

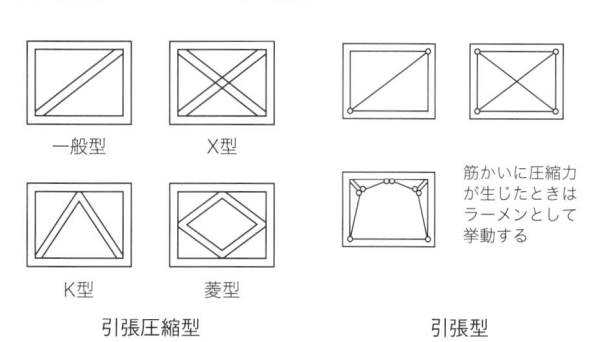

一般型　X型

K型　菱型

引張圧縮型　　引張型

筋かいに圧縮力が生じたときはラーメンとして挙動する

(3) 壁（Wall）　　(4) アンカー（Anker）

RC断面　　　組合せ断面

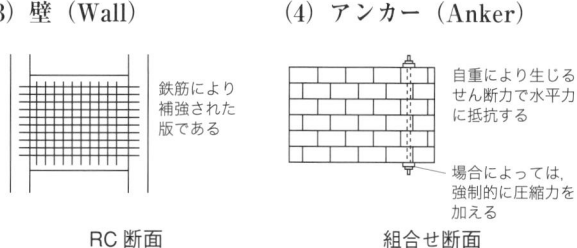

鉄筋により補強された版である

自重により生じるせん断力で水平力に抵抗する

場合によっては，強制的に圧縮力を加える

システムの組み合わせ（Combination Style）

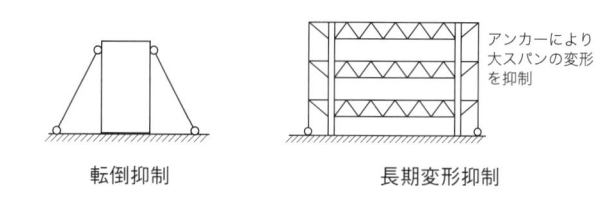

転倒抑制　　長期変形抑制

アンカーにより大スパンの変形を抑制

システムの変形（Deformation）

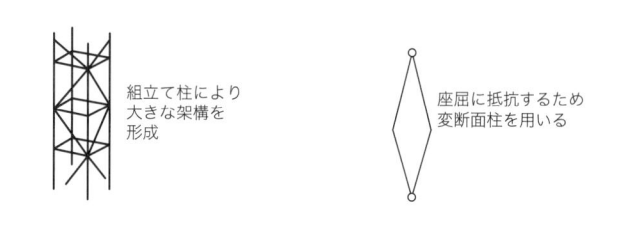

組立て柱により大きな架構を形成

座屈に抵抗するため変断面柱を用いる

システム利用の目的と留意点（Purpose and Remarks）

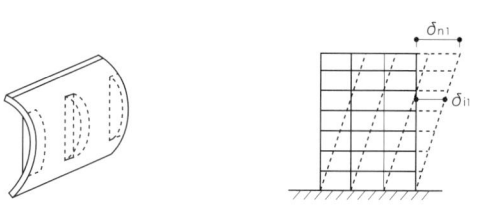

　ブレースや壁は，ラーメン構造等のフレーム要素と比較して非常に剛性が高く，変形しにくい．そのため，建築物に過大な変形が生じるのを抑制できる．しかし，逆に変形しにくいことが不利に働く場合もある．特に，アスペクト比（高さ／幅の比率）が大きな建築物では，壁やブレースの曲げ変形により建物の上方に大きな変形を引き起こすこともある．

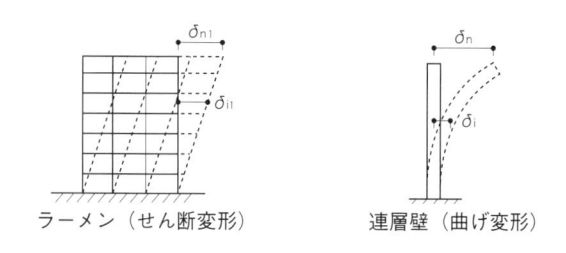

ラーメン（せん断変形）　　連層壁（曲げ変形）

　特に高層建築物になれば，建築物は地面から突きだしている1本の棒として考えることもできる．そのため，変形を抑制するためのさまざまな対応がなされる．なお，地面から突きだした棒であるとは，片持ちばりを90°回転させたものと同じであると考えられることによる．

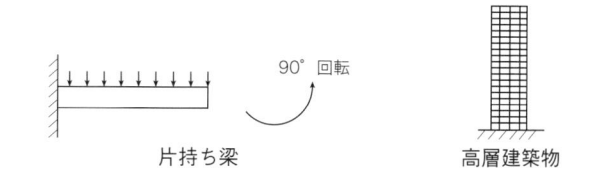

片持ち梁　　90°回転　　高層建築物

水平方向抵抗要素である壁やブレースは，平面的あるいは立面的なバランスに注意が必要とされる．これは，建物の剛さのバランスを崩すことで，特定の弱い部位が早期に大変形を受けたり破壊することによる．

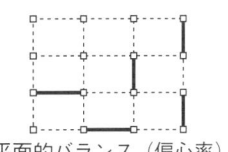

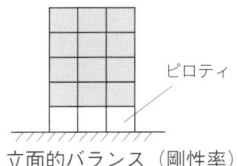

平面的バランス（偏心率）　　立面的バランス（剛性率）

図11　モンジュイック・タワー，設計：S.カラトラバ，1992年
　象徴的なこの形態は，基本的に地面から突き出た片持ち梁である．しかしながら，地面との接合部は，微妙にデザインされながら3点で強固に支持されている．

図12　仙台メディアテーク，設計：伊東豊雄，構造：佐々木睦朗，2001年
　ブレースあるいは，ラーメン材を円筒状に構成して，チューブ型組立柱材を構成している．この組立柱材により建築物の水平力を負担している．

図13　ポンピドー・センター，設計：R.ピアノ & R.ロジャース，構造：A.アラップ，1977年
　外部に設けられたブレースが，架構全体の安定を図っている．ブレースはすべて引張材として機能し，地下躯体にまで到達する鉛直方向アンカー材により固定される．

図14　ポブレ・エスパニョル（Poble Espanyol，バルセロナ）
　石造りによる大きな壁は，その自重により安定して，水平力に抵抗する．壁面外への不安定さを解消するためには，平面形状を円筒形にする等の手法も考えられる．

4 水平力 — 利用する

建物に大きな影響を与える水平力は，地震による地面の揺れが建築物に伝播する（具体的には慣性力として作用する）こと，または大きな風圧力（台風等）を受けることにより生じる．しかしながら，こうした水平力により生じる揺れを制御低減したり，建築物に入ってきた揺れを吸収することができれば，建築物の変形を抑制し水平力に抵抗することが可能となる．こうした構造形式を，免震・制振（震）構造と呼ぶ．

基本形（Basic Style）とそのバリエーション

一般に，建築物の自由振動を表す振動方程式は以下のように表される．

$$m\ddot{x} + c\dot{x} + kx = 0 \quad (m：質量, c：減衰, k：バネ)$$

つまり，建築物の振動は次の3要素により制御できる．

(1) 質量制御（Mass Control）

建築物の質量をコントロールすることで，建築物の変形を抑制しようというものである．具体的には，TMD, AMD等の手法が存在する．

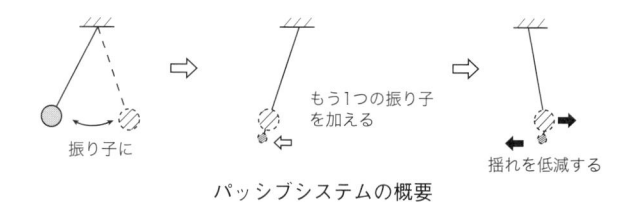

パッシブシステムの概要

(2) 剛性制御（Stiffness Control）

建築物の剛性をコントロールすることで，建築物に入力される地震力を低減しようというものである．免震構造がこの考え方にあたり，そのほかにも可変剛性機構等がこれに相当する．

なお，現実の建築物も大きく塑性変形した場合には，その剛性が低下することが知られている．

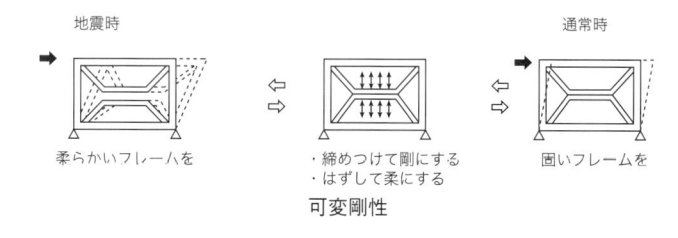

可変剛性

(3) 減衰制御（Damping Control）

建築物の内部に振動による運動エネルギーを別のエネルギー（熱等）に変換することで，建築物の振動を低減しようというものである．一般には，塑性変形による履歴減衰，粘性物質を利用した粘性減衰等が考えられる．

変形に対する抵抗が大きい．これはゆっくりすくえば抵抗は小さいが速くすくえば抵抗が大きくなるという特徴をもっている．

システムの組み合わせ（Combination Style）

基本形は，個別に設置することでも振動低減が可能であるが，特徴を把握することでより大きな効果を引き出せる．すなわち，それぞれの特徴を上手く組み合わせることで，建築物の振動をより効果的に制御することが可能となる．

また，減衰機構は基本的になんらかの剛性を有しているため両者を切り離して考えることには問題がある．

たとえば免震構造の場合，非常に剛性の小さいアイソレーターにより，建物の固有周期を大きく伸ばして，地震による応答を受けないようにするものであるが，それは言い換えれば地面が地震動により変位する分，建築物は相対的に変形したのと同じ事になる．

この変形が過大になると，建築物の鉛直方向安定性に問題が生じたり，隣接建物等との接触・衝突が問題とされる．そこで，ダンパー（減衰機構）を組合せることで過度の変形を抑制する等の方法が採用される．

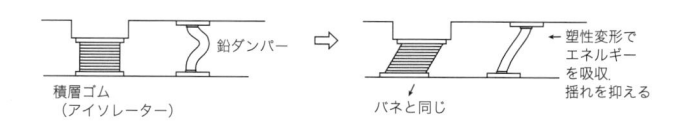

システムの変形（Deformation）

たとえば，免震層は通常基礎部分に用いられるが，これを建築物の中間階に置くことにより，上下階の変形をキャンセルする等の手法を取ることも可能である（中間階免震）．

また，建築物そのものではなく，地盤自体との関係で地震のエネルギーを低減できれば，建築物への入力を減少させることも可能となる．こうした関係は，地盤と建築物の間の動的相互作用によって決まるが，現在さまざまな形で研究が進められている．

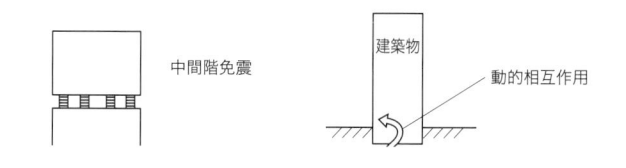

システム利用の目的と特徴（Purpose and Remarks）

制振あるいは免震構造を実現するための機構は，それぞれ特徴を有しており，建物の用途や考え方に対応して用いる機構が選択される．

そこで，風や常時の振動等に対応するのか，あるいは地震に対応するのかにより，用いるべき機構が決定される．

なお，振動現象は地震という非常に不確定なものを取り扱うため，さまざまなケースをシミュレートすることで信頼性を確保することは非常に重要である．

図 15　免震機構（アイソレーター）

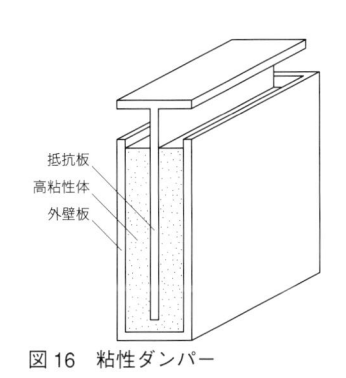

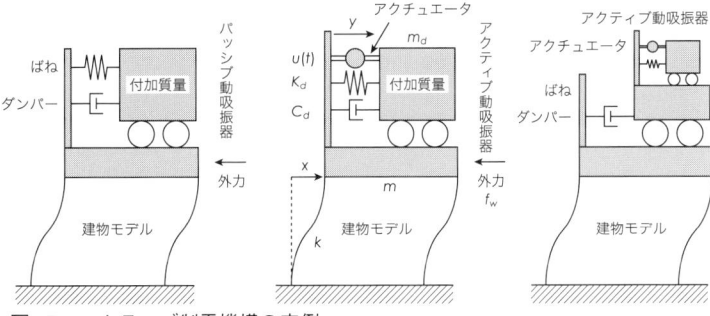

図 16　粘性ダンパー

図 17　アクティブ制震機構の事例

図 18　鉛ダンパーの事例

図 19　鋼棒ダンパー

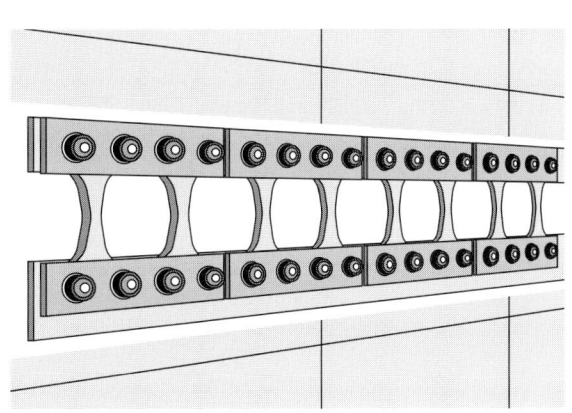

図 20　極軟鋼の事例（履歴エネルギー）

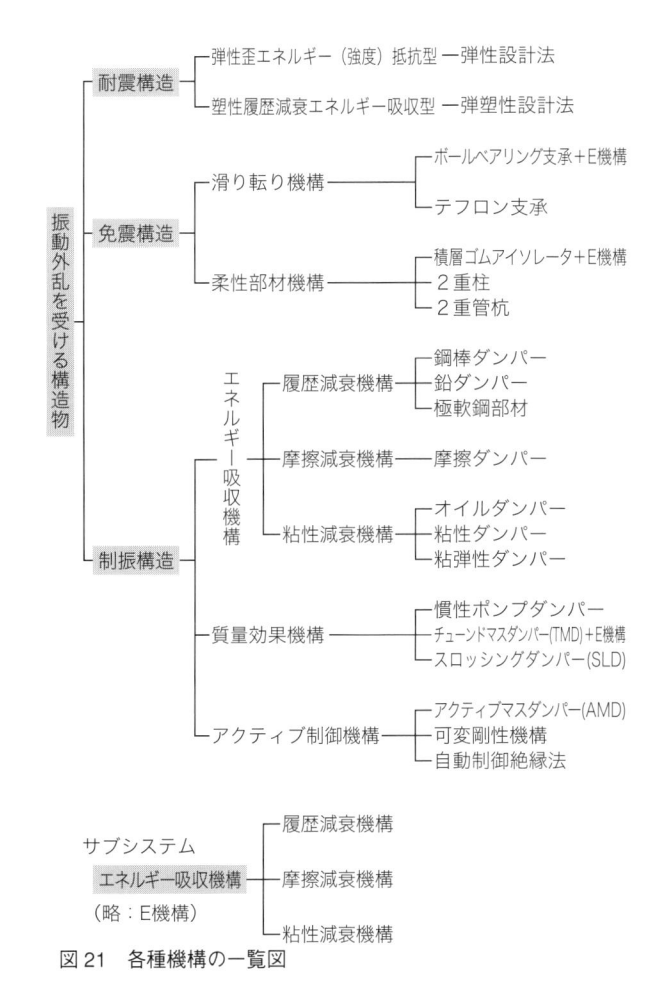

図 21　各種機構の一覧図

5 空間 ― 開く

建築空間は，その機能に応じて閉鎖的になる部位と開放的になる部位が存在する．その状況は建物の機能により決定されるが，建築物の開放性や閉鎖性が構造形態選択の可能性を増すことは，非常に興味深い．

また，空間の規模についても構造形態との関連性を否定することはできない．基本的に空間を分節するための装置である．そして，その分節を成立させるために構造体が存在する．

基本的空間構成（How to make）

開放性の高い建築物は，通常線材により構成されることが多い．しかし，線材そのものは軸方向剛性は有しているものの，軸と直交する方向に対する剛性が小さい．そこで，軸部材を組み合わせて立体トラスを構成したり，応力状況に応じてハイブリッド梁を用いることで材軸と直交する方向に対する剛性を向上させる場合が多い．また，水平力を負担する部分を集中的に設けて，他の部位を開放的に保つようなケースもみられる．

・線材の利用

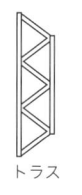

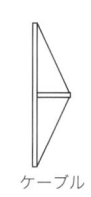

細い線材を組み合わせて構造体を構成することで，多くの光や空気の移動を可能とする．通常，開放的な建築物ではガラス部材が多用されるが，DPS（Dot Point System）等による支持が行われる．

トラス　　ケーブル

・荷重の低減

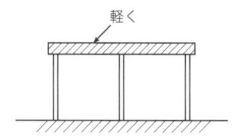

負担する荷重が大きいほど，大きな水平力に対応せざるを得ず，その結果，開放的な空間を構成することが難しくなる．そこで，建築物の荷重をいかに低減するかは，開放的な空間を生み出すうえで重要な要素となる．

軽く

・コアの集中

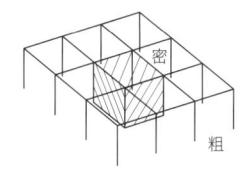

建築物の重量を支えるだけであれば，細い柱材により重量を支持することが可能である．しかし，水平方向の力に抵抗する必要があるため，別途水平力を負担する構造要素が必要となる．そこで，水平力を負担する要素を集中的に配置することで，開放的な空間を確保することが可能となる．

密　粗

・上方よりの吊り

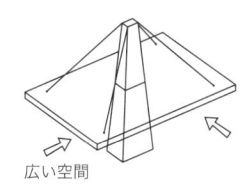

強固なコアを塔のように立ち上げれば，床（屋根）面を上方から吊り下げることで鉛直材を取り払い，開放的な空間を設けることができる．

広い空間

・斜め材の利用

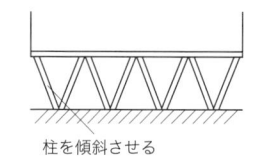

柱を傾斜させる

柱材は鉛直であることが，空間利用の観点や心理的な側面からも効果が大きい．また，鉛直材に付加的な曲げモーメントを加えない意味でも，柱材を鉛直にするメリットは高い．しかし，柱材をトラス的に斜めに構成することで，鉛直力ばかりでなく水平力に対しても，大きく抵抗する要素に変えることもできる．

主なコントロールポイント（Control Point）

・座屈

座屈

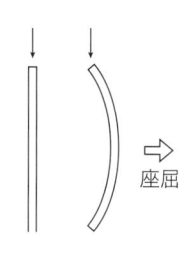

細い材料を用いるということは，部材が軸力や曲げモーメントにより座屈する可能性を常に有している．設計においては，この座屈現象をいかに制御するかが大きな問題となる．座屈を防止する方法にはいくつかの対応があるが，それがデザインとどのような関係にあるかを知っておくことが重要であろう．

・風圧力の考慮

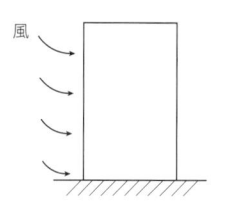

風

荷重低減を行った場合には，クライテリアとなる水平力が地震力から風圧力に移行する場合も考えられる．特に，局部的な安定性（ガラス面の安定性等）においてはその影響が顕著である．

・偏心，移行せん断力

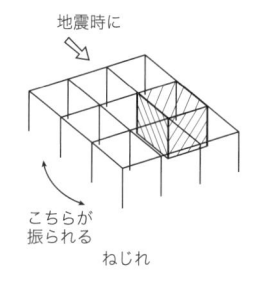

地震時に
こちらが振られる
ねじれ

コアを集中させた場合，その平面内の位置関係が建築物の挙動に大きな影響を及ぼす．偏心が大きくなると建築物にねじれを生じさせるため，コアから離れた部位に過大な変形を要求する．いかに偏心を抑えるか，あるいは偏心の影響に対応できるかをコントロールする必要がある．さらに，コアを集中しすぎると，建築物各部にかかる水平力（慣性力）を床を通じてコアにまで伝達しないといけないが，これが困難になることもある．

・上下振動

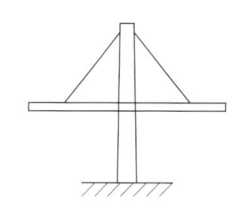

吊り構造を用いた場合，重力を利用して安定を図っているため，吹き上げの風や上下振動に十分な注意を払い，安定性確保のための接地ケーブル等を配置する必要が生じることもある．

留意点（Remarks）

建築物に大きな開放性を与えることは可能である．これは，建築物が本来有しているシェルターとしての機能を，構造体として保持するべきレベルを確保しながらも，できる限り外部との空間の一体性を図っているものである．

この，一見相反する2つの目的を両立させるためには，開放しようとする部位の構造体の存在を最小限に抑えることが求められる．

空間を開放することは，建築物の閉鎖性を低減させることから，明るく，出入りのしやすい建築物を創出することにつながる．

　そのため，建築の目的としては外部から人を多く導き入れたい場合や，内部の活動や展示品の情報を外部に発信することが必要とされる．

　また，空間を開くことで建物そのものの存在を曖昧にするような意図を持たせる場合もある．

　ただし，建築物という一定の質量と機能を有する存在を完全に消し去ることは不可能であり，いかに自然な形で構造体を存在させるかという点は，設計上，考慮されるべきではないだろうか．

図22　ルーブル・ガラスのピラミッド，設計：I. M. ペイ，構造：P. ライス他，1987年
　ガラス面を受ける軸方向部材と，立体的に配したテンション材とを組合わせることで，風圧力に抵抗しながらも開放性の高い空間を演出している．開放性は，地下への光の導入をより効率的にするとともに，エントランスとしての象徴性を高めている．

図23　グラン・アルシュ，設計：J. オットー・フォン・スプレッケルセン & P. アンドリュー，1990年
　建物内部を開放的にしているわけではないが，建物の形状が外部空間を開放的に導くこともある．

図24　葛西臨海公園レストハウス，設計：谷口吉生，構造：新谷眞人，1995年
　中央部にRC（鉄筋コンクリート）のコアを配し水平力はそこに抵抗させることで，表皮であるガラス面を最小の部材により支持させている．なお，屋根荷重を低減することも，このシステムを成立させるためには重要である．

図25　公園にかかる庇（セビリア）
　円形に配置された公園の庇を，斜めに設けた柱により吊り下げている．外部側と内部側の荷重の釣り合いに配慮しながら，設計がなされている．

図26　シトロエン公園の温室（パリ），設計：P. ベルジュ & J. クレマン，1992年
　ガラス製の温室を，中央部にある1本の柱で支えている．柱から屋根面において平面的に片持ち梁が張り出し，ここを起点として周囲にガラスの外壁を成立させている．

6 空間 — 閉じる

閉鎖性の高い建築物は，一般に柱を通じて軸力を集中的に基礎に伝達しなくとも，外壁面等の面内を通じて軸力を基礎に伝達することができる．そのため，こうした構造形式では明確な柱梁を設けない場合もある．面材はそれ自体が面内方向には強い剛性を有しているため，形状安定性も高い．完全な面材を設ける際には，RC（鉄筋コンクリート）構造が適しているが，鉄骨造や木造においてもそれは可能である．

面材は，鉛直方向の軸力を伝達する働きをするとともに，水平方向の外力に対する抵抗要素となる．

基本的空間構成（How to make）

・面材の利用

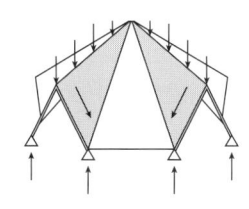

面材を多く用いることから，鉛直方向や水平方向の外力が面内の力に変換されるような構成が考えられる．それゆえ，その形態は幾何学的構成から導かれるケースも多い．なお，面は小さく分節されるか，あるいはアーチの効果を利用して曲面形にして用いられるケースもみられる．

・薄い面による構成

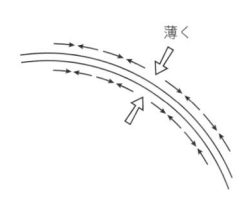

面材は面外方向に関しては非常に薄くすることが可能である．これは，面外方向に働く荷重を生じにくい形態となっているからである．そのことにより，自重を低減し，比較的大きな空間を作り出すことが可能となる．なお，この方法を成立させるためには，面外方向に荷重が作用することをできるだけ避けるような計画が望まれる．

・支点の支持方法

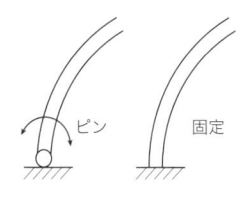

空間を覆う面材が自立するためには，その基礎部分の固定方法が問題とされる．支点の固定度が減少すれば，その分建築物の変形が進みやすくなる．一方，支点の固定度を増せば，支点部分に生じる力が大きくなり，その処理が難しくなる．建築物の目的や形状に応じた支点形式が必要とされる．

・コアの分散

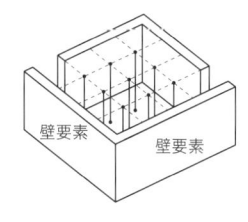

面内方向には非常に剛性の高い面材により空間が構成されるため，通常は建物のコアが偏って構成されるケースは少ない．建物全体にわたってバランスよく分散された配置になる．ただし，特定の方向に大きな開口を有するような形態が必要とされる場合には，コアのバランスに配慮が必要である．

主なコントロールポイント（Control Point）

・面外座屈の制御

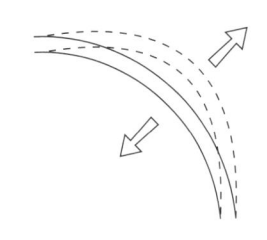

曲率の小さなシェルや，大きな平面を面材として有する場合には，集中荷重や水平方向の荷重による面外座屈に注意が必要である．座屈を制御するためには，なんらかの座屈止めを挿入したり，面材自身が座屈しにくいように形状を検討する必要がある．

なお，この座屈抑制機構が建築物の内観イメージを決定するうえで大きな役割を果たすことに注意が必要である．

・荷重低減

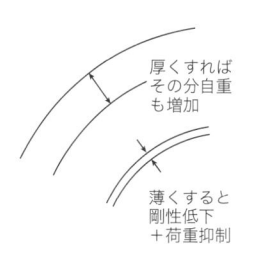

大きな空間を覆うような外皮を構造体により構成する場合には，いかに荷重を低減するかが空間を開く場合と同様に重要とされる．これは，水平方向の変形を抑制する意味においてその必要性が大きい．特に，大空間を覆う場合には支点の数が少なく設定されることもあり，支点の受ける力が相対的に大きくなるためである．

・支点の役割

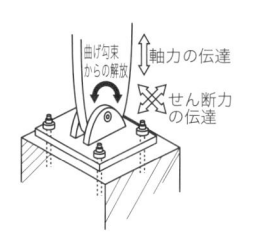

面材と基礎を接合する支点の役割は非常に重要である．また，支点は建築物の基壇をシンボリックに演出する装置ともなりうる．ただし，2次元的な稼働機構を作り上げることはできても，3次元的な稼働機構を設けることは難しい．

特徴（Remarks）

基本的には，建築物は外皮をもった閉じた空間である．しかし，その閉じ方にはいくつかのパターンが考えられる．

a) 雨や風を遮るレベル

b) 光や視線を緩やかに遮るレベル

c) 光を完全に透過しないレベル

d) 光だけでなく音や熱も透過しないレベル

ここでは，構造体そのものを用いて閉じた空間を構成することを想定しているため，上記の c)～d) のケースを主に検討している．

閉じた空間は，一般的に光さえも侵入を許さないため，精神的な孤立性や神秘性を生じさせやすい．そのため，宗教建築にその事例が多くみられる．一般社会との隔絶を空間を通じて演出し，人間の内なる世界への導きを手助けする．その密閉性ゆえに，光を透過する部分を際だたせて，劇的な空間を演出することも可能である．

また，閉じた空間は，建築物の用途上外部と隔絶しなければならない研究施設等においても多くみられる．ただし，この場合，必ずしもデザイン的表現として閉じた空間が演出されるとは限らない．それは，その演出が社会的に求められないためでもある．

図27 聖マリア教会東京カテドラル，設計：丹下健三，構造：坪井善勝，1964年
8枚のHPシェルを組み合わせることで生み出される空間は，内部空間にも外部空間にも大きなインパクトを与えている．

図28 ロイヤル・アルカサル（セビリア），12〜13c
宗教的な空間では，光と影のコントラストが大きな意味をもつ．閉じた空間は，事務的なワークに向いているわけではないが，それを求めるケースは実験施設や研究施設等決して少なくない．

図29 地下鉄キャナリーワーフ駅，設計：N.フォスター，1999年
地下鉄の駅から地上に出る場所が象徴的に構成されている．その劇的な空間は，人びとを「はっ」とさせる．

図30 大英博物館グランドコート，設計：N.フォスター，2000年
中庭であった空間を緩やかに閉じることで，新たな可能性と雰囲気を生み出している．

図31 万願寺川西脇樋門上屋，設計：大氏正嗣，2000年
4枚の曲面形の鉄板を，脚部と頂部のみで接合して構成している．4枚の壁の間にスリットを設けることで，河川増水時の視認性を高めてある．鉄板のみを用いて構造物を構成することで，リサイクルに配慮した設計となっている．

7 空間 ― 広げる

大空間を構成するためには，柱間を大きく確保しなければならない．それ故に，梁の剛性を確保する等，重力に抵抗する要素を上手く配置することが必要となる．一方で，高さを求める場合には風や地震による外力に重点を置いて検討する必要がある．これらの外力は，基本的に水平方向に働く力であるため，水平方向変形の抑制が設計上のポイントとなりやすい．これらに対応する架構に関して，以下において簡潔にまとめてみる．

基本形（Basic Style）とその応用形

(1) ロングスパン（Long Span）

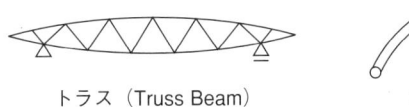

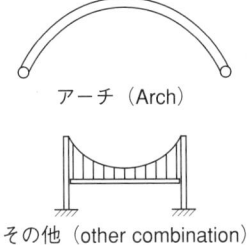

- トラス（Truss Beam）
- アーチ（Arch）
- 吊り（Tension） 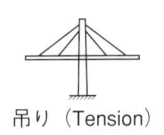
- その他（other combination）

(2) 高層（Tall Height）

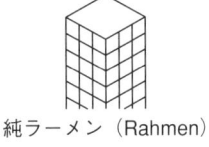

- 純ラーメン（Rahmen）
- センターコア（Center Core）中央に剛性の高い部位をもつ
- 外周コア 外周部分が固くなっている
- 振動制御（Vibration Control）制振機構位置は外壁である必要はない
- その他（other combination）立体のテンセグリティ／トラス

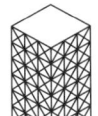

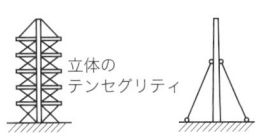

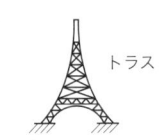

(3) 大空間（Large Space）

- ドーム（Dome）・鉄骨フレーム・PC版・膜・その他
- シェル（Shell）・HPシェル・EPシェル・その他
- その他（other combination）立体的な吊り

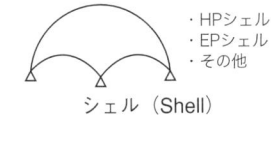

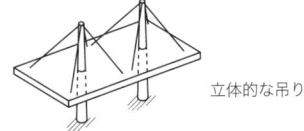

主なコントロールポイント（Control Point）

a) ロングスパン：横座屈，吹き上げ

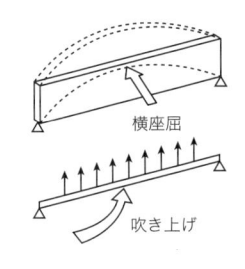

スパンが長くなればなるほど，横方向への安定性確保が大きな問題としてクローズアップされてくる．スパンが長い構造物では，その鉛直方向の変形抑制のために荷重を低減することは必須事項となる．そのため，水平方向の剛性を確保することと，風による吹き上げに対する安定性を確保することも重要なポイントとなる．

b) 高層：変形制御，振動制御

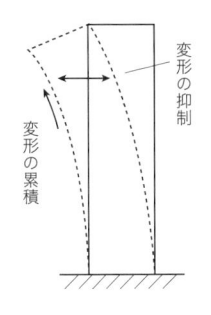

高層建築物では，一般に水平方向の安定性が求められる．特に，地震時の過大な変形や，居住性を目的として風による振動を抑えること等が必要とされる．変形を制御することで建物の品質と安全性を確保していると考えてよい．
こうした変形の制御は，常時や地震荷重時等，いくつかのケースを設計上想定して検討する必要がある．

c) 大空間：開口，支点

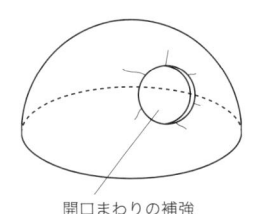

大空間を覆う構造体では，開口部分の大きさや処理が問題とされる．これは，構造体面内を流れる力の伝達をスムーズにするとともに，局部的な破壊を防ぐという意味がある．
また，支点の拘束方法に関しても注意を払う必要がある．建物重量や，外力によって生じる力を地盤に適切に伝達する必要があることによる

留意点（Remarks）

巨大な建築物（あるいは構造物）では，その形状を安定させるために用いられる構造架構が，そのまま施設の形態を決定づける場合も多い．すなわち，施設のデザインが構造的要素に大きく左右されるということである．

これは，中小の建築と比較すると，設計アプローチが基本的に異なっていることを意味している．

また，巨大な施設はその性質上，シンボリックな意味をもたされることも多い．そのイメージは，構造体の特性を強調することで技術力をイメージさせ，ハイテックな建築として表現されるケースも多いが，それは大規模建築物であるからこそ構造体の存在を消し去ることが難しいという実状を現しているとも考えられる．すなわち，消し去ることができないなら強調しようという考え方であろう．

ただし，誇張されたハイテックイメージは必ずしも構造的妥当性を追求したものではないことに注意が必要である．建築物の美は，構造的合理性と必ずしも完全一致するわけではない．

図 32　アラミージョ橋，設計：S. カラトラバ，1992 年
　橋の桁を受ける斜張橋であるが，それを一方向のみで実現して，優美で美しいフォルムを醸し出している．支柱を傾斜させることで，支柱の転倒と橋の支持をバランスさせている点が特徴的である．

図 33　札幌ドーム，設計：原広司，2001 年
　鉄骨トラスによる巨大空間の演出．さらに，地盤自体を動かしてしまうという発想に驚かされてしまう．

図 34　ミレニアムドーム，設計：R. ロジャース，1999 年
　巨大な空間を 12 本の支柱を用いて吊ることで演出している．この施設が非常に経済的であるということは見逃せない．

図 35　東京国際フォーラム，設計：R. ヴィニオリ，構造：渡辺邦夫，1996 年
　巨大な肋骨状の鉄骨が，屋根面を覆っている．屋根面の重力に抵抗しながら，その力を両サイドの 2 本の柱に伝達している．

図 36　センチュリータワー，N. フォスター，1991 年
　ハイテックなイメージが外観の巨大偏心トラスに表現されている．

8 空間 ─ 分節する

大規模な建築物にそれに応じたポイントがあるように，小さな建築物においても，大規模建築物とは違った設計手法が存在する．小空間を演出するために用いられる構造形式の特徴について，以下においてまとめてみたい．

基本形（Basic Style）とその応用形

(1) 薄い床版（Thin Slub）

1) 鋼板とそのバリエーション

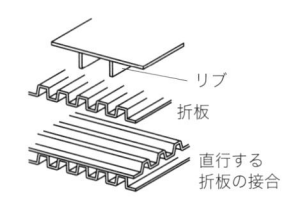

鋼板を組み合わせて面を構成する．これは，造船の技術と同じ方法である．複雑な曲面もこうした溶接技術を用いれば加工可能である．また，折板を組み合わせることで軽くて薄い面を作ることができる

2) コンクリートスラブとそのバリエーション

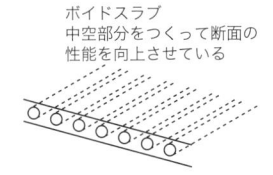

コンクリートの板を薄く納めるためには，プレキャスト（PCa）版を用いることで可能となる．コンクリートのスラブは型枠さえ作り出せれば自由な3次元曲面を作り出すことができる．

(2) 細い部材（Smart parts）

1) トラス（Truss）

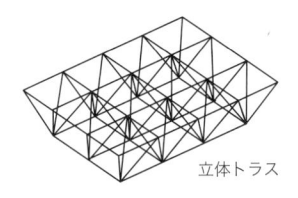

立体的なトラス架構を組み上げることで，一つひとつが小さな部材により構成される面を作り上げることができる．さらに，その中の引張材をワイヤーに置き換えることで，張力トラス（テンセグリティ）が構成できる．

2) 梁（Beam）

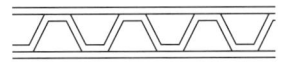

たとえば，鉄筋を組み合わせてトラス梁を作ることもできる．梁自身の自重も軽量化可能である．またこうした梁を用いた鉄筋だけによる階段等の事例がみられる．

3) 柱（Column）

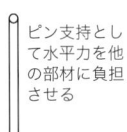

水平方向の力を他の要素に負担させ，軸力のみを負担する形式の柱では，座屈に対する安定性が確保できれば非常に細い部材を用いることができる．

4) その他（Other combination）

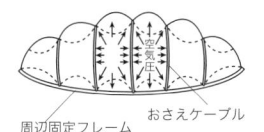

たとえば，膜材を用いて空間を構成することもできる．空気膜構造等は大規模なドーム空間を作り出すうえで用いられるが，テント等で見られるような膜材を用いて，小空間を仕切ることもできる．

コントロールポイント（Control Point）

・接合方法

個々の部材断面が非常に小さいため，部材同士をいかに接合するかは非常に大きな意味をもつ．小さな部材により構成されるがゆえに，接合部の納まりが全体のイメージを決めることも多い．

・軽量化と剛性確保

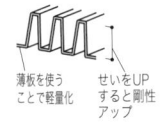

断面を小さくすればするほど，他の場合と同様に軽量化が必要になる．一方，軽量化を図れば断面の剛性が低下する．両者のバランスをいかに維持するかは大きな問題である．

・異方性

折板等を用いた場合，直交する方向の剛性が異なるケースもみられる．周辺の支持状況等とのバランスを考えてこうした性質を上手く利用するとよい．

・局座座屈

構成部材が細く薄いため，部材を構成する個々の部位に対する座屈現象が問題となる．面材を薄く納める場合には面外方向への座屈が問題となることもあり，また局部的な応力による部分的な座屈に対しても注意が必要である．

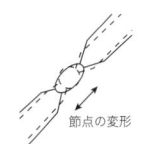

小さな建築物を構成する部材に用いる材料は，その構造的特性に最も適した材料を選定することが重要である．たとえば，木材は自重あたりの強度では鉄鋼をも上回る強度を有している．材料に関する詳しい情報を有することが，より効果的な構造形式を創出するうえで重要である．

留意点（Remarks）

社会に与える影響の大きな大規模建築物と異なり，小さな建築物は街に溢れている．それゆえ，経済性の追求を条件として標準化された部材・標準化されたディテールが採用されることも多い．しかしながら，同時に小さな建築物は私たちにとって最も身近な存在であり，私たちが最もよく目にする部分でもある．

小さな建築物は，小さいがために構造的な必然性が大規模建築物よりも弱い．すなわち，力学に基づかなくてもさまざまな方法で建築を表現することが可能であり，標準的な構造形式を経済性にのっとり採用して，仕上げによって建物の形態を表現することができることを意味している．

ただし，こうした部分にさまざまなデザインを施すことで，変化に富んだ多様な建築空間を創出することが可能であり，その手法の1つとして構造部材を用いたデザインがあることに違いはない．

図37 バルセロナパビリオン，設計：ミース・ファン・デル・ローエ，1929年，再建1989年
　地面より立ち上がった複数の薄い壁により，空間を切り取ることで，小さいながらも奥行きと開放性をもつ空間を作り上げている．

図38 ラ・ヴィレット公園，設計：B. チュミ，1991年
　軽い折板の弱軸方向を制限波状に変形させるとともにこれに沿って，直交方向に波状に加工した軽量形鋼を設置して，これをロングスパンの鉄骨トラス梁から吊り上げている．生み出された空間は分節されたものではないが，薄く軽い構造を用いることで，軽妙な庇を実現している．

図39 アトーチャ駅，R. モネオ，1992年
　薄いシェル屋根を繰り返して用いることで，規則的でかつ変化に富んだ空間を実現している．

図40 グエル公園，設計：A. ガウディ，1914年
　林立する柱により，上部の公園広場部分を支持している．3次元的な床面とともに，造形的な空間を生み出している．

図41 上島邸，設計：本多友常，構造：大氏正嗣，2000年 （撮影：松村芳治）
　在来木造に立体トラスを組み込むことで，軽快でリズミカルな空間を生み出すとともに，大きなスパンを支えている．

緊張 — つなぐ

構造体の基本的システムに関してはここまで示してきたもの以外にも，さまざまなタイプが考えられる．この章で触れてきた構造システムは，構造架構の基本的考え方であり，空間の演出方法との関連で捉えたものである．それは，デザインとの重要な関連性を有している．

しかし，それ以上に機能と安全性を確保することは，建築物の設計において最重要の必須検討事項である．また，建築の構造表現において，安全性や緊張感を心理的に与える手法はいろいろと考えられる．

各種の構造体は，外力を負担するための手段を示している．しかしながら，適切に力を伝達するためには，各節点を力が流れなければならない．すなわち，適切な接合部が存在することにより初めて構造体が成立する．こうした接合部をデザイン要素として表現することで，建築物の安定性や緊張感を表現することができる．

基本形（Basic Style）とその応用形

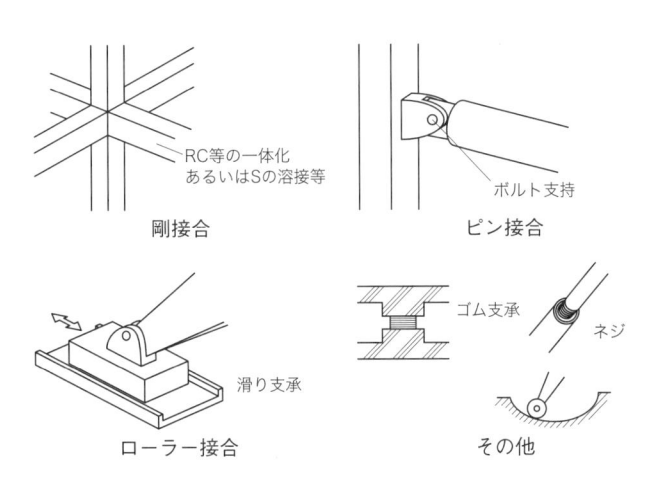

剛接合（RC等の一体化あるいはSの溶接等）
ピン接合（ボルト支持）
ローラー接合（滑り支承）
その他（ゴム支承，ネジ）

コントロールポイント（Control Point）

・一体化の必要性

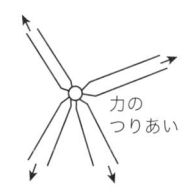

各部材を集合させる節点は基本的には剛強であることが望ましい．これは節点自体の変形が，構造物全体の変形に大きな影響を与えるためである．また，複数の部品を組み合わせて節点を構成する場合には，ジョイント部分の一体化をいかに図るかが重要となる．

・力の伝達と方向

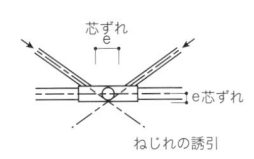

節点には複数の部材が接合される．これら部材に生じる力をいかに確実に伝達するかが重要とされる．伝達すべき力の大きさ，方向に応じて節点要素の形状が定められる．

・部分的なねじれ（軸心の不一致）

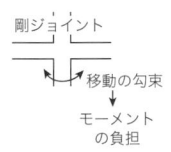

剛ジョイント／移動の拘束／モーメントの負担

力学的には節点の一点に部材の軸芯を交差させることが理想的であるが，現実には必ずしも全ての軸芯を一致させることが可能であるとは限らない．こうした軸芯のずれは，節点に部分的なねじれを生じさせる．

・節点の拘束条件

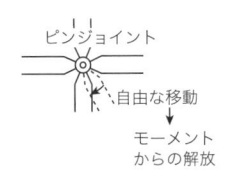

ピンジョイント／自由な移動／モーメントからの解放

節点を部材に剛に拘束すれば，部材の変形を抑制できるが，部材がその拘束に応じた曲げを負担しなければならない．一方，部材をピン支持とすれば，部材は材端拘束による応力を負担する必要はなくなるが，その分大きな変形を生じることになる．

図42 レイナ・ソフィア・アートセンター，設計：ヴァスケス＆イニゲス・I. リチィ
ガラスを外側から接合することで浮遊感を演出している．鋳鉄で作られた支持部材は上下方向の接合鉄筋と立体的に交差している．

図43 ウエストミンスター駅地下，設計：N. グリムショウ
剛接合ではあるが，柱から飛び出した梁がさらに分岐して床平面を立体的に分節している．頑強さと，力感イメージが強調されたデザインとなっている．

図44　バック・デ・ローダ橋，設計：S. カラトラバ，1987年
　橋桁を支持する柱は，堅結され，あるいはピン支承により支持されている．接合部の形状が，そのまま橋のデザインの重要な要素となっている．

図45　カボット・スクエア NO.25，設計：T. マクアスラン
　緊張のかかった膜をワイヤーと圧縮を支持するパイプが接合している．力学的に合理性を有しながらも不安定さと意外さを演出している．

図46　ロンドンアイ，設計：D. マークス & J. バーフィールド，2000年
　自転車のホイールのような緊張材は，空間を鋭く切り裂き，驚きと興奮を感じさせる．

図47　ポンピドー・センター，設計：R. ピアノ & R. ロジャース，構造：A. アラップ，1977年
　45mという大スパンを支持するために設けられた接合部は片持ち部材と一体化された構成になっている．上下方向に走る柱は接合部材の中心を貫通しており，そのほか数多くの部材が接合されている．
　止め付け用のピンまでデザインされ，主要なデザイン要素として接合部が用いられている．

図48　ザグラダ・ファミリア，設計：A. ガウディ，1883年〜
　鉄筋コンクリートの剛な部材が，花弁のように分離しながら床を支えている．しかしながら部材端はピンではなく剛接合を用いている．その大胆さに，私たちは魅了されてしまう．

あとがき

　構造設計あるいはエンジニアリングは，得てしてある程度形態の決まった建築物の安全性を確保するための手段として語られることも多い．しかしながら，構造設計に求められるものは決してそれだけではない．

　生み出される空間の社会的意義，それにより引き起こされる人の行動や流れ，社会的生産活動，そして文化的意義．構造体の構成が建築のソフト面に与える影響は決して小さなものではない．

　もちろん，単にハイテックなイメージを創出するためだけに構造体を露出することが素晴らしいと言っているわけではない．ただ，安全性や経済性に基盤を置きながらも，その上にさらなる創造性を加えることにより，建築の保有する価値を大きく向上させることが可能である．

　こうした創造性を生み出す作業を構造設計と呼び，単に解析的技術を有するというだけでなく，材料・施工・耐久性・ディテール・社会的背景・そしてデザインへの傾倒が何より重要になるだろう．そして，構造設計者がこうした明確な目的を抱くからこそ，新しいあるいは精度の高い解析能力が社会的に意味のあるものになると信じている．

　なお，今回は数式や各種図表による数値的表現を最小限に留めている．これは，この本が「建築概論」として建築に対する興味を喚起することを主眼に置いているためである．さまざまな構造システムを自由に利用するためには，これから数多くの知識や知恵を必要とするが，この機会がその最初の契機になれば幸いである．

TOPIC 曲がる

　曲がるということは，一般に棒状の部材（たとえば梁や柱等）は細長い長方形で表されるが，その長辺側一辺が縮み，他辺が延びるような状態をいう．そして，延びた側の辺は，延びたということで常に引っ張られた状態に置かれ，一方縮んだ側は常に圧縮された状態に置かれていることはすぐに分かる．この材料が壊れる際には，そのどちらかの辺が圧縮あるいは引張により壊れる（通常は引張により破断する場合が多いが）ことにより生じる．

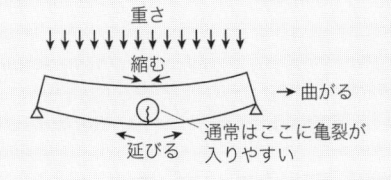

TOPIC せん断

　せん断変形は，四角形の物体が1つの対角線方向に引張，もう一方の対角線方向に圧縮されることで生じる変形である．圧縮と引張が同時に生じるということでは曲げと等しいが，その方向が異なっている．ただし，一般にある一定の断面を有する部材曲げが生じた場合には，同時にせん断変形が生じているという関係にある．

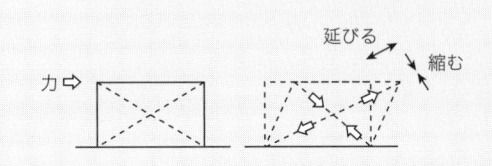

TOPIC 力と変形

　力と変形は非常に緊密な関係にある．通常私たちが目にすることができるのは，力ではなく変形（測ることができるため）であり，力を見ることはできない．

　力は，見ることができないという点を考えると，仮想の存在とも言えるかもしれない．ただし，建築等を設計するうえで，変形は材料の特性に大きく左右されるが，力はこうしたものに影響を受けないものであるため，力という概念を中心に取り扱われることが多い．

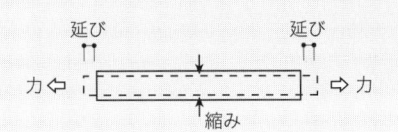

参考文献

- 今川憲英・岡田章『木による空間構造へのアプローチ』建築技術，1990
- Heino Engel，JSCA訳『空間デザインと構造フォルム』技報堂出版，1994
- A. J. Brookes・C. Grech，難波和彦・佐々木睦郎監訳『コネクションズ』鹿島出版会，1994
- 小堀鐸二『制振構造　理論と実際』鹿島出版会，1993
- 建築技術編『制震・免震構造マルチガイド』建築技術，1997
- （社）公共建築協会『建築構造設計基準及び同解説　平成9年版』1998

第 5 章
ランドスケープデザインの感性と世界

佐々木葉二

　ランドスケープとは，日本語では景観，風景と訳される．景観とは，「けしき，ながめ」の意味であり，人間の「視覚」によってとらえられる地表面の物理的要素（山や川，植物，街路，市街地等）を客観的にとらえたものである．

　風景とは「自然と人間界の事とが入り混じっている現実のさま」であり，情景もふくめ，人間の内的な主観を通してとらえられた環境総体を意味する．このように，環境を複合的な集合体としてとらえる視点は，都市や建築が「図象」を目指し，「地」としての大地や自然と整合性が取れなくなった近代社会の環境問題を解決するまったく新しいアプローチである．ランドスケープアーキテクチャーとは，これらの考え方を基盤に，人間と自然との関わりの場を形成してきた造園学を発展させ，建築とは異なる感性と空間言語により，建築のみならず外部空間（オープンスペース）を本来の大地と自然に立つものに取り戻す新しい風景創造領域である．19世紀半ばから急速に発展したこの領域を，近代ランドスケープのデザイン理論として確立した米国のガレット・エクボは，ランドスケープアーキテクチャーとは，「人間と大地の間に連続した関係を確立させる」ことだと定義している．自らも多くの作品を生み出してきた彼の言葉の真骨頂は，大地を日常生活の舞台としてとらえ，人間活動に注目した現象学的，すなわち感覚的体験によるとらえ方にあった．そこには，常に現代社会の人間が本当に自然と一体化しているのか？　人間と生活とが実体（リアリティ）のある関係を果してもっているのだろうか？　という素朴な問いが見え隠れしている．この章では，まずランドスケープのデザインについての歴史的発展プロセスをたどりながら，今日と将来におけるランドスケープデザインの課題を考えてみたい．

1 楽園の創造

原型としての円形空地

　人類が誕生し，集住地を形成するようになると，1つの空間的な様式が生まれる．それは，宗教観念の空間化として表現されることからはじまった．様式とは，1つの形式が長い時間の間に典型としての意味をもつことをいうが，新石器時代における最も明白な様式は「シンメトリー」であった．具体的には，空間構成における意識的な左右対称の向きあわせや，円という象徴的な姿で視覚的に表現される．その代表的な空間として，巨石記念物の「ストーンヘンジ」がある（図1）．現在，英国に残されているストーンヘンジは，B.C.2000年ごろのもので，細長い巨大な自然石を垂直に立て，円形に囲んで並べたものである．これら巨石に囲まれた3次元のヴォイドな空間は，太陽の運行と連動していた．当時の人びとはその中に立ち，日の出の儀式を行ったのではないかと言われている．そしてそれは近くにあった集落の共有空間であり，パブリックスペースとしての象徴機能をも果たしていた．日本においても，古代の岩磐や環状列石が，シンボル（象徴）やランドマーク（焦点）という空間の原型をもっていたと言われている．人間を超越する不可視なもの，宇宙のリズム等への畏怖と崇敬の形象化が，「円形で囲む」という空間様式を生み出し，それが次第に城壁や生活空間のなかの広場として発展することとなった（図2）．

図1　ストーンヘンジ（B.C.2000年頃）（図出典：ジェフリ＆スーザン・ジェリコー著，山田学訳『図説 景観の世界』彰国社，1980，撮影：Aerofilms）
　石柱は，夏至にあわせて並べられ，暦の役割を果していたらしい．

図2　カメルーン大家族の住居（図出典：『日本住居史図集』理工図書）

楽園幻想

　庭園の源流には楽園幻想や理想郷の実現があった．マイケル・ローリーは，自著の『景観計画』でガーデン（garden）の語源はヘブライ語のフェンスであり，防御を意味するganと快楽・愉快を意味するedenという言葉からなると述べている．すなわち囲われた楽園が本来の意味であった．その最も古い庭園は，紀元前3000年紀の初めのメソポタミアに存在したようである．アッシリアでは遠征先から持ちかえった植物が神に捧げられるために植えられ，灌漑設備も完備した人工の沼地も再現された．紀元前2500年のエジプトの庭については，絵画による記録が残っている．当時の天文学（占星術）や幾何学による空間表現は，現世ではなく，死後の永遠性をいかに表現できるかにあった．永遠の生を信じたエジプトの人びとは，壮大な神殿建築や庭園のなかにも永遠の逸楽を夢見たようだ．庭園はただ観賞するだけではなく，生産の庭でもあった．庭はナイルの川の増水対策のために高い壁で囲い，長方形の池（葦，パピルス，養魚を育てる）と幾何学的な植栽（ブドウ等果物，野菜）で構成されていたことが絵から読み取れる（図3）．

図3　エジプトの庭園イメージ（図出典：Norman T.Newton『Design on the Land』，Harvard University Press，1971）

空中庭園

　空中庭園とは，紀元前7世紀に当時の新バビロニア（現在のイラク）の首都に造られた段丘式庭園を意味する．首都バビロンの王，ネブカドネザル二世が，遠いメヂア国（現在のイラン）から嫁いできた妃のために，乾燥したイラクの風土のなかに緑豊かなオアシスを求めて造ったと言われる．

図4　空中庭園のイメージ画 (図出典：『THE GARDEN BOOK』PHAIDON, 2000)

図5　アクロス福岡の空中庭園 (撮影：廣田治雄)

図6　ホメーロスとギリシャ庭園 (オーギュスト・ルノワール作『ホメーロス』1841年，パリ，ルーヴル美術館)

空に向かって階段状の石造建築を造り，屋根部分にアスファルトと鉛の防水処理を施し，土を盛り，井戸水を運び上げて自然流下させた灌漑装置は，古代文明のテクノロジーの成果であった（図4）．

　庭は，英語ではHanging Garden（吊り庭）と呼ばれたため，その後「古代世界の七不思議」とされた．これを初めてみたギリシャ人が先進メソポタミア文明に驚かされたということが，この表現からもよくわかる．

　現在われわれが都市のなかで目にする多くの屋上庭園（図5）も，この新バビロニア以来の空中庭園イメージの再現が目指されていると言ってもいいだろう．

理想郷

　理想郷としての庭園は，古代から現在に至るまで営々と求められ，各国で具体化が試みられてきた．それらは，西洋では「アルカディア」「ユートピア」「エル・ドラド」，東洋では「桃源郷」「蓬莱山」「極楽浄土」等と呼ばれている．ギリシャでは，理想の庭は「聖なる森」と呼ばれていた．森は常に心地よく豊かで神に祝福される場所である．ギリシャ神話にもよく出てくる庭園は，特別な精神や精霊が宿る理想の場所であった（図6）．樹林は神話の人物を象徴するものとされていたため，建築設計の際には樹木の位置はとりわけ重要な意味をもっていた．

　理想郷を求める人間の精神には，ある一定の共通意識が見られる．中村良夫は『風景学入門』で，それを「官能的安息感がみなぎりつつも，高い倫理的超越性につつまれている」空間と述べている．そこは，甘美な享楽や強烈な歓喜の風景ではなく，孤高の隠者の人格表現であったり，官能的安息の風景が求められていたのである．

　そのため，空間構成方法にも共通したパターンがみられた．すなわち「周りが水や深い山に囲まれた別天地であり，屋敷は水辺に建ち，凪いだ入江と清流が身近」（同上）にあること等である．

　これら風景様式の暗黙の了解事項として，プラトンが抽象的幾何学的均整を建築の理想にしたギリシャでも，また精神的孤高を求めた中国でも「軸線の支配」をまだ受けていなかったことは興味深い．理想郷のなかでの建築は，風景の構成要素となり，自然の揺籃のなかで保護され，自然との調和が目指されていたのである．

　そこには，今日の都市においてわれわれが建築と自然が一体感をもったものを求める姿勢とまったく同じ自然観を見ることができる．

2 進化する庭園と広場の空間構成

市場から広場（アゴラとフォーラム）へ

都市が発達すると，これまでの自然との一体化からの脱皮が始まる．そして商業機能の発達は市場を生み，広場がその機能空間となった．まず，強力な都市国家を築いたギリシャの植民都市にグリッドパターンが現れ，植民都市ミレタスでは，このグリッド状の都市の中心にアゴラ（広場）が造られた．アゴラは，人びとの集まる場所であり，公共で使用される市場やコミュニティ広場であった．アゴラにはストア（列柱廊）と呼ばれる歩廊が囲み，店舗が配置された．この列柱は，建築ファサードであり，広場の領域を形成する視覚要素でもあった（図7）．一方，ローマでは，「フォーラム」が都市広場の機能を担った．しかし，この時代は世界の支配者であるローマ風様式としての巨大性と合理性が好まれ，群としての建築や広場の空間構成が1つの原理によって統合される手法は育たなかった．

歩行者街路と中庭（パティオ）の発達

ローマ帝国の東西分裂（A.D.395年）以降，15世紀までの西洋は中世と呼ばれ，建築にビザンチン様式とゴシック様式を生みだしたが，庭園は危険と不安を守る城か修道院のなかに，観賞用の庭，菜園，薬草園としてしか発達しなかった．しかし，イタリアでは公的な街路には天蓋（キャノピー）やポルティコ（アーケード），コロネード（柱廊）等の歩行空間が発達した．

一方，8〜14世紀イスラム文化圏では，世界の傑作といわれる美しい庭園様式が生まれた．インド・ムガール庭園とスペイン・アルハンブラのイスラム様式の庭園である．イスラムの庭は，住宅建築の延長としてデザインされ，中央に噴水を据え，十字で4分割された信仰にもとづく空間様式を基本にしている．また土地の場所性を重要視したため多様な様式が生まれ，回廊，植栽，水の庭園要素は厳しい気候を和らげるパッシブ・ソーラー機能を果した（図8）．

パースペクティブ（遠近法）の発見

パースペクティブの原理は，ルネッサンス期（14〜16世紀）の一大発見であった．これは，視線を軸性の強い焦点に向かわせ，空間を構造化することによって風景の奥行き感を表現するデザイン手法であり，現在の「ビスタ＝見通し」とアイストップによる空間構成手法に発展したものである．ミケランジェロ設計のカンピドリオ広場では，この手法を応用して，広場を囲む建築壁面を広場後方に向かって拡げ，限られた空間を奥深く見せ，丘に上る階段の設計にも逆パースペクティブ手法が活用されている（図9）．

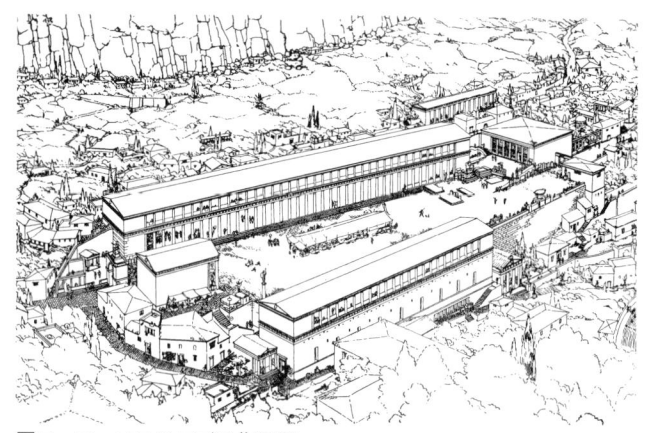

図7　アッソスのアゴラ復元図　（図出典：レオナルド・ベネーヴォロ『図説　都市の世界史1』相模書房，1983）

図8　グラナダのアルハンブラ宮殿・ライオンの中庭　（図出典：ジェフリ＆スーザン・ジェリコー，山田学訳『図説　景観の世界』彰国社，1980）
水は列柱の回廊を貫き室内に導かれる．床に横たわると空が映る．聴覚と視覚の幻想的奥行きを感じさせる庭園．

図9　カンピドリオ広場　（図出典：S・ギーディオン『新版　空間　時間　建築1』丸善，1969）

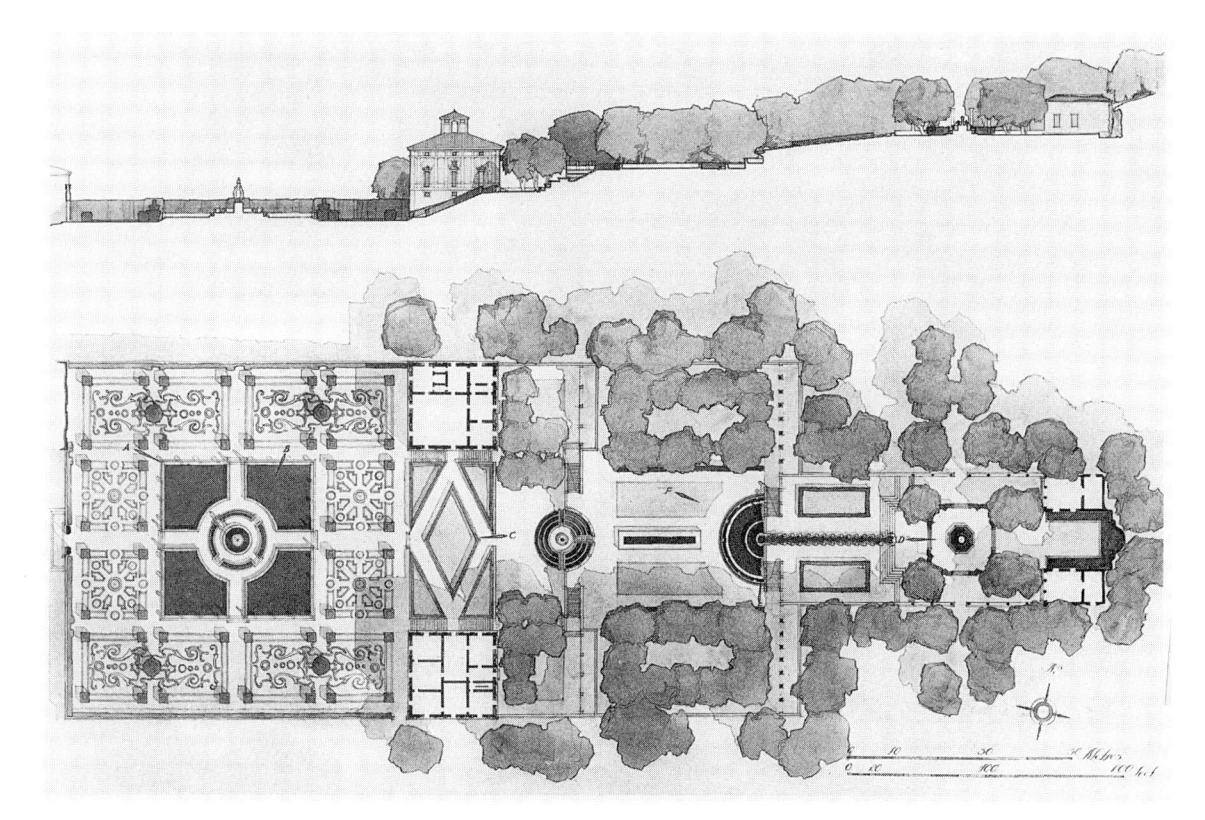

図10 ヴィラ・ランテ（1656年頃）(図出典：J.C.SHEPHERD & G.A.JELLICOE『ITALIAN GARDENS OF THE RENAISSANCE』ACADEMY EDITIONS, 1994)
人びとの移動は水の主軸線によって誘導され，意識を最下段の整形庭園にむける構成がみられる．

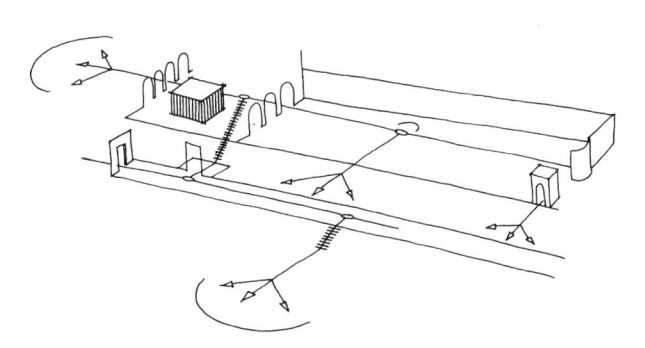

図11 ヴィラ・メディチ（1450年前後）の建築と庭の関係 (図出典：P・ファン・デル・レー，G・スミンク，C・ステーンベルヘン『イタリアのヴィラと庭園』鹿島出版会, 1997)
テラスの庭は邸宅の正方形モジュールから構成され，前庭は対称軸に誘導されてフィレンツェへの眺望に奥行きを与えている．

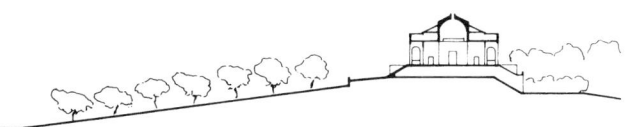

図12 ヴィラ・ロトンダ（1569年頃）(図出典：前掲書『イタリアのヴィラと庭園』)
半球ドーム下の柱廊を持った4面のロッジアは，壮大な古典的列柱の立ち並ぶ涼しい半外部空間．光と影に包まれ外部の庭園と内部空間をつなぐ装置となっている．

庭園と建築の一体化手法の完成

　都市の発達と商業資本の興隆を背景にしたルネッサンス期のイタリアのヴィラ（別荘）では，中世的都市生活からの回復と文化的価値の創造が古代ギリシャとローマ文化の理想復興という形式で追い求められた．ここで生み出されたランドスケープの空間構成は，自然地形を幾何学的平面図形として定義し，パースペクティブ効果によって生まれる主軸線に沿いエレメントを配置する方法である．

　この軸線によって分散したエレメント同士の相互関係を生み出す手法が，従来のガーデン・アーキテクチャーから近代に繋がるランドスケープアーキテクチャーへと技術領域を拡大させることとなった（図10, 11）．

　一方，建築家パラディオによって設計されたヴィラ・ロトンダは，建築とランドスケープとの直面手法を可能な限りまで高め，ヨーロッパ建築とランドスケープの歴史に新しい時代をひらくものとなった（図12）．ここでのヴィラは望楼として設計されたもので，建築は2つの軸に対して対称となり，小さな丘の上に王冠のように建っている．半球ドーム下の古典的な柱廊をもった4面のロッジアからは，枠取りされた眺望が無限に拡がる水平線とともに望まれる．これはその後のヴィラ建築の典型的な様式となった．

3 オープンスペースによる都市景観形成

バロック様式の確立

バロック期（16～18世紀）に入ると，国家の力を象徴するデザインとしてランドスケープが庭園から都市計画につながる空間構成の様式を確立する．その大胆なデザインを提案したのが，フランスのアンドレ・ル・ノートル（1613～1700）である．シャンティー，ヴォ・ヴィ・コンテ（1661），ヴェルサイユ宮殿（1670～1710）（図13）等の設計で，彼は人間の動きと視点を基準にした変化のあるデザイン手法を積極的に活用した．これによって室内と外部の風景が一体化し，建築や庭園のみならず敷地全体を統御できる様式を完成させたのである．

その第1の特徴は，軸（線）と交点（点）から放射状に広がる通路を骨格とした空間構成にある．第2は芝生や広場，水面等のフロアパターンのモジュール拡大による奥行き感の演出である．第3は神話イメージの記号化があげられる．庭園はギリシャ神話や古典伝説の舞台として読み替えられ，空間全体が物語の点在する場所へと転換する．幾何学を基本にしたこれら軸線の強調と豊かな装飾空間は，敷地に常に祝祭の舞台としての役割を与え，空間の演技者とさせるところに特徴があった．この空間構成手法は，バロック様式の計画手法として，その後ヨーロッパ各国や新興国の都市計画に応用された（図14）．

公共（パブリック）の象徴＝街路と広場

19世紀から始まった産業革命は，都市の過密化と不衛生化を招き，新しい都市デザイン手法の発展を促した．英国では公園や街路が，都市空間に計画的に組み込まれ，ハイドパーク，リージェントパーク等の王室所有の狩猟地が公共に開放され，世界で初めてのパブリック（公共）としての公園が生まれた．また1769年，英国バースに建設されたロイヤル・クレセント（図15）のように，クレセント（半月形），サーカス（円形），スクエア（方形）等の各広場がコミュニティに取り込まれることによって，都市に開かれた公共空間が生み出された．

フランスでは，ナポレオン三世下で活躍したオースマンが，1853年から17年間に「ブールバール（並木のある大通り）」の建設を断行し，これによって街路や都市広場を，パースペクティブな舞台効果を演出する装置に変貌させた．興味深いことは，このブールバールを歩くことが，当時のパリの女性のファッションとなったことである．

この街路デザインによる魅力的な街の形成は，今日もなお息づいており，車と歩行者空間の活性化は近代都市における公共空間デザインの主要テーマとなっている．

図13 ヴェルサイユ宮殿（1670～1710）（図出典：ダニエル・メイエール『ヴェルサイユ』1988）

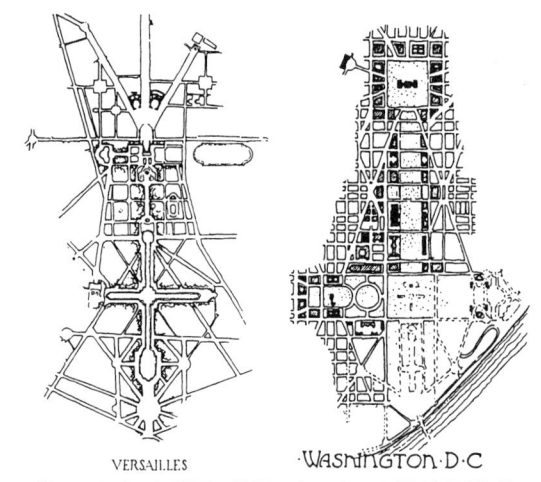

図14 ヴェルサイユと米国の首都ワシントンの都市計画比較（図出典：『American Landscape Architecture』The Preservation Press，1989）

図15 ロイヤル・クレセントとサーカス（1769年）（図出典：Michael Webb『The City Square』Thames and Hudson，1990）
集合住宅を曲線や円形に配置し，その正面に広大な緑地を配置することによって，各住宅が緑の眺望を確保し周辺の街と一体感をもつことに成功した．

図16 セントラルパークとピクチャーレスク的風景 (図出典：(左) ジェフリ&スーザン・ジェリコー, 山田学訳『図説 景観の世界』彰国社, 1980 (右)『JAPAN LANDSCAPE 1990 No.16』ボウ・ブリッジ)

図17 外部空間（地＝白）と建築内部（図＝黒）を逆転すると，外部空間の意識が入れ替わり，図として認識される．(図出典：芦原義信『外部空間の構成』彰国社, 1962)

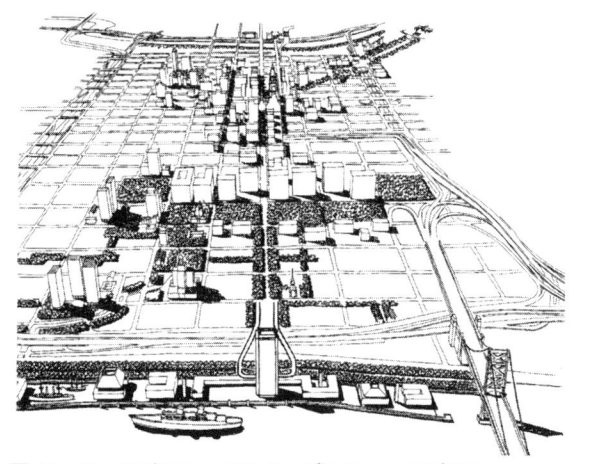

図18 フィラデルフィアのオープンスペースプラン (図出典：『SD9806』鹿島出版会)
都市骨格となるべき「図」が視覚化されている．

街路に沿って連続する建築の高さ，窓枠のデザイン，ヴィスタの果ての消失点に立つオベリスクや彫像，それらすべてが都市の空間秩序形成の一要因に組み込まれるようになったのである．

「図」としてのピクチャーレスク公園

この時期に新しくつくられた都市公園の設計手法は，自然風景式のピクチャーレスク的な空間構成であった．ピクチャーレスクとは，「絵の様に」の意味で，18世紀の英国から始まり，二次元の絵画を三次元の庭園に再現する方法をいう．具体的には非整形な池を造り，それらを巡る園路上に，橋やフォーリー等次々と絵画的なシーンを点景として展開するしかけである．この様式は，自然景観のなかに見られるさまざまな要素の抽出と，それらの審美的な再構成によって，ランドスケープの存在を「図」として構造化することとなった．「図と地」とは，ゲシュタルト心理学の基礎概念で，図形において浮き上がって見える部分を「図」，その背景を「地」と呼ぶ．これまでの庭園や広場は「図」ではなく，あくまで風景の「地」であった．19世紀後半，カミロ・ジッテはイタリアの都市における建築を黒く塗りつぶし，従来「地」と見られていた街路や広場を「図」として見ることによって，外部空間の役割とその重要さを述べたが（図17），このピクチャーレスク公園の出現も，「図」としての公園の存在を明確にしたとも言えるだろう．

1858年にニューヨークの公園設計コンペで選ばれたフランク・ロー・オルムステッドとカルバート・ヴォーによるセントラルパーク（図16）は，それが街路で囲われることによって，都市の中の別世界＝「図」を創り出したのである．ここでは，土地の個性（場所性）表現をテーマとし，自然風景式の穏やかな地形と樹林風景パターンをあてはめるのではなく，敷地が本来もっている野生の自然美を周辺街路のグリッドパターンと対比させることによって，公園自体の図象化がさらに強化されている．

断片からネットワークへ

1947年から進められたフィラデルフィアの都市計画（図18）では，さらに都市景観を形成する手法が進化した．その特徴は，これまで都市の断片的な「図」であったものから，都市骨格として視覚化される大きな「図」として，オープンスペースのネットワーク化が進んだことである．フィラデルフィアでは，街区を貫く緑道システムによって公園や広場が結ばれ，オープンスペースが都市を象徴する大きな「図」として認知された．これは，その後の「歩行空間」の復権と「モール」誕生の序曲であった．

4 モダニズムデザインの胎動

形態の抽象から「空間」の発見へ

19世紀末から20世紀に至る技術革新は,都市に大きな影響を与えた.鉄骨がニューヨークの摩天楼建設を可能にし,電力が24時間都市を生み,自動車と鉄道が郊外住宅地を生み出したのである.そのような都市の理想像を提案したものが,ル・コルビュジエの『輝く都市』理論(1922年)であった(図19).そこでは,都市自体が「生活の機械」として「300万人の機能都市」であるべきことが主張された.しかし,この提案は人間的情緒を求め詩的な秩序がありながらも,マシン・テクノロジーを背景にしたイデオロギーであり,生活空間としてのリアリティはなかった.

一方,20世紀初頭に発展した都市計画概念と,モダンアートの発展は,ランドスケープデザインに新たな変化をもたらすことになった.個人的な自然風景への憧れやノスタルジーから,風景における視覚的,物理的な実体や人間的普遍性が求められるようになったのである.

それは,これまであたりまえだと認識していた空間概念を自らの感覚によって客観視できることの発見でもあった.特にキュビズムを代表とするモダンアートとの邂逅は,屋外にも新たな空間様式があることの発見につながった.

ガレット・エクボは,軸を中心とする古典的空間様式からの脱却を求め,形態パターンによる視覚的空間の抽象化によってランドスケープのモダニズムを追及した作家である.彼は,造形のてがかりをキュビズムから移植された自由な曲線と明快な直線の組み合わせによって人間の動きや視線と呼応できる空間を提案した.「ユニオンバンク広場」(1965年)(図20)は,その代表例である.一方,メキシコのルイス・バラガンは,光と影,さらには色面によって自然と一体化した情感あふれる空間を表現した(図21).これは,人間が視覚的に形態認知をしなくても,現象によって「空間は読み取られる」ということの実証であった.

歩行空間の復権

車社会の発達は,逆に大地を歩ける空間を希少価値にした.ローレンス・ハルプリンは,この歩行空間に注目し,それを都市のシークエンス(連続景観)をつくる手がかりとした.彼は1950年代からワークショップ,人間の行動の楽譜化等を試みて車と人の融合のあり方を追求し,サンフランシスコの再開発計画(図22)や,ポートランド市のラブジョイ・プラザ等を提案した(図24).その特徴は,都市のオープンスペースを単なる通行や記念のための広場から,人間の知覚を蘇らせる感性創造の場に変えた所にある.

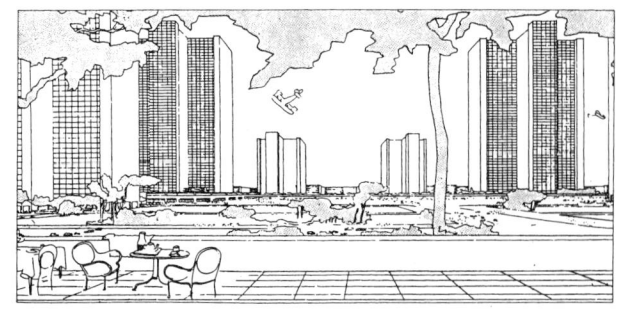

図19 ル・コルビュジエ「輝く都市」(1922年)のイメージ図(図出典:ウイリー・ベージガー『ル・コルビュジェ』A.D.A.Edita Tokyo)

図20 ユニオンバンク広場,設計:ガレット・エクボ,1965年(図出典:『MODERN LANDSCAPE ARCHITECTURE: A CRITICAL REVIEW』EDITED BY MARCTREIB, 1993)

図21 「ラス・アルボレダスの公園」,設計:ルイス・バラガン,1962年(図出典:Elizabeth B. Kassler『modern gardens and the landscape revised edition』The Museum of Modern Art, New York, 1964)
ユーカリの木立の影は奥に立つ白い壁と水面に映りこみ空間は光の現象によって読みとられる.

図22 サンフランシスコの再開発計画，設計：ローレンス・ハルプリン（図出典：HALPRIN『FREEWAYS』REINHOLD, 1966）

図23 ラブジョイ・プラザ，設計：ローレンス・ハルプリン（図出典：ジェフリ＆スーザン・ジェリコー, 山田学訳『図説 景観の世界』彰国社, 1980）
街区をつなぐ3つの広場の1つ．抽象的に地形が表現された．

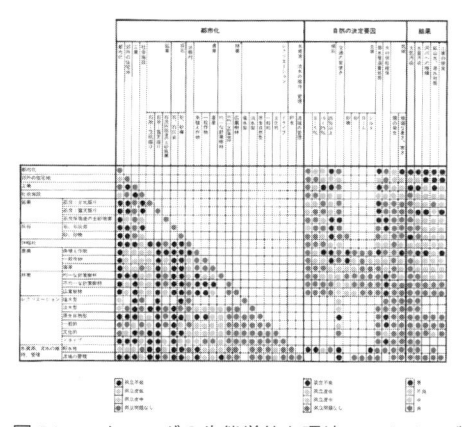

図24 マクハーグの生態学的な環境モニタリング手法（図出典：イアン・L・マクハーグ『DESIGN WITH NATURE』集文社, 1994）

図25 「突堤・スパイラル」ロバート・スミッソンのアースワークは，場所本来の機能を暗示している．（図出典：『EARTHWORKS AND BEYOND』Abbeville Modern Art Movements, 1989）

「空間をつくる」から「関係をつくる」へ

1960年代から急速に発展したモダニズム・ランドスケープの大きな課題は，「開発」か「保存」か，という対立構造をどう解くかであった．1962年に出版されたレイチェル・カーソンの『沈黙の春』が，人間による環境汚染と破壊への警告を宣言し，その後のエコロジカル・プランニング思想と技術が飛躍的に発展したことはその問いに一層の拍車をかけた．さらにイアン・マクハーグが『Design with Nature』（1967年）を発表することによって，生態学的な環境モニタリング手法が開発され，ランドサットからのデータ採取とコンピューター解析による技術上の発展が急速に進んだ．

この結果，生物連鎖による「生態系」思想が「ビオトープ保全」や「ランドスケープ・エコロジー（風景生態学）」という生態学的秩序の再構成のあり方への理解を進めた．

しかしその審美的様式はまだ完成の域には達していない．

さらに90年代から急速に発展した住民参加型デザインは，街をつくるよりも，まもり育てることを主要な対象としつつある．本来，ランドスケープアーキテクチャーは，生態学や社会科学等の科学的側面と，美学としての芸術的側面の両輪により風景にかかわってきた．それは喪失しつつある「コミュニティ」と「ヒューマンスケール」を復権するための「環境」づくりの戦いであった．このことを考えると，ランドスケープをデザインすることとは，近代まで行われてきた「空間をつくる」という形態秩序の構築ではなく，「アースワーク」で試みられているように，人間の活動も自然生態系の一部であるとの認識から，その環境との関わりのあり方を表現するものと考えるべきであろう．

ランドスケープデザインとは，まさに人間と大地との間に連続した「関係をつくる」行為であることに，やっとわれわれは気づき始めたのである．

5 日本におけるランドスケープの軌跡

感覚世界の構築と表現

日本での風景（ランドスケープ）への関心は，西洋よりも古く，またその表現対象も「もののあわれ」という自然の生命感を精神的イメージでとらえた現象学に近い美的感覚が主題であった（図26）．これは，西洋が人間を主体にし，眼に見えるものの秩序やヒエラルキー構成を透視図で描く造形原理とは根本的に異質であった．また空間の見方にも独特の精神構造がみられた．西洋の庭園では空間全体が部分空間をも支配しているが，日本では小さな部分空間にも宇宙観をみつけ，部分イコール全体という二重構造があった．たとえば，美しい州浜や，池，遣り水をもつ8～9世紀の寝殿造りの庭（図27）や，中世の枯山水式庭園，近世の坪庭や露地，池泉回遊式庭園等は，視覚的には要素としての石組み，樹木，水面が配置されてはいても，意識のなかでは，その要素の隙間に漂う目に見えない「間」（伊藤ていじは，これをフィジカル・スペース＝物的空間に対して，イマジナリー・スペースと呼んだ）の風景を認識しているのである．

すなわち西洋の庭園が幾何学的静的調和をめざしているとすれば，日本の場合は，非定形の自然的な均衡を求めているのである．豊かな自然景観に恵まれた日本人にとって，庭園とは自然とともにある生活を彩る装置であり，日常生活を美的空間にしつらえる生活美術であった．日本人の精神性や思想的背景や文化は，そこに象徴的に視覚化されていたのである．

近代ランドスケープの造形とつながるもの

このような日本人の自然観と風景への美意識を空間造形原理としてまとめてみると，「中心をはずした空間構成」「余白を生かしたコンポジション」「非対称」等があげられ，伝統的技法としての「縮景」「借景」「見たて」（図28）「真・行・草」等がある．また「わび」「さび」「もののあわれ」や「移ろい」という時間の蓄積を形態化する精神世界の表現も日本独自のテーマであった．しかもこれらには，近代が目指したランドスケープ造形言語と共通する2つの特質が存在していた．その第1は，「簡素（シンプル）と質素（ハンブル）な造形手法」である．桂離宮に代表される建築も庭も自己主張せず空間全体が響き合う簡素な表現や，茶室の露地にみられる装飾性を排除した「用と美」の追求は，近代になって堀口捨巳の岡田邸（図29）や敷地の輪郭を消し「雑木の庭」の手法を導入した深谷光軌ほか多くのランドスケープ空間に受け継がれている．

第2の特質にあげられるものは，「場所性の表現」である．

図26　鹿苑寺（金閣寺）庭園

図27　北野天神縁起絵巻から「紅梅別離の場面」（図出典：稲次敏郎『THE GARDEN AS ARCHITECTURE』KODANSHA，1996）
13世紀に描かれた寝殿造りの庭では，山水の平面的広がりを遣り水の流れで表現されている．

図28　大池寺南庭　作：小堀遠州（1622～24年）（図出典：前掲書『THE GARDEN AS ARCHITECTURE』）
打ち寄せる大波の前の宝船という「見たて」より，完璧な造形感覚が庭の密度を高めている．

図29 建築と庭が和洋併置された岡田邸　設計：堀口捨巳，1933年（図出典：『堀口捨巳の「日本」』彰国社，1997，撮影：渡辺義雄）

図30 現在の代々木公園　設計：池原謙一郎ほか，1993年（図出典：『JAPAN LANDSCAPE 1993. No. 25』プロセスアーキテクチュア）

図31 大手町ファーストスクエアー，設計：NTT都市開発・NTTファシリティーズ・竹中工務店，1998年（図出典：竹中工務店設計部編著『ランドスケープデザインとそのディテール』彰国社，2001）
高層ビル足元の広場は，美しい小さな都心の庭ともいえる．

図32 岡山県営住宅中庄団地，設計：丹田悦雄，空間工房，1991〜93年（下の図出典：『GA JAPAN 1994.10』A.D.A.EDITA Tokyo）
ランドモジュールにより生まれた集合住宅のセミ・パブリック空間は，生活感覚が屋外に溢れ出る豊かな風景を育てている．

桂離宮の月を見るテラスや月光の水面への映り込みまで意識した庭の空間構成，海に向かって開かれ，無限に延びる軸線をもった厳島神社の空間構成，修学院離宮の雄大な借景等に見られるものは，土地がもつゲニウス・ロキ＝場所の感覚表現であり土地の物語を読み取った構成である．この特質は現在の代々木公園（図30）が「春の小川」の唱歌が生まれた代々木台地ののどかな原風景を基本に設計されたように，近代ランドスケープデザインの基本手法となって受け継がれた．

再解釈の時代に向けて

日本近代のランドスケープデザインの流れは，明治維新（1867年）以降，今日まで約1世紀半になる．当初は洋風庭園の模倣（擬洋風）から，和風と洋風とが共存する二重構造，そして和洋折衷様式へと，砂に水が滲み込むように洋風と和風の様式が合流し，互いに影響し合いながら変容していった．その後，近代都市の公害問題や環境問題との対応を経て，今日の情報化時代のランドスケープとは何かを考える時代に入っている．

ふりかえってみると，日本人の自然との関わり方は，常に過去の伝統を切り捨てず，新しい様式と共存併置しつつ日常生活の芸術として取りこみ，そこから新しい美的空間を生み出してきた歴史であった．現代社会のランドスケープの課題は，都市の広場（図31）のあり方や，セミ・パブリック空間の形成方法（図32），「エコロジーの美学」や「参加型デザイン」の形成方法等，多様にあげられている．しかし，その答えは決して芸術や技術至上主義からではなく，専門領域の境界を越えた日常生活美学のなかからの再解釈によって発見できることをこれまでの歴史はわれわれに教えてくれているのである．

6 都市の魅力を広場に

出来事が風景となる場所へ

米国の都市評論家ルイス・マンフォードはニューヨークをこよなく愛し，その大都市が抱える病理にも関わらず，人びとがそこにひかれる理由を，著書『都市の文化』（1938年）のなかでこのように回想した．「これがわが街だ．巨大にしてあらがい難く，エネルギーと光にあふれる，……常に私に挑みかかり，私を誘惑し，一生かかっても与えられないほどのものを私に求める．しかし，より高い望みをはっきり示すことが出来れば，私のあらゆるエネルギーを引き出してくれるのだ．」ここにはアーバニティ（都市性）とそれがもつ力（＝魅力）への限りない憧れがこめられている．人が自分自身の存在感をたしかめることができ，常に変化しつづける現代社会とつながりをもっていること，それが都市の魅力である．そして，その魅力をもっている都市こそ，私たちが目指すべき人間らしい都市なのだ．

では，そのような都市をどのようにしてつくればいいのだろうか？　その1つの方法は，都市活動の魅力を，場所の魅力に転換することである．場所とは，キャラクター（性格）をもった，「愛着のもてる」「個性のある」空間を意味する．その具体例を知りたければ，ニューヨークのロックフェラーセンターの「ロアープラザ」と「ペイリー・パーク」に行ってみることだ．あくなき欲望と絶え間ない進化を人びとに求めつづけているメトロポリス，そのなかで働く人びとにとって，性格の異なったこれら2つの広場や小公園が都市のオアシスとして，いかに人びとに愛されているかがよくわかる．

■ロアープラザ（1940年）

この広場は，ロックフェラーセンターの中央に位置し，地下1階レベルまで掘り込んだサンクン（沈床式）ガーデンである．ここは，夏にはカフェテラス，冬は大きなクリスマスツリーとアイススケートリンクに変貌する．プラザは，「美，実用，威厳，そしてサービス」（レム・コールハース『錯乱のニューヨーク』）のコンセプトによって壮大なマンハッタニズム建築群の中枢機能を象徴している．

すなわち最大限の過密と経済性，さらに垂直性を強調したロックフェラーセンターは，このプラザによって都市に活気を提供し，インドのタージ・マハール宮の庭園のように全体イメージが統合されているのである（図34）．

■ペイリー・パーク（1967年）

実業家ウイリアム・ペイリーによって寄付された民営の小さな（12m×30m）公園＝「ポケットパーク」．

ここでは，正面の壁面全体がカスケードとなり，その水音が都市の騒音をかき消してくれている（図35）．

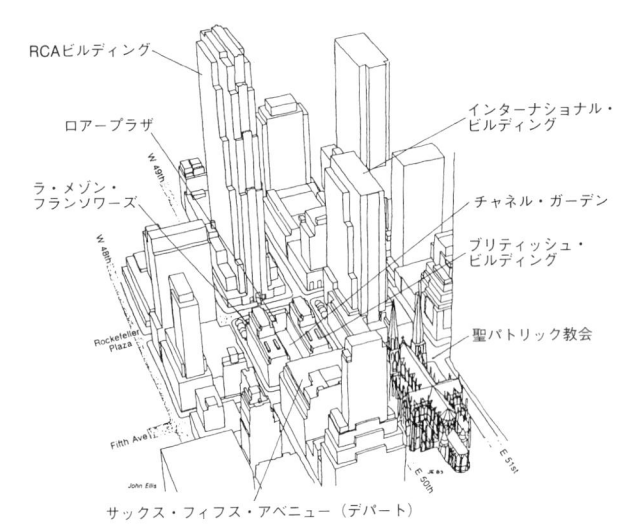

図33　ロックフェラーセンターの建物群，設計：レイモンド・フッド
（図出典：『NYC ACCESS』）
多様なアート作品と建築や広場が一体化した空間．

図34　ロアープラザ，地下1階レベルのサンクンプラザ，1940年（図出典：『a + u 73: 08』）

図35　ペイリー・パーク，設計：ロバート・ザイオン，1967年
落葉樹のサイカチの森が天井を覆い，人びとは喧騒の都市からこのオアシス空間に逃れ，再び日常生活に戻ってゆく．この広場はいわば，現代都市における露地的雰囲気をもっているがゆえに，人びとに愛されているのだろう．

図36 シマウブルクプレイン，設計：ウエスト8，1997年 (図出典：Jeroen Musch「SD9806」鹿島出版会)

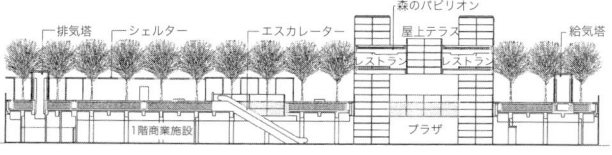

図37 けやき広場，設計：鳳コンサルタント，NTT都市開発，PWP，2000年

■シマウブルクプレイン（1997年）

オランダの若手ランドスケープ・グループ，「ウエスト8」設計のロッテルダム駅前広場には，さらに新しい試みがみられる．地下駐車場の上部にあたるこの広場は，都市における舞台としての機能を果すため，メタルと木製の床で地盤から持ち上げられている．さらに，巨大な照明マスト，照明や広告タワーにもなる排気塔，子供の遊び場となる噴水や霧の小川等を広場の舞台装置としている．

ここでは，広場は純粋に限りなく美しい空間であるよりも，利用する人びとのいきいきとした活動の気配が人びとの想像力を喚起する場所であることが目指された．この広場は現代都市におけるランドスケープの役割を，人と場所との関係や意味の発見に求めるという，新しいコンテクスト（文脈）にもとづいたものである（図36）．

■さいたま新都心・けやき広場（2000年）

異なった素材と空間構成ではあるが，同じコンテクストで設計されたものが，1994年の国際設計コンペを経て実現した「けやき広場」である．

この広場の特徴は，「空の森」と呼ばれたように，約1haの人工地盤上に220本のケヤキを植えた緑豊かな大地を，地上から7m持ち上げ，新都心全体の歩行者ネットワークと連結したことである．デザインコンセプトは，①緑による都市中枢機能のシンボル化，②界隈の構成，③静謐空間の確保である．ここでは，ケヤキの均質な配置により，広場は「出来事が風景となる場所」に転換し，その空間秩序を都市的スケールにまで発展させることによって，ランドスケープと建築の完全な融合が生まれている（図37）．

7 大地のデザインからエコロジーデザインへ

自然との共生思想を喚起する

近代ランドスケープが60年代からかかわってきたエコロジーへの姿勢は，科学性と客観性にもとづく技術体系の確立であった．さらにそこで生まれたエコロジカルな倫理観は地球環境を守る，という一種のイズムのような勢いをもち，多くのランドスケープアーキテクトたちにデザイン活動を封印させテクノロジーの方面に進ませた．

しかし，地球環境を守ることは，人間と自然との共存，共生のありかたを守ることであるということが，90年代から認識されるようになった．そのためには第1に，サステイナブル（持続可能）なランドスケープのシステムづくり，すなわち，地球上の生命共同体を破壊せず，持続可能にする土地利用システムと経済原則にもとづく資源管理手法の技術体系の確立が必要となった．第2にエコロジカルな空間構築のためのデザイン開発が必要とされた．

一方で，このエコロジカル・デザインの追求は，従来のランドスケープに美意識の転換をもたらした．現在それは，清潔感溢れる管理された自然美から，野生の自然とその背後にある本質的な自然存在の美への評価として現れている．これらはビオトープやエコトーン（生態系の移行帯），二次林の里山等，生態系の回復や再生を促すことによって生物の多様性を守り，コミュニティ感覚を育成する原動力となっている．また技術面では，パッシブソーラー・システムや省エネルギー，省資源技術開発等が多角的に発展している．これらの自然環境を支える技術から生み出されたランドスケープには，従来の空間的な造形美ではなく，長期間における生態系の理解とその存在自体をランドスケープデザインとしてとらえようとする審美的視点が見られる．

■水質汚染管理研究所（1999年）

米国で活躍している日系3世のロバート・ムラセは，オレゴンで，汚染河川沿いの調整池に美しいロック・ウォールを組み込み，生物浄化と洪水調整機能により水質回復を進めているバイオエンジニアリング技術を空間表現した（図38）．

■多々良沼公園と館林美術館（2002年）

多々良沼公園と館林美術館では，サステイナブル技術とエコロジーの審美性を一体化したアプローチが試みられた．

公園は美術館の屋外展示場としても利用できるように半月形の美しい芝生広場を中心としており，周囲の沼の原風景から浮かび上がる非日常の「島」のように存在している．

また，この計画の大きな特徴は，自然生態系や水質の維持を，敷地内に降った雨水の有効利用システムと雨水の排水機能を利用した多様な生物や植物の発生システムを明確

図38 水質汚染管理研究所，設計：ロバート・ムラセ，1999年 （写真提供：ムラセ・アソシエイツ）

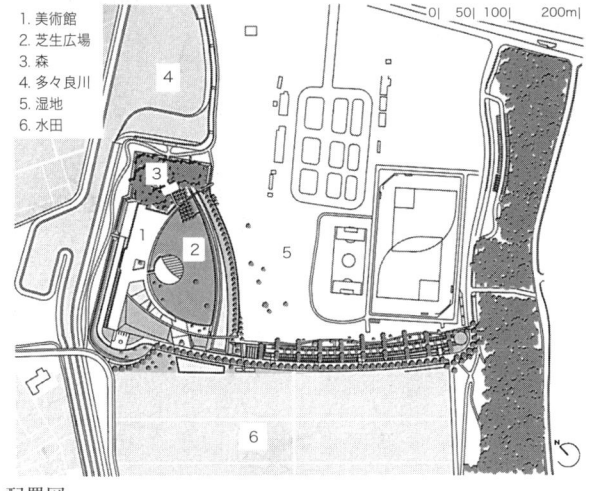

配置図

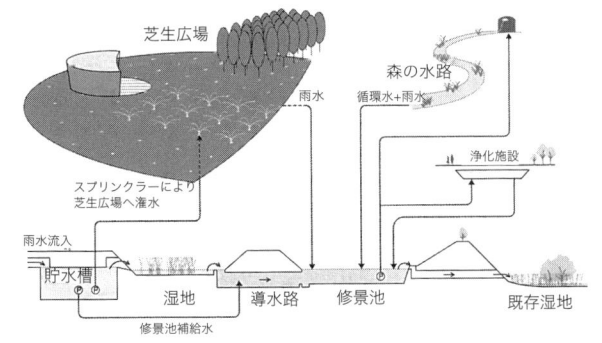

1. 美術館
2. 芝生広場
3. 森
4. 多々良川
5. 湿地
6. 水田

水の循環

図39 多々良沼公園と館林美術館，設計：長谷川浩巳，2002年 （写真提供：オンサイト計画設計事務所）

図42 源兵衛川再生計画，設計：あとりえ鯨ほか，1997年 (写真出典：宮城俊作監修『現代建築集成／ランドスケープ』メイセイ出版，1996)

にデザインとして組み込んだところにある（図39）

■テジョ・トランカオン公園（1994年）

ジョージ・ハーグリーブスは，ポルトガルのテジョ・トランカオン公園で，V字型の谷間のアースワークにより，約23万の汚染土壌の埋立地を自然景観が徐々に変容する下水処理場とスポーツ・レクリエーション公園とする提案を行った．これは人工と自然の葛藤のプロセスを顕在化させようという試みである．公園には埋め立てが容易なアースワーク的形状の丘陵が鋸の歯のように造成され，複雑な水際線で時間とともに生み出され，自然生態系の再生プロセスに人びとが出会える場所として設計されている（図40）．

ハーグリーブスが試みているデザインの本質は，人間の開発による自然破壊を美しい庭園で覆い隠すことではない．土地造成という人為的な環境改変とその敷地が潜在的にもっている自然生態系の変遷現象との出会いを読みとらせるところにあった．この考え方の特色は，自然への対応をかつての自然修復型デザインにとどめずに，土地の歴史を映し出す「鏡」としてエコロジーをとりあげた点であり，今後のエコロジカル・デザインの1つのありかたを示しているものと考えられる．

■シーランチ（1965年〜現在）

このサンフランシスコ北部海岸沿いに位置する別荘地開発では，敷地全体を野生の動物と植物の世界とし，雄大な自然生態系の環境を楽しめる施設配置が実行された．

建築群はクラスター状に，人間の活動はその内部に留められ，ここでは野生の自然との共生環境が共有財産となっている（図41）．

■源兵衛川再生計画（1997年）

富士山湧水群域の農業用水路を溶岩礫によって礫間浄化し，人と生き物が生息する水辺に蘇らせたプロジェクトである．再生創造された水環境はやがて三島市の水の文化を生み出し人びとの原風景となるだろう（図42）．

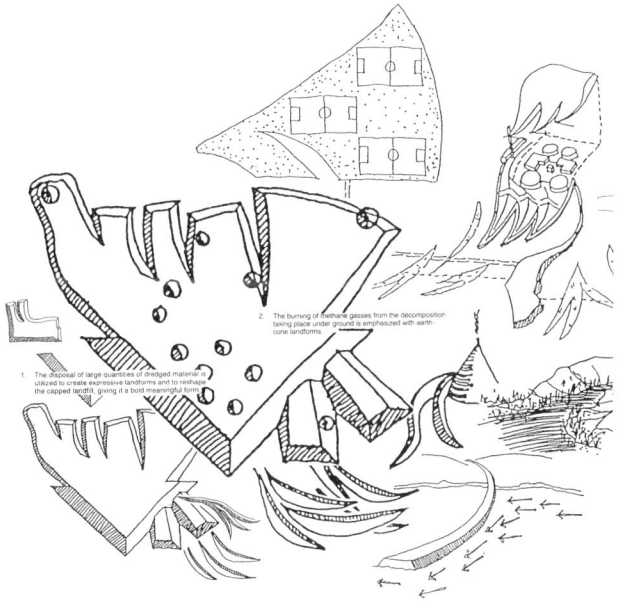

図40 テジョ・トランカオン公園，設計：ジョージ・ハーグリーブス，1994年 (図出典：「PROCESS Architecture 128」プロセスアーキテクチュア)

図41 シーランチ，設計：ローレンス・ハルプリン，1965年〜

8 記憶と情報（メッセージ）を呼び起こす

敷地の記憶と物語

　工場跡地や文化遺跡，メモリアルパークや記念広場等のデザインは，今日のランドスケープデザイナーにとっては主要な挑戦対象の1つになりつつある．そこでは，過去の記憶や未来への情報（メッセージ）が求められ，物理的な空間を「なつかしい」「愛着のもてる」または「記憶を呼び覚まされる」場所とするデザインが求められている．そのためには，敷地の「物語り＝情報」を形態化しなければならない．ノルベルグ・シュルツは，それを地霊（ゲニウス・ロキ）と呼んだ．地霊とは，敷地がもっている歴史や人びとが関わった記憶情報である．抽象画家からランドスケープデザイナーになった米国のロバート・アーウインは，その具体化手法として，「敷地状況型のデザイン」が大事であると主張している．敷地がもっている潜在力を敷地状況から探り出し，そのメッセージを感じながら体験できる場所をデザインするのである．

■「Nine Tree, Nine Space」（1983年）

　ビルの谷間にある街角広場をフェンスで9つに分割し，それぞれの部屋に赤紫のプラムの木が植えられている．人は歩くにしたがって重なり合うスクリーンから多様に様相変化する視覚情報を受け取ることになる．このプロセスは環境がいったん記号化されることによって，従来の自然へのロマンチックな期待が消し去られ，自分の全知覚で，想像力を発揮して新しい空間に関わってゆく体験の機会をつくりだす試みである（図43）．

■養老天命反転地（1994年）

　素材が大地となると「驚き」と「発見」が身体を通して得ることができる．この公園はアーティストの荒川修作と詩人のマドリン・ギンズとが，「宿命」は覆すことができ，反日常性を日常に変える空間を目指して造ったテーマパークである．ここでは人工的な装置によって人びとが当然と思っていた知覚情報を逆転し，一旦自分の過去の体験や経験を消しさり，空間をあらためて新鮮に感じることができる場所への転換が試みられている（図44）．

■ベトナム・メモリアル（1982年）

　5万7000人もの戦没者の名前が刻印された黒い壁．大地に挿入されたこの記念碑ほど，戦争というものの意味を明確に訴えているものはない．コンペで入賞した当選者は当時，イエール大学建築学科の女子大生であった．

　このミニマムな空間から発信される情報が「死者の数と名前」のみであるという圧倒的な寡黙さは，見るものに深く戦争とは何かを訴える力を生み出し，米国人を感動させた（図45）．

図43 「Nine Tree, Nine Space」，設計：ロバート・アーウイン，1983年 （図出典：『Notes Toward a Conditional Art, Being and Circumstance』1985）

図44 養老天命反転地，設計：荒川修作・マドリン・ギンズ，1994年 （図出典：養老天命反転地公園　絵ハガキ）
　公園全体が巨大なアースワークであり建築でもある．反日常性を日常に変える空間を目指して造ったテーマパーク．

図45 ベトナム・メモリアル，設計：マヤ・リン，1982年 （図出典：『THE WALL』Colins, 1987）
　132度でV字型に切りこんだ黒大理石の鏡面の壁は，米国の象徴であるオベリスクとリンカーンメモリアルの2方向を指し，無言で死の意味を問うている．

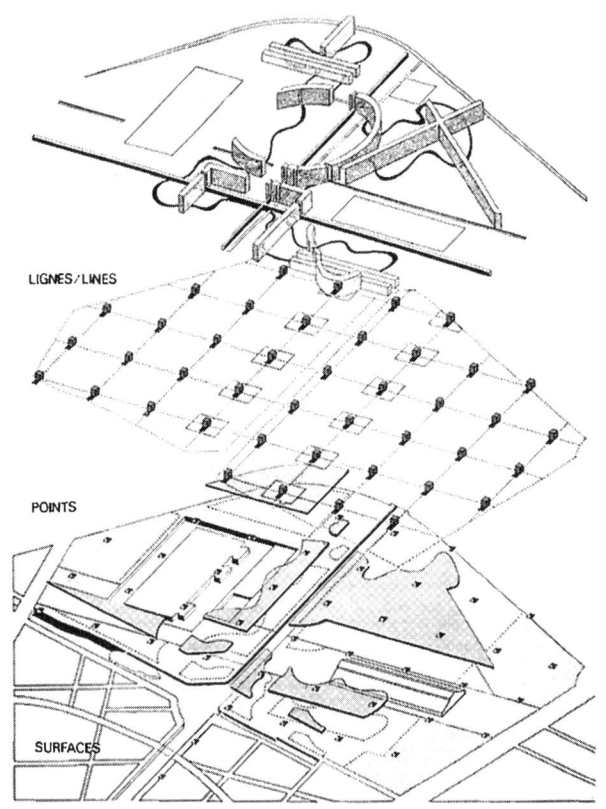

図46 チュミのラ・ビレット公園ダイヤグラム （図出典：『Le Parc de La Villette』，Princeton Architectural Press，1998）

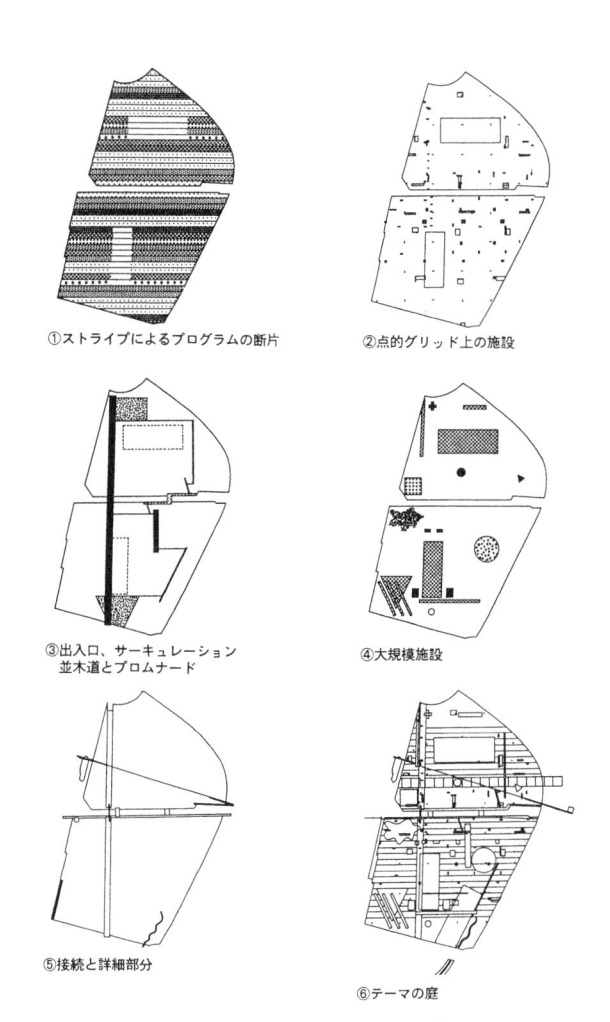

図47 コールハースのラ・ビレット公園コンセプト （図出典：『L'invention du Parc』Graphite）

① ストライプによるプログラムの断片
② 点的グリッド上の施設
③ 出入口、サーキュレーション並木道とプロムナード
④ 大規模施設
⑤ 接続と詳細部分
⑥ テーマの庭

図48 ヨークビル・パーク，設計：ケン・スミス，1991年 （図出典：「SD 9806」鹿島出版会）

見るものの内部から個人の記憶と現実の空間の意味を考えさせてくれるこの作品は，ランドスケープデザインの新しい造形言語のありかをも予感させている．

■ラ・ビレット公園（1983年）

パリのラ・ビレット公園コンペで1等になったバーナード・チュミと2等のレム・コールハースの案は，ともに空間を情報要素として扱い，人間の自由な空間情報の選択を可能にした手法である．

チュミは3つの公園構成要素，点（フォーリー），線（動線，ギャラリー），面（芝生，水面，テーマの庭）を映画の手法に倣って重ね合わせたり，併置することによって，人が偶発的に出来事に出合える空間として一連のシーンとなるようにデザインしている（図46）．

コールハースは，公園を「社会的コンデンサー」に見立てた．すなわち，空間全体をテレビの走査線のようにいったん分解し，それぞれ自立した各要素を再構成して視覚の情報空間とみなしたのである（図47）．

■ヨークビル・パーク（1991年）

トロント市の商業街路の一部をカナダの代表的な植物約4000種によって緑地のモールに転換した空間．

ここでは植物を都市が忘れた自然現象や場所の性格を表現するメディア的素材として活用している．ランドスケープデザインにおける植物の活用範囲は限りなく広い．五感を刺激し，屋外における空間の存在を自然の変容＝メタモルフォーセスによって読取れる素材でもある（図48）．

9 新たなランドスケープの解釈と表現にむけて

境界を超えて

今日ほど人間と自然との関係の再構築が叫ばれている時代はない．もともと大地の上に建っていた建築がそのことの価値を悟り，都市が環境容量の飽和点にあることを知ったのは20世紀後半であった．ランドスケープデザインの役割は，それ以降ますます大きくなってきたが，それが今後どのような領域から新しい造形原理を生み出してゆく可能性があるかを考えてみたい．

グリーンフィールドからブラウンフィールドへ

ブラウンフィールドとは，商工業施設の跡地や，遊休地または不完全利用地を指し，環境汚染が現実に発生しているか，発生していると考えられているために拡張や再開発が困難な土地のことである．

近代以降の先端科学技術の飛躍的発展は，地球資源の大量採取，大量生産，大量消費，大量廃棄を推し進め，多くのグリーンフィールドを環境汚染地帯に変えてしまった．ブラウンフィールドを整備し，生産的な再利用を行うためには，環境汚染を解消し，その環境にポスト工業化社会，ゼロエミッション時代にふさわしい人間と自然環境との間の生き生きとした応答関係が生み出される地球的規模からの風景への転換戦略が必要であろう．

概念から感性的風景へ

里山空間を造成して造られた数多くの日本のニュータウンの佇まいは，近代都市計画理論に基づいた概念的風景と言えるだろう．そこには，哲学者の桑子敏雄氏が述べた「風景のひだ」がない．奥行きがあり「空間の履歴」（桑子）がある街があってこそ人は自己の存在が置かれた場所と不可分に融合していることに気づくのである．この風景と自己との関係の把握ができる場所は，精神的に豊穣な「感性的風景」ともいえる．そこには身体感覚に基礎を置いた土地の個性と感性が出現しているからである．

新しいパブリック・デザインへ

欧米諸国のように公共空間という言葉をもたなかった日本の場合は，「公」と「私」の空間領域が明確でなく，複合している場合が多い．それを所有形態によって隔離するのではなく，利用する主体の論理によって見なおし，新しいパブリックとしての「共有空間」が今後の都市には必要と考えられる．それは，今日，日本のみならず各国のランドスケープデザイナーたちが，各専門領域の境界を越えて挑戦しているテーマでもある．

図49 エムシャーパーク，設計：ピーター・ラッツ，1991年（図出典：『GARDENS FOR THE FUTURE』Guy Cooper and Gordon Taylor, 2000）
汚染のために解体されるはずだったドイツ・ルール地方の製鉄工場跡地を豊かな植生によって廃墟から公園へよみがえらせた．

図50 病院の庭，設計：メアリー・ミス，1986～90年（図出典：『Mary Miss』Whitney Library of Design, 1996）

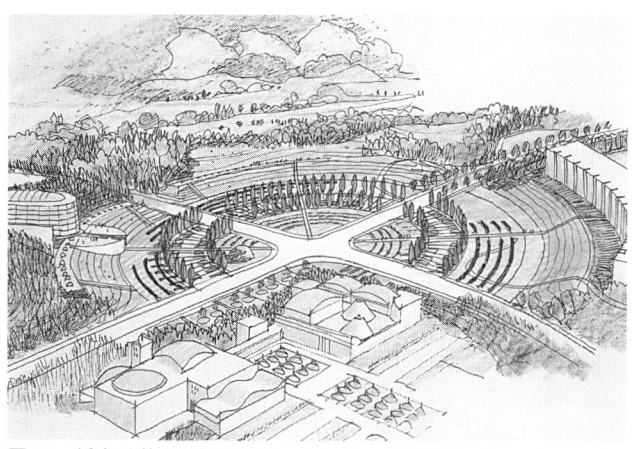

図51 播磨科学公園都市タウンセンター，設計：ピーター・ウォーカー，1993年（図出典：『PROCESS Architecture 118』プロセスアーキテクチュア，1994）

図52 さいたま新都心・けやき広場,ドローイング:ウィリアム・ジョンソン,2000年

図53 シェル石油本社(フランス),設計:キャサリン・グスタフソン,1991年 (図出典:『KATHRYN GUSTAFSON 05』LANDMARKS,1997)

図54 アエゴンスクエアー,設計:West 8,2001年 (図出典:『West8』Skira Architecture Library of Design, 2000)

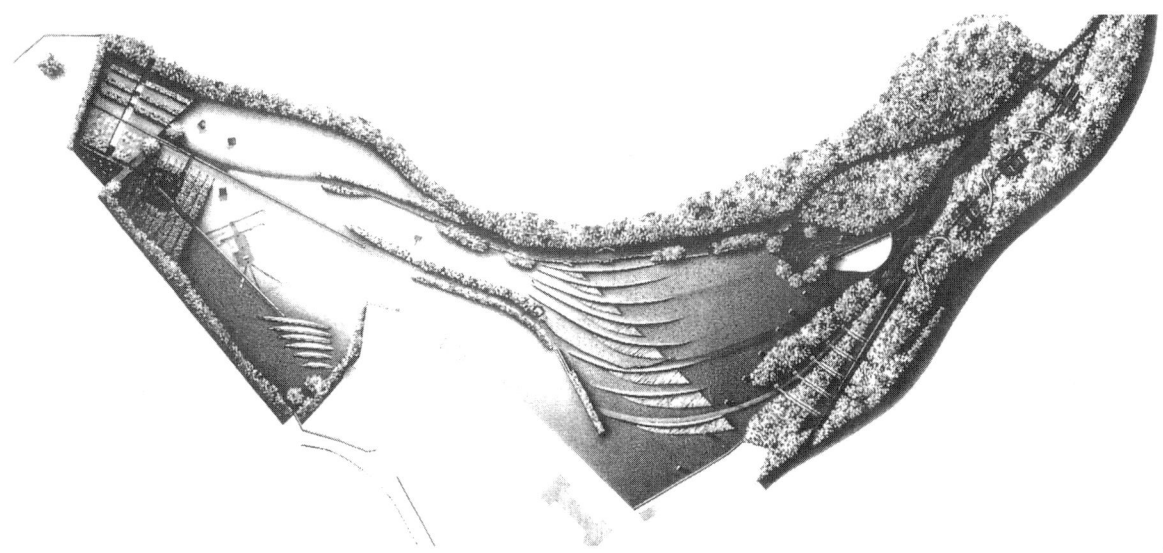

図55 テラッソン・ラヴィルデュー公園,設計:キャサリン・グスタフソン,1995年 (図出典:『SD 9806』鹿島出版会)

あとがき ― 黙って眺める1分間の重要性

　さて，ランドスケープデザインの実践には何が必要だろうか．風景はまず何よりも，感性による把握が必要であるが，それと同時に，風景を空間として見つめ，その美的規範から空間を解読し，評価する事によってデザインの追及を始めなければならない．美的規範を決定しているものとは，自分の感性で，賞賛できるものと改変すべきものとに識別することである．感性とは，見る者の「心に映る姿」である．小林秀雄は，「美を求める心」という大きな課題に対して，「美の問題は…美しさの経験が根本だ．美しいと思うことは，物の美しい姿を感じることであり，美を求める心とは，物の美しい姿を求める心である．そういう姿を感じる能力は誰にでもあり，それを求める心は誰にでもある」と述べている．

　しかし，われわれは一体，1日のうちで本当に美を求めて物を見る時間をもっているだろうか．いま歩いている都市が，どんなに美しい夕べと朝を迎えているか，つくづく眺める人は少ない．小林は，ダンヒルのライターを例にとって，人はブランド商品としてそれが幾らだとは考えるが，黙って1分間も眺めた人はいないだろうという．

　確かに1分間同じ物を黙って眺めてみると，どれほど沢山の物が見えてくるか，その時間がどれほど長いものか驚かされる．ランドスケープデザインを目指す者は，眺めながらスケッチすることだ．この場合は「3分間」同じ物を見て素早く描く．「3分」という数字は，モノの形の全体像をとらえ紙に描写できる最低限の時間である．たとえ自分に描写力がなくても，そのときの対象物の姿への集中力が大事である．言葉で語らず，自分の眼で見て，自分の手で，「かたち」に表現すること．そこから美を感じるとき，すでに風景を愛している自分に気づくはずだ．言葉にならないほどの風景への感動をどのように表現すればよいか，これを「かたち」で表現でき，風景を愛せる人がランドスケープデザイナーと呼ばれるのである．

図56　ロス・クルベス，設計：ルイス・バラガン，1968年 (図出典：KEITH L EGGENER『LUIS BARRAGAN'S』PRINCETON ARCHITECTURAL PRESS, 2001)

参考文献

以下の本は建築を志望する学生が，ランドスケープデザインを独学するために参考として欲しい文献です．

- 佐々木葉二ほか『ベーシック・スタディ　ランドスケープデザイン』昭和堂
- ガレット・エクボ『アーバン・ランドスケープデザイン』鹿島出版会
- J. O. サイモンズ『ssアーキテクチュアー』鹿島出版会
- ピーター・ウォーカー／メラニー・サイモ著，佐々木葉二・宮城俊作共訳『見えない庭』鹿島出版会
- 佐々木葉二ほか『都市環境デザインの仕事』学芸出版社
- 佐々木葉二ほか『都市環境デザイン』学芸出版社
- 宮城俊作『ランドスケープデザインの視座』学芸出版社
- 三谷徹『風景を読む旅』丸善
- ジェフリ&スーザン・ジェリコー『図説　景観の世界』彰国社
- 『ＳＤ　9806』鹿島出版会
- P・ファンデルレーほか『イタリアのヴィラと庭園』鹿島出版会
- ヘルマン・ヘルツベルハー『都市と建築のパブリックスペース』鹿島出版会
- 『季刊ランドスケープデザイン』マルモ出版
- 佐々木葉二・登坂誠・三谷徹・宮城俊作『ジャパンランドスケープ』No. 26～29, No. 31～35, 38　収録の論文シリーズ『ランドスケープデザインの近代史1～9』プロセスアーキテクチュア
- 『プロセスアーキテクチュアー』No.1, 82, 85, 90, 94, 95, 103, 106, 108, 118, 120, 128の各号の海外と日本の作家シリーズ．プロセスアーキテクチュア
- ガブリエーレ・ヴァン・ズレイン著，小林章夫監修『ヨーロッパ庭園物語』創元社
- 三谷徹ほか『モダンランドスケープアーキテクチュア』鹿島出版会
- 佐々木葉二『佐々木葉二作品集・WORKS OF LANDSCAPE DESIGN』マルモ出版

第 6 章
発想への技法

柏木浩一

　設計の発想プロセスは茫漠とした荒野をさ迷うようなもの．そんなに系統だったものではないと承知している．だが，古今東西の設計者が，もやもやした段階の発想を確たるものにまとめていくやり口のなかに，強いていえば発想を誘発するような何かが潜んでいる気がしてならない．この章では，それを「発想への技法」として浮かび上がらせ，8つに大別してみようと思う．

　この，手法化ともみえる無謀な試みをするのには，当然深い訳がある．それは今日の時代性とも関係がある．

　近年は，広義の意味でポストモダンといわれ，建築の表現は実に多様，いや，多様というより混沌といった方が適切かもしれない．それは時代性として認めるとしても，それを考えた設計者の発想までもが混沌としているのが気になるのである．ようは，なぜそういう形に至ったのか，自分でもわからないまま設計が終わってしまうのに危機感を覚えるのである．設計行為を通じて創造的領域の思考回路を鍛えるせっかくのチャンスである．発想の過程で自分がどんなやり方をしたのかが明らかでないままでは，次の課題でも同じわだちを踏む．毎回，発想に時間を浪費し，設計内容の深化など望むべくもない．発想のプロセスは，合理性の立ち入れない聖なる領域という人もいるが，かまやしない．初学者は「発想にも技法が存在する」と考え，合理的に事を進めてみるのがよいのではないか．

1　フロッタージュ

いうまでもなく，今日の状況を考えれば情報化時代のなかにある．我々のまわりには，玉石混淆の情報が所狭しと肩を並べあう．ともすれば，情報過多のなかで情報をいかに選択しどのように活用するかが，その人の能力とさえいわれている．

情報の選択から発想へのプロセスに関し，社会人類学者・梅棹忠夫は次のように述べる．「資料を探す．本を読む．整理をする．考える．発想を定着させる．それを発展させる……」(『知的生産の技術』岩波新書)．

ここには，物事を発想する行為が，白紙の状態からでなく既にあるものを土台にすればよい，との主旨が含まれている．設計の発想もまさにこれと同じ，何も無いところからは何も生まれないのである．

デザインの分野では，イメージなる言葉がもてはやされ，白紙の状態から突然ひらめき出たようなもののように錯覚してしまうが，頭の中に描き出されるイメージは，過去の経験や知識などが下敷きとなって形成されると考える必要がある．デザインと名がつけば，常に一から独創性を求めて発想しないといけないかのような感覚に陥るが，そうではない．たとえ独創性があるといわれるようなものでも，ちょっとした日常の出来事が契機となって，それに過去に集積されたその人固有の情報が加わり発想に展開したもの．きっかけを生み出すことが，まず発想の第一歩となるのである．

そのやり方の一つに「フロッタージュ」がある．

フロッタージュとは模様に紙をあて鉛筆などでこすりだす美術の技法をいうが，たとえば自分の気に入った何かを下敷きにし，その上に白紙を重ね合わせてスケッチを始め溶け込ませるのである．建築に特有の厳しい与条件を一つひとつ解決するうち，下敷きにしたものの痕跡がおぼろげになって他人からは姿を消したように見えることもあるが，自分の心の中では確たるものとして生き続ける．

建築で使われた，「フロッタージュ」の技法と下敷きに使われた何かとしては，下記のようなものがある．

1. 建築の古典をフロッタージュする／ピラミッド，ゴジック様式の聖堂大空間，江戸の街並，飛雲閣，英国伝統様式住宅，古代ローマの浴場，パリのノートルダム教会（形）＋フィレンツェのサンタ・マリア・デル・フィオーレ教会（壁面モザイク装飾），サンジミニアーノの塔，地中海集落群，モンゴルのパオ，アフリカの集落群，見張櫓林立する古城
2. 巨匠をフロッタージュする／後述
3. 現代アートをフロッタージュする／後述
4. その他の魅惑的な形をフロッタージュする／帆船，船のボイラー室，機械，チッペンドールの頂部，航空機，飛び立つ際の巨大な鳥，グライダーの銀翼，巨大な宇宙船，ロケット発射台，舞い踊る魚，象，トマト，キノコ，見開きの4冊の本，墓，台形の稲懸け，プラットホーム，積層した雲

図1　谷村美術館，設計：村野藤吾，1983年
ガウディの有機的造形をフロッタージュしたもの．シルクロードの「砂漠の遺跡」ともいわれている．蛇足ながら，ほかによくフロッタージュされる巨匠としては，ライト，マッキントッシュ，吉田五十八（新数寄屋）などがいる．

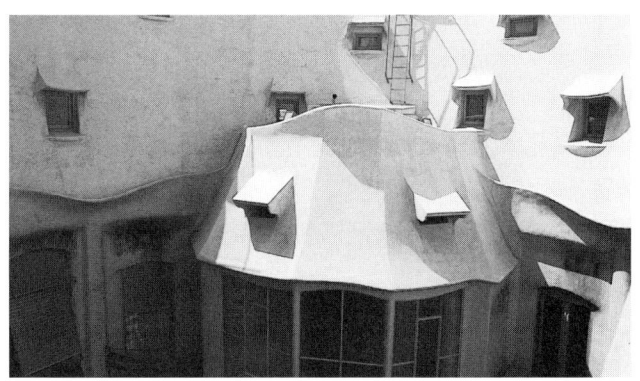

図2　カサ・ミラ，設計：アントニオ・ガウディ，1910年
ガウディもまた，外壁を波，バルコニーを海藻のフロッタージュで構想している．

図3　オタニエミ工科大学付属礼拝堂，設計：ヘイキ・アンド・カイヤ・シレン，1957年（撮影：本多友常）

図4　水の教会，設計：安藤忠雄，1988年
シレンの，森に置かれた十字架を，安藤は水の上に浮かべてしまう．水の移ろいと相まって実に神秘的，今にも神が顕現しそうである．

巨匠をフロッタージュする

設計の初学者が一度は通過するのが，この「巨匠をフロタージュ」する技法ではなかろうか．古くはガウディやライト．近年ではコールハースや安藤．自分のあこがれの作家を下敷きにその作風を写し取る（図1〜5）．

じつは，この傾向は今に始まったことではない．歴史を紐解くと，ルネッサンス様式からバロック様式へと移行するなか，正統な様式史には顔を出さない1つの様式があった．それはマニエリスムである．残念ながら，「マンネリだね」と，独創性や新鮮味の無い作品に対して浴びせ掛けられる侮蔑の言葉の語源となった様式である．ルネッサンスの時代には，ダ・ヴィンチやアルヴェルティーなど，いわゆる「万能の人」と呼ばれた大作家達が輩出する．彼らは，幅広い芸術活動を通じて，古代ローマの規範を新しいかたちで体系化した．その後，この大作家たちの創出したものに対し，ロマーノやパラディオなど，後年マニエリストと呼ばれた連中が，技法としての重要性に意味を見出し，それをフロッタージュして独自の作品に結び付けていったのである．

考えてみると，マニエリスムのみ蔑視される感があるが，広い意味でルネッサンスも古代ローマの巨匠たちが創りだしたもののフロッタージュ．かまう事はない．巨匠に倣い，巨匠のなかに我がものを見出し，巨匠とは別の道を歩んでいけばよいのである．

現代アートをフロッタージュする

現代の人気建築家といわれる人に，この，現代アートのフロッタージュを「発想への技法」とする作品が少なくない．でき上がったものは一様に，刺激的な美しさを備えている．

1949年，画家，バーネット・ニューマンは，幅5メートルを越す大作の前に呆然と佇んで「スケールの大きさの革命的なまでの意味」を噛み締めていた．現代アートと現代建築が急接近する先駆けとなった「等身大絵画」の誕生である．スケールが大きくなれば，絵画と鑑賞者が親密な関係になり，両者の間に今までの一方向の見るとは別の意味が生じだす．そのことに彼は気づいたのだ．

この傾向は，1960年代に，美術館の枠に収まりきらずランド・アートとして外へ飛び出していく．その，ときには建築をも越えるスケールの大きさと，コンセプトの力強い明快さ，それに刺激的な美しさをもって，多くの建築家を魅了した．しかも造形はモダニズム下，アートと建築は或る種同根．モダニズムも終焉期に入り，様式のあとを埋める造形を司る絶対的なものを模索していた建築家たちには，次の時代の新たな神として映ったことであろう．

さて忠告だが，いくら好きな建築作品でも，そのなかに組み込まれてしまった現代アートの残滓をおぼろげにフロッタージュするのはよくない．その建築家が選んだ現代アートを直接下敷きにした方がよい．間接的では，造形一筋に命をかけるアート作家の熱い思いが，直接伝わってこないからである（図6〜8）．

図5 仙台メディアテーク，設計：伊東豊雄，2001年
コンペ時点から，設計者自ら「ドミノの柱部分を海藻のように揺らめかせたもの」と告白している珍しいケース．フロッタージュの場合，普通，設計者は手の内を明かさないものである．ちなみに，ドミノとはコルビュジエの考案したシステムで「建築を規定するものとしてまずスラブがあり，それを支えるものとして柱，それを繋ぐものとして階段がある」というもの．

図6 六甲の集合住宅，設計：安藤忠雄，1993年
安藤の現代アートへの思い入れは中途半端ではない．全作品に同様の技法が使われているといって過言ではないだろう．この作品では，各住戸の外部領域を暗示するものとしてルイットの格子，主たるアプローチ部分にオブジェとしてセラのフレームをフロッタージュしている．

図7 Five Part Piece，制作：ソル・ルイット，1969年

図8 Step，制作：リチャード・セラ，1982年

他によくフロッタージュされる「現代アート」としては下記のようなものがある．デ・スティルの構成，ジャスパー・ジョーンズの浮遊・無重力感，リチャード・セラの湾曲した壁，ゴードン・マッタクラークの切断，ジェームズ・タレル，ダン・フレヴィンの光の扱い，ドナルド・ジャッドの反復，シュールレアリストの偶然の出会い，ロバート・スミッソンのサイト・ノンサイト，クリスト・ヤヴァシェフの布．

2　他分野思考・現象モデルの引用

　現代という混沌とした時代にあって，建築ほど自立しえないものはない．よく考えると，これほど単独で成立しない領域も珍しいといえるのではなかろうか．

　たとえば，住宅という建築．これは，家政学・生活科学や哲学などの思考の助けなしに，もはや成立しえない．また，学校という建築なら，教育は勿論のこととして，医学，物理学，生物学，芸術，文学と，限りなく他学問と連携することで初めて完璧になっていく．コンピュータに例えると，建築はハードとしてのただの箱で，他分野のソフトがしっかり挿入されて初めて一人前に稼動するということか……．

　こういうと，「建築を，ただの箱呼ばわりするとは何事！」と真面目な読者に叱られそうだが，見下す事が本意ではない．ただ，現代建築の置かれている状況を明確にしたいだけなのだ．

　歴史を遡って原初的にみると，建築は雨露や外敵から身を守るもの．ただの箱だった．その後，古典建築は歴史の流れのなかで政治・権力と結びつき，ウィトルーウィウスのいう強・用・美のうち，特に美を満たす箱に昇格する．だがまたまた，近代，モダニズムの時代に「装飾は悪」の標語のもと，美の表現体である装飾をも切り捨て白いただの箱へと戻ってしまう．そして現在の広義のポストモダン．この多重価値観に後押しされて，再び，くっつくべき伴侶を探しているただの箱といえる状況にあるのではなかろうか．やはり，現代の建築はただの箱といわざるを得ないのだが，伴侶を求めているという所に特徴がある．

　この状況に腹をくくれれば，一転，他分野に積極的に伴侶を求めに行き，使えそうな現象モデルを貪欲に見つけ，それを引き抜く事で建築に展開させていく．この技法は，まさにヤドカリ．他分野のものを己のものとするのだから，見つけてくる器は大きければ大きいほどよいことになる．

　「他分野現象モデルの引用」事例としては次のようなものがある．

　1　哲学の思考モデルを引用する／後述
　2　社会科学モデルの引用／家族の個別化→「個室群住居」，衆人環視のもとに犯罪は起こりえない→「クリスタルボックス（道路に開放的な住戸のサンルーム）」，親子の生活時間帯のズレ→「擬態住宅」，情報公開・社会の透明性→「建築の透明性」
　3　生物学の現象モデルを引用する／後述
　4　芸術モデルの引用／ミニマル・アート→「ミニマル建築」
　5　言語モデルの引用／記号論・文脈→「コンテクスチュアリズムの建築」

哲学の思考モデルを引用する

　建築家は哲学の引用が好きだ．

　これは建築家特有の性癖なのかと思っていたら，そうではない．アーチストといわれる人も，この，哲学的物言いが好きだし，アートの評論なども必ずといってよいほど哲学が引用される．要は創造的といわれる分野における，共通の技法になっているといえるのかもしれない．己の創造行為を直接的に説明することは不可能であっても，哲学という「世界・人生の根本原理を取り扱うもの」を横に置いて手引きにし，それとの関係で説明することは可能のようだ．

　説明に哲学を用いるのが好きなだけかと思っていたら，どうも発想の時点から哲学を下敷きにしている節がある．例としてアンソロポモルフィズム，神人同形同性論を引用した技法だ．厳密には，哲学というより古くからある宗教モデルを建築に引用する例である．『岩波哲学・思想事典』には，「神や霊などの超越的存在が，人間と同じような形姿，性別，喜怒哀楽，さらには生活様式を持つと表象する傾向」とあり，この神の似姿である人の形を，教会の平面やファサード（正面側の立面）に写しこむのである．もっとも，それ以前からある「三層構成」という，人の足・胴体・頭を，基部・胴部・頂部というふうに建築の立面構成に対応させる方法も，出自は同じといえるだろう．いずれにしても，ヨーロッパの前衛的な建築家でさえもこの呪縛からなかなか抜け出すことが困難だといってよいほど，重みのある伝統的な技法なのである（図9～10）．

　他に哲学の思考モデル引用と思えるものには，下記のようなものが考えられる．ユニヴァーサル・スペース．対立と調和．歴史主義的ポストモダン建築．デコン建築．襞とメクリ．

図9　ユニテ・ダビタシオン，設計：ル・コルビュジエ，1952年
　人間の足にあたるピロティ部分．高層集合住宅なので，ヘビー級ボクサーの重量感がある．コルビュジエは1926年に「近代建築の5原則」でピロティの重要性を表明しており，これはその実施例ととらえたほうが適切なのだろうが……．

図11 スカイハウス，設計：菊竹清訓，1958年 (撮影：川澄明男)
新婚時代のワンルームに子供室ムーブネットを床下ピロティ部に付け加えていく．子供たちが巣立っていくと，それを取り外すという構想．

図13 静岡新聞・静岡放送東京支社，設計：丹下健三，1967年
これは，実際には不可能であっても増殖していく意思を造形の上で表現したものと捉えたほうが的確であろう．

図14 中銀カプセルタワービル，設計：黒川紀章，1972年
140戸のカプセル住居を，古くなったものから取り替えるという考えでシャフトに取り付けている．しかし，今までのところ取り替えられた形跡はない．取り替えるのは現実的には困難なのであろう．

図10 人体比例と教堂平面，フランチェスコ・ディ・ジョルジォ，15世紀末 (図出典：マリアビリア古写本)
神人同形同性論に則り，教会のファサードや平面形を人間，すなわち神の姿に似せて構成している．

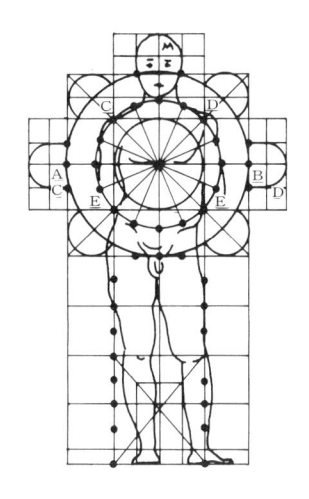

図12 NEXT21，企画：大阪ガス，1993年
サスティナブルな試みが各所になされた集合住宅である．長寿命化を目指してスケルトン（外殻＋構造，共有部分にあたる）とインフィル（住戸内装など個の部分）をわけて考えてある．

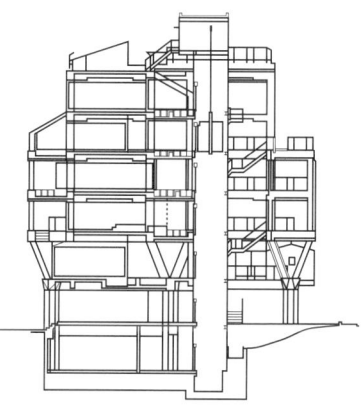

生物学の現象モデルを引用する

建築を生物体とみる．

この単純な発想が世界を駆け巡る．1960年，日本で開催された「世界デザイン会議」の目玉として，川添登，菊竹清訓，槇文彦，黒川紀章，大高正人，泉真也らが考案したもの．メタボリズム建築の誕生である．生物体が栄養物質を摂取し不必要な生成物を排出しながら生き長らえる，この生物学の生態モデルを建築にあてはめてみたもの．住宅（図11）を例に説明すると，新婚時代はゆったりとしたワンルームに住み，子供が出来るたびに部屋を1つ2つと増築し，成長して巣立っていくと取り外して元の姿に戻る．この，環境に応じた最適解を求めていけるシステムを，設計の当初に組み込んでおくというのが味噌だ．

メタボリズムの建築は，建築家なら誰でも憧れるロマンチックな言葉「建築は永遠なり」に対して，では，永遠であるためにはどうすればよいかの具体的な答えを提示したものと評価される．だが，時には高度経済成長期の日本．古いものを大切に残していくことより，新しいものを造ったほうが経済的合理性をもっていた．この状況にあって不幸なことに，試みは余り上手くいったものがなかった．しかし近年，「フローからストックの時代へ」とか「サスティナブル・ソサエティー（持続可能な社会）」など，地球環境を見据えた視点のなかで再評価されつつある（図12）．

3　積み木遊び

　暗算は18ヶ所．風景を想像するのは30ヶ所．これは人が思考するのに，どの程度，脳の各部を使うかという実験データである．このことから類推して，建築を空間的に発想するのは，もっと多くの部分を使うのだろう．それだけ立体を扱うことは，脳にとって大変な作業なのだ．

　常日頃，立体的に考えるトレーニングを怠らず，その思考回路を完全な状態にできたとしても難しい．なぜならば，立体そのものの認識以外に，自然の移ろいが絡み，自分自身も空間の中を移動する．要は，認識すべき変数が飛躍的に増加するので，脳が追従していかないのだ．本来，誰もがもちうる，脳の可塑性という特質を使って思考回路を再構築していける力があるはずなのに，付け焼刃ではそうはいかないのである．

　何の手助けもなく，白紙に向きあい空間を発想することは難しい．しかし，何か立体的な小道具を介在させるとどうであろう．たとえば，直方体と円筒形のような純粋形態の積み木を使って組み合わせながら考える．またコルビュジエのように，直方体という平面計画上，合理性のある形態を先に置き，その周囲に地中海の住居や教会で見つけた面白い形の立体をくっつけていくという技法もある．いや，模型製作によく使うデザインボードの断片を壁や床と見立てて，構成主義者やデコン作家ばりに組み合わせてみるのも一興かもしれない．これらの技法では，最初から空間自体を立体物の組み合わせで考えるから安心．一般的なやり方の「平面を熟考し，立体に立ち上げてみると，とんでもない形になってしまった」というような失敗はない．蛇足ながら，ライトが母親の教育理念でフレーベルの積み木で四六時中遊ばされたのは，有名な話である．この積み木で鍛えた強固な思考回路を駆使して，その後の，建築の複雑な立体構成において的確な判断ができたと考えられるが，どうであろうか……．

　下記に，「積み木遊び」の技法と具体例を列挙してみる．

1　単純立体を組み合わせる／立方体・直方体＋円筒形，立方体・直方体＋半円筒形，立方体・直方体＋球
2　単純立体にアタッチメントをつけていく／後述
3　ユニットを繰り返す／後述
4　プレートを組み合わせ構成する／デコン建築，構成主義的建築
5　模型の一部を切断してみる／単純直方体（ただの箱）を一部切断し，ずらして置く．単純立体の敷地からはみ出る部分を境界線に沿って切断していく
6　脈絡の無い断片を気の向くままコラージュする

単純立体にアタッチメントをつけていく

　資本主義社会で生まれる建築は，単純な平面形を要求される傾向にある．これは，家具レイアウトのうえで平面的な無駄がない，将来的な部屋割りの変更がしやすいなど，合理性を前面に出すことによって導かれる当然の帰結であろう．

　最たるものはミースのユニヴァーサル・スペースである．固定的な，垂直動線や水回りは最小限で中央部に集められ，

図15　ラ・トゥーレット修道院，設計：ル・コルビュジエ，1959年
　直方体を整然と組み合わせたものに，地中海集落の旅で見つけた面白おかしい立体造形をアタッチメントとして付け加えている．絶妙な構成力である．

図16　ロイズ・オブ・ロンドン，設計：リチャード・ロジャース，1986年
　ハイテクの象徴的表現であるエレベーター．合理的なユニヴァーサル・スペースを中央に据え，周囲に垂直動線，設備コアなどのアタッチメントを配した平面構成．「13世紀の古城のメタファー」と設計者はいう．

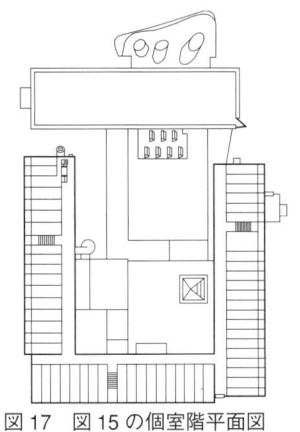

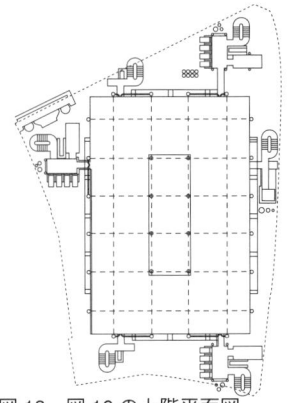

図17　図15の個室階平面図

図18　図16の上階平面図

図19　熊野古道なかへち美術館，設計：妹島和世，1997年
　妹島独特のきわどい「へたうま」造形である．造形力の未熟な人が真似ると，悲惨な事になる．

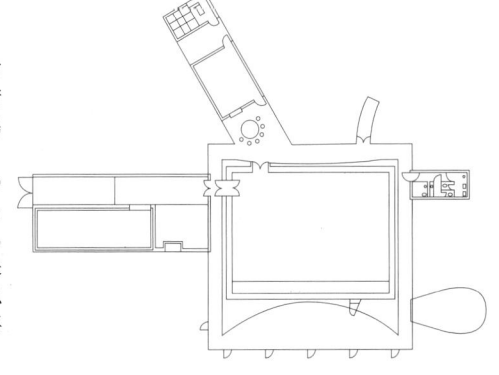

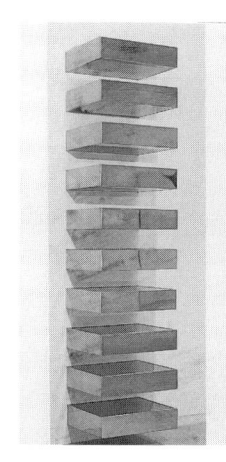

図20 マリリン・モンロー、制作：アンディー・ウォホール、1967年

図21 無題、制作：ドナルド・ジャッド、1969年

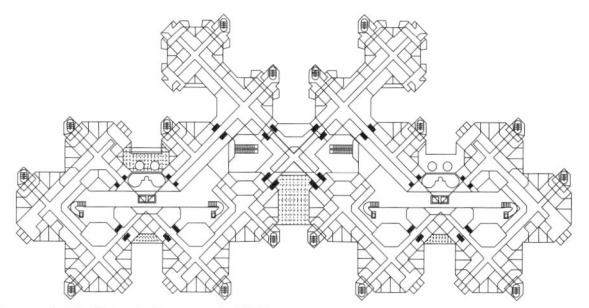

図22 厚生省新庁舎ハーグ、設計：ヘルマン・ヘルツベルファー、1990年
繰り返しというより、癌細胞の増殖というほどの凄まじさでユニットを構成している。見る者を圧倒する。

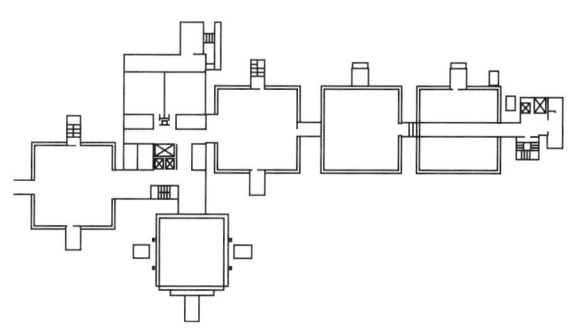

図23 リチャーズ医学研究所、設計：ルイス・カーン、1961年
単なる四角の設備コア・ユニットを繰り返すだけで、驚くべき造形が顕現する。イタリアのサン・ジミニアーノの塔をフロッタージュしたともいわれている。

図24 サン・ジミニアーノの塔、13～14世紀

図25 新宿パークタワー、設計：丹下健三、1994年
平面形は俗にいう雁行配置であるが、特色ある頂部の造形でこれがユニットの繰り返しであることを表現している。

周囲には茫漠とフリースペースが広がる．だが，当然のこととして，外周すべてが均質な開口部となる外観は禁欲的．先鋭化したミニマルを売りにするか，面白みに欠けるデザインという批判を甘んじて受けるかしかないのである．

そこで，この技法の登場である．

最初に，与条件にある主要諸室の全てを単純立体の中にほり込み，合理的に処理してしまう．まず，ただの箱を完成させるのである．それを敷地図の真中にドンと据える．次に，縦動線や設備コアなどを独立したアタッチメント（付属品）として作成し，ざっと周囲に分散配置してから，少しずつ位置を調整しながら面白おかしく造形を競い合わせるのである．単純立体とアタッチメントの併置．平面形の単純な割には，地上を歩く人の視線に複雑な外観を次々と提供する（図15～19）．

概念的にはちょうどルイス・カーンのサーヴドスペース（主空間，ただの箱）とサーヴァントスペース（従空間，アタッチメント）にあたる．しかし，ここでは主従を交代してサーヴァントスペースの方が造形的な主役になるのである．

ユニットを繰り返す

積み木の山を前にして何かを作ろうとする……．なにげなく最初に手にしたユニット．これと同じものを一定間隔で3つ4つと並べてみる．1つ2つでは何も感じなかったものに繰り返しが多くなると，不思議とカッコイイ．なぜか気持ちも高揚してくる．

繰り返しは人の気持ちを高揚させる何かがあるのかと訝しげに辺りを見回すと，あるある．たとえば，念仏．「ドンツク　ドンドン　ツクツク」と太鼓を打ち鳴らしながら念仏を唱えればだんだんハイになってくるし，音楽では『ボレロ』．「ズン　チャカチャ　チャッカ　チャッカ」の単純なメロディが10回，20回と繰り返されると，もうどうにも止まらない．

音だけにそんな効用があるのかというと，視覚世界にもある．たとえば1960年代のアート．アンディー・ウォホールはマリリン・モンローの白黒の同じ顔写真を何枚も連ねてそれぞれに異なる着色を施すし（図20），ドナルド・ジャッドはステンレスの弁当箱のような同寸の立体を等間隔に並べて壁に貼り付ける（図21）．前者は動的で後者は静的．違いはあるが，繰り返したユニットが相互に依存しながらも相互に反発し合い，ある種の不協和音を伴って限りなく増幅していき，観る者に高揚感を与えていく事に関しては，同じである．

建築においても，造形上の力強さやリズム感を求めるときには有効な技法だと思う．

4　束縛のなかの自由

　ナチ占領下のパリが一番自由だった――

　こういったのは，たしかサルトルだ．人は自由を希求する．しかし，束縛の無い全くの自由とは孤独と同義語．その孤独のもたらす，不安な無力な感覚に人は耐えてはいけない．ナチ占領下という束縛があって，初めて人は安心して振舞えるし力も発揮できる．これが自由というものの残酷な構造．ニーチェのいう超人ならいざ知らず，我々のような凡人は，この束縛の下で自由を謳歌するしかないようである……．

　この，「束縛のなかの自由」を意図したようなものが日本の伝統にある．「カタ」である．武道，芸能などに見受けられるものであるが，初心者をカタにはめることから出発させる．カタで動きを束縛し，その枠を大きくはみ出さない範囲で自由な振る舞いを繰り返させる．そこで徐々に心身が一体となり，一皮も二皮もむけて，やがて創造的ともいわれる領域にまで高まっていくのである．

　この，人間の精神の二面性を逆手にとって，「発想への技法」にしようというのがこの節である．

　そもそも設計行為に正解は無い．逆にいえば，全てが正解だともいえる．要は全くの自由なのである．かなり限定した与条件が与えられていても，科学的正当性をもって1つの答えが導き出されるものでもない．その上，絶対視すべき与条件すら，未来を予測して決めたにしてはその論拠の覚束ないものが多い．正解は限りなく膨らむ宿命と悟った方がよいのであろう．

　そこで，技法として，自らきつい設計上の束縛を課し，可能性をぐいと絞り込んでしまうのである．その自ら決めた絶対的な枠組みのなかで，今度は安心して思う存分自由を謳歌するのである．

　「束縛のなかの自由」を意図した技法とその事例は，下記のようなものである．

1　まずグリッドを引いてみる／後述
2　純粋形を設定しそのなかで暴れてみる／後述
3　正方形・長方形を3分割し中心部のみで暴れる／「妹島の三枚おろし」
4　リニアー（線状）にプランを配列していく／高速道路・高架線の下にあえて計画地を設定したもの
5　バーコードの形状を設定し，その囲みの中に機能を押し込む／バーコード状公園・都市計画
6　閉じた箱の中で考えてみる／コートハウス，「閉じた箱」
7　コンテクスチュアリズムで考えてみる／周囲と，外壁素材・高さを合わせた建築
8　最小限の住宅を考える／「最小限住宅」

図26　キンベル・ミュージアム，設計：ルイス・カーン，1972年
（撮影：本多友常）
変則ではあるが，吹き寄せ直交グリッドに則ってプランニングしている．ちなみに1つのユニットは，高速道路のカーヴに使われるサイクロイド曲線を屋根の形に採用したもので，それを繰り返している．この曲線は，室内に均質な光を落とすトップライトの反射板になっている．

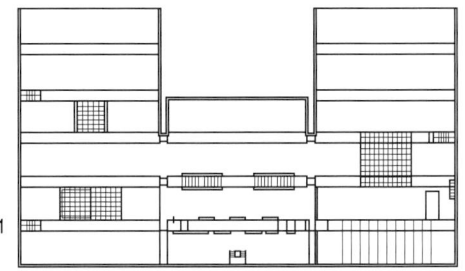

図27　図26の1階平面図

図28　八ヶ岳高原音楽堂，設計：吉村順三，1988年
　三角グリッドに則って平面が構成されている．そのため開口部は多方向に向き，八ヶ岳の様々な景観が楽しめることになる．

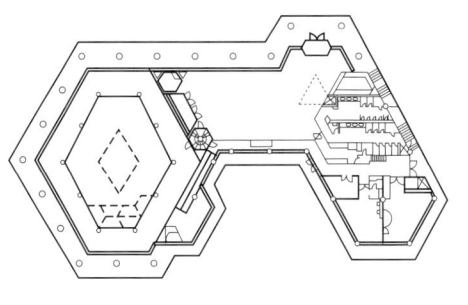

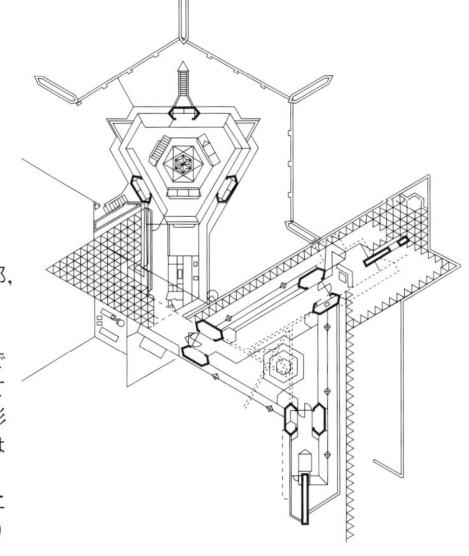

図29　プライス邸，設計：ブルース・ガフ，1957年
　三角グリッドで平面が構成されている．機能を変形グリッドに当てはめていくだけで，未知の空間体験にどんどん引きずり込まれていく．

まずグリッドを引いてみる

まず，白紙の上に直交グリッドを引いてから発想を始めてみる．特に日本人の場合は畳を基準とする空間の認識能力が高いから，方眼紙さえあれば素人でもプランを描いてみせる．この程度の事と訝しがる人もいるだろうが，方眼紙を使った段階で，これも立派な「発想への技法」を踏襲したといえる．自分の描く生活イメージを，方眼を外さないという束縛のなかでプロ顔負け，自由に表現してくるのである．

直交グリッドに則る程度の話に興味を示さない読者も，吹き寄せ直交グリッド（ある間隔をもつ2本の線で直交グリッドを描いたもの．変則ではあるが，図27）ではどうだろうか．直交グリッドを描いた段階では均質な空間が広がるだけだったのに対し，吹き寄せ直交グリッドでは，2本線に挟まれた狭い帯状部分と，それ以外の広い帯状部分に空間の濃淡が現れだす．途端に，たとえば狭い部分にはコア，広い部分には大きな部屋と，発想がどっと膨らんでいく．

これでもまだもの足りない人には，三角（図28，29），六角，八角グリッド．いや，もっと凄い放射グリッドもある．ここまでいくと，直交グリッドに馴染み過ぎた日本人にとって，空間認識の思考回路は未整備．機能を変形グリッドに当てはめていくだけで，未知の空間体験にどんどん入り込む．それこそ，グリッド1つで異次元の世界へトゥリップするのである．

たかがグリッド，されどグリッドである．

純粋形を設定しそのなかで暴れてみる

部分を考えながらも，いつも全体が気になるのが設計というものだ．部分部分で納得いく空間を繋げていったとしても，それが全体に及んだとき最終的にどんな形にまとまるのかという不安が，いつも付きまとう．図上の空間を一歩一歩，擬似体験していく「等身大の私」と，建築の全体像を俯瞰的，いや観念的にも見守る「神のような私」の二役をこなしたいと思うのが建築家の性であろう．要は全包括的にまとめていきたいのだ．

それでは，部分から全体へと設計を広げていくのではなく，「美しい全体としての最終形」を先に確保して，それから安心して部分を攻める手がないものだろうか．

実は，そんな上手い技法がある．

まず，有史以来，純粋で美しい形とされ，通称，プラトン立体と呼ばれる球や直方体や三角錐などの立体を最終形として想定し，その中に部分を挿入していくのである．勿論，空間の，部分と部分の組み立ての過程で，その枠内に収まりきらない個所が出るだろうが，それも愛嬌．束縛と自由の狭間に戯れていくのである．

ただ，実際には，プラトン立体のなかに満遍なく機能を詰め込むには，ヴォリューム的に無理な場合もあるだろう．そこで，俯瞰的に見て美しいと保証されたわけではないが，プランニングの段階で丸や四角（図31）や三角などの純粋形を，自由を束縛する「美しい全体としての最終形」として仮定してみるのはどうだろうか．それだけでも，観念レベルでは納得できるものにまとまっていくはずである．

図30 土門拳記念館，設計：谷口吉生，1983年
最初に正方形を「美しい全体としての最終形」に設定し，それに機能を割り振って変化をつけていっているようにみえる．平面的な外壁の出入りと高さの関係が絶妙である．

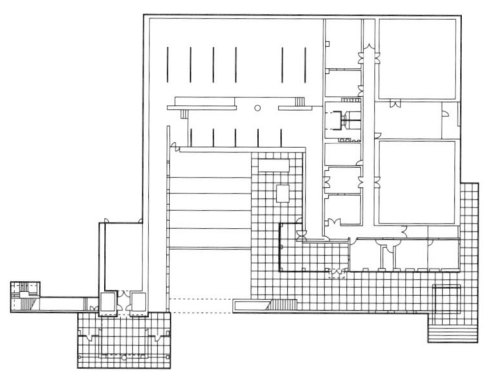

図31 図30の1階平面図

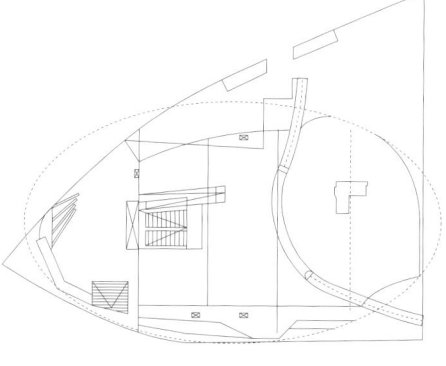

図32 コングレクスポ，設計：レム・コールハース，1994年
巨大で複合した機能を楕円形という「美しい全体としての最終形」に押し込んでいる．楕円形ブームの先駆けとなったプロジェクトである．

5　プログラムの再編成

　箱が先か，中身が先か．

　この議論は，建築の外殻としての「箱」と，その中で繰り広げられる人的行為である「中身」が関係するとの前提に立ったもの．ちょうど，ルイス・サリヴァンのいう「形態は機能に従う」と一脈通じる思考であろう．

　ところがここでは，箱と中身の関係をとりあえず断ち切って考えることで，逆に発想のきっかけを掴もうとするものである．

　まず，設計の与条件に則って，箱造りを先行させる．建築主や課題出題者の要求する用途や規模，社会的制約，敷地条件に応じて比較的オートマチックに決まる建築のあり方．これらを箱もしくは箱の集合体としておさえてしまう．勝負はここから．次は中身だけを問題にする．

　これを，テレビの「プログラム」を引用しながら説明してみよう．プログラムは，毎日同じコラム（箱）のなかで番組（中身）だけを替えていく．たとえば，午後8時から9時まで，あるチャンネルではドラマをやっているし，他ではクイズ，もしくは野球の中継をやっているかもしれない．プログラムは，コラムだけを規定したが番組は移り変わるものなのである．人によってはリモコン片手に激しくチャンネルを切り替える．このザッピングといわれるもので，気の向くままに場面（場のイメージ）や出演者（住人，利用者）を選んでいく．このように，どう選ぶかはチャンネル権を持った貴方（設計者）ということになるのである．

　箱は一旦決まったとしても，中身をどうとらえるかは貴方の裁量にある．プログラムを再編成することで箱の有り様も見直し，新たな発想を誘発していくのである．

　以下に，「プログラムの再編成」技法とその事例を挙げる．

1. 諸室のプログラムを読み替えする／ロッカールーム→生徒ラウンジ，多目的ホール→生徒フォーラム，メディア・センター→メディア・ギャラリー
2. 全く異なる機能を同じ場に置く（ベルナール・チュミの「クロス・プログラミング」にあたる）／図書館＋スイミング・プール，下水処理場＋運動施設，清掃工場＋老人福祉センター＋温水プール
3. 全く異なる用途を提案してみる／後述
4. プログラム上の無理な要求をあえて受け入れる／小住戸を基準にすると大きな住戸が壁のあちこちで飛び出してしまう集合住宅，純粋形平面から要求諸室が面白おかしく飛び出していく自動車教習所
5. 非日常的な場，特異な住人を設定してみる／後述
6. プログラムのコラム造りだけに注力する／「プログラム表現主義建築」

図33　オルセー美術館，設計：ACTアルシテクチュール＋ガエ・アウレンティー，1986年
　1900年完成の鉄道駅舎を，ルーブルの印象派美術館として再生したものである．駅舎としての細長い平面形状は，美術館として多少無理な個所も作り出すが，ヴォールト状の高い天井と一体となった見事な大空間を生みだしている．

図34　テイト・ギャラリー別館，設計：ヘルツォーク＋ド・ムーロン，2000年
　1980年代初頭まで稼動の火力発電所を近代美術館に用途変更したもの．155×35mの巨大なタービン室をガレリアに仕立てている．国際コンペ当選案．

全く異なる用途を提案してみる

ベルナール・チュミ流にいえば,「トランス・プログラミング」という技法.建物が,全く異なる用途に生まれ変わるのである.

計画敷地の中に既存の建物があるとする.それがビルディングタイプ(用途に固有のビル・イメージ)をぷんぷんさせる建物なら,なお面白い.箱はそのままで中身を全く異なる用途に変えてみるのだ.たとえば工場から住居,ガスタンクから住居,教会からレストラン,駅舎から美術館(図33),発電所から美術館(図34)と,古い用途と新しい用途の間にまったく脈略ない変更をしてしまうのである.シュールレアリストたちがいった「手術台のミシンとコウモリ傘の出会い」のように,両者のビル・イメージがかけ離れていればいるほど意外性があって提案としては面白い.昔の用途から滲む匂いと新しい用途が発する匂いが対立しながら1つになり,不思議な魅力を醸し出すからである.

もっとも,現実のプロジェクトでは,プログラムの中身が設計条件として確定されているようにみえることが多い.しかし,設計とは,課題解決型ではなく問題発見型の行為.仮に,既存建物を取り壊して建替えるというのがもともとの条件だとしても,価値のあるものなら残し,プログラムまで遡って提案してみるのもよいのではないか.

非日常的な場,特異な住人を設定してみる

「洞窟のイメージ」と問えば,「薄明かりのなか,天井や壁・床がうねる連続した空間」と誰しもが思い浮かべる.また,「宇宙船コックピットのイメージ」といえば,「ハイテク材料で仕上げられ計器類が所狭しと並べられた空間」となろう.こうした「非日常的な場」は,実物を見たことがなくとも,色んなメディアを通して知らず知らずのうち人々の頭中に固有のイメージを創ってしまう.海底の洞窟,砂漠の遺跡,金鉱の坑道,酒蔵,茶室,オペラハウス,飛行機機内,ハイテク工場…….どの言葉も,他とは明らかに差異を持つ空間となって顕現する.

この作用を利用して,ザッピングにより,次々と「非日常的な場」を俎上にのせながらもイメージを絞り込んでいくというやり方がある.実はこの技法,インテリア・デザインのなかでも特に商業系で使われる.たとえば,大規模施設の一画とか地下の部分などの,外との関係が希薄な箱があるとする.中身を規定する確たるものは何もない.そんなとき関係者が集まって,「今度は,静かな雰囲気の『洞窟』(図35)でいかない?」,「いや,若向きに『宇宙船のコックピット』(図36)でいこうよ!」と意見を出し合い,1つにしていく.まるでプログラムの編成会議なのだ.

同じように「特異な住人」を設定し,そこから生まれる「その人固有のキャラクター・イメージ」を空間の有り様に広げていく.そんな技法もある.

発想の段階で,その施設の住人を考えると気が重くなり思考が止まってしまう事が,現実のプロジェクトにはある.そんな時,「特異な住人」に擦り替えてみる.たとえばマリリン・モンロー,マイケル・ジャクソン,アンネ・フランク,自殺した若き詩人,宇宙人…….自ずと発想が動きだす.

このように箱とは関係なく,中身の,場と住人を自由に組替え自分の望むものを見つけていく.これも,柔らかな「発想への技法」の1つといえるだろう.

図35 カーブ・ド・カツヌマ.設計:堀川秀夫,1988年
薄明かりのなか,天井や壁・床がうねり連続した空間,即ち「洞窟の中」という「非日常の場」を設定している.ガウディという「巨匠をフロッタージュしている」とも読めるが…….

図36 バー・ディオ,設計:佐藤篤(エーディ),1987年 (撮影:ナカサ・アンド・パートナーズ)
ディスコの一角にあるバー.ハイテク材料で仕上げられた「宇宙船のコックピット」という「非日常の場」を設定している.

6　既成概念の打ち崩し

　昨日を幾千集めても新しい一日は生まれない———
　なんと美しく，また，なんと残酷な響きの残る言葉だ．インドの宗教家クリシュナムルティは，昨日という表現を使って，人々が過去の経験や知識によって営々と築いてきたものの見方，即ち「既成概念」に寄り掛かって生きることの不自由さを指摘する．既成概念という「色眼鏡」を通してでなく，裸の目で直接的に世界をみるのでなければ，新しい一日を生きることにはならないというのだ．

　どうやら，この色眼鏡が，創造的行為を試みようとするときにも足かせとなる．

　色眼鏡をはずすことに，終生身を捧げたのがデュシャンであろう．いまだ現代アートの教祖的存在で，1916年，ヨーロッパに起きた芸術グループ「ダダ」の一員である．従来の芸術行為の拠り所となる既成概念を叩き潰して，「真に人間のための芸術」を見出そうと試みる．たとえば彼の作品「泉」だが，既成品の小便器にR. Muttと署名しニューヨーク・アンデパンダン展に出品する．この行為は，「芸術作品と呼べるにふさわしい良い趣味」などという，人が生きることに肉薄しない従来の芸術観に唾吐くものといえる．

　既成概念を幾千集めても，人を感動させるような新しいものは創造できない．ここまでは今日の創造分野では周知のこと．といって裸の目で世界をみようにも，その色眼鏡を一気にはずすこと自体がひとかたならぬ苦労なのだ．

　さて，「発想への技法」である．既成概念を打ち崩す初歩的試みとして，「色眼鏡をはずしにかかる」というのがある．具体的には，色眼鏡をすこし眼から離す（非常識すれすれの事を考えてみる），色眼鏡を揺さぶってみる（既成概念を構成する要素の一つひとつに疑いを入れていく），色眼鏡を逆さまにかけてみる（常識と逆の発想をしてみる）などが考えられる．これら，さまざまな試みを出発点として凝り固まった頭を軟らかくし，やがて「色眼鏡は何処へ……」という，あるがままの自由な境地に達し得ないものか．

　下記に「既成概念の打ち崩し」の技法と事例を挙げる．

1. 見えてはいけないものを見せてしまう／異性側がうっすら透けて見える化粧鏡，全面鏡張りの便所ブース，窓前に立つ柱，露出した筋交い
2. 本来真っ直ぐなものを曲げる／床・壁が斜めに，柱が海藻状に揺らぐ，天井がいつしか壁や床に連続
3. 普通はやらない事を探す／すべての壁を可動に，数寄屋をペンキ塗り分けで，勾配屋根を生活の場に
4. わざと非効率的に設計する／「無駄空間」
5. 「部分」を拡大・縮小してみる／後述
6. 広く見せるなら狭くする／後述

「部分」を拡大・縮小してみる

　芸術をして芸術たらしめるのに，この「部分を拡大・縮小してみる」という技法がある．

　モジリアニの描く女性像の首が異常に長いから，芸術絵

図37　マルコ・デ・カナーベス，設計：アルバロ・シザ，1997年
　教会の，「極端に拡大された出入り口」である．荘厳さと，内部の垂直性を強調する効果も併せもつ．

図38　燕庵，1864年頃
　茶室では，露地でいったん俗なる心を払い清め，再度この「縮小された出入り口」で聖なる領域への心構えを新たにする．

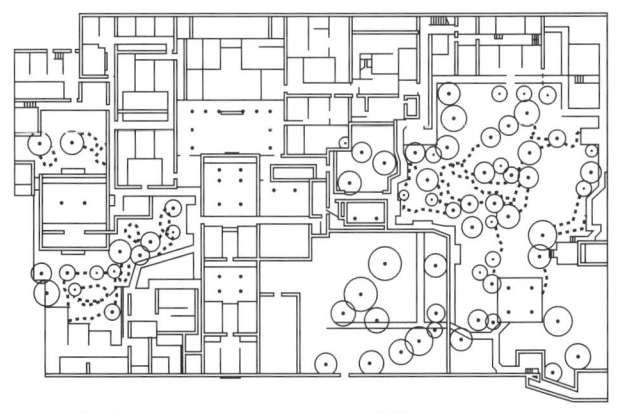

図39　蘇州の劉氏の庭園（平面図），明時代
　学者の大邸宅である．障壁を敷地のいたるところに配し，広く感じることを狙った典型的な「小中見大」の事例である．

画と評される．アリスが不思議な薬を飲むことで巨人になったり小人になったりするから，文学と賞賛される．同じ作り物が，「邯鄲(かんたん)の枕」では宮殿とベッド，「黒塚」ではあばら家と小部屋の二役にスケールを変えてくるから，能は神秘の芸術と驚嘆される．いずれも，部分と全体の常識的な関係，即ち既成概念が打ち崩されることで，芸術に昇華するのだ．

こういうと，「虚構の世界は自由に何とでもなるが，実在の建築では」と反論する読者もいるだろう．だが，建築にもこの種の例はいくらでもある．

たとえば，出入りに使う扉．その高さを際限なく拡大したら「アルバロ・シザの教会」（図37）になるし，極端に縮小していくと「茶室のにじり口」（図38）になる．いずれも俗から聖への誘(いざな)い口(くち)．部分と全体の関係が変ることで，否(いや)が応(おう)でも芸術的な香りが漂いだす．

また他には，チャールズ・ムーアの「ビッグ・ファニチュアー」．大きな空間に通常のスケールで家具を置いたときの空虚さを補うために，ある特定の家具，例えばベッドを変形させて巨大な2階建てに立ち上げてしまったものである．もともとの大きな空間に，巨大家具が作り出す小さな空間が相まって，空間を芸術性豊かな多重構成に仕立てていく．

広く見せるなら狭くする

広く見せるなら狭くする．まるで，禅問答．広く見せたいなら，障害物を少しでも排除して広々とさせたらよいと一般的には考えられるが，そうではない．視界を遮るものがあった方が，逆に広がりが出るのである．不思議だろうが，これが事実．嘘と思われるなら，身近な小住宅の工事現場で，基礎の状態と壁が立ち上がったところを比較していただきたい．壁が立ち上がって視界が遮られだすと，意外と広いのである．目線を遮る間仕切り壁，いわゆる障壁が，見えないところに気持ちを広げ奥行き感を発生させることで，実物以上の仮想面積を創りだすのだ．

この障壁による奥行き感の創造が，国土の狭い日本独自のものだと思っていたら間違い．あの広い中国にもある．しかもランドスケープの古典的な技法としてあるのだ．それは「小中見大」といい，たとえば庭のなかに障壁を所狭しと挿入し，それに四角や丸の開口部を設けることで順路を繋ぎ，各所それぞれに異なる情景を作りこんでいく（図39，40）．そのことで，小さい中にも大きいものを見ようとする．

ここまでいうとお気付きの読者もいると思うが，この技法，桂離宮（図41）を代表とする日本庭園の造り方そのものである．中国の頑強な壁に対する，日本の生垣や塀．両者の障壁に素材的な差があるにしろ，広く見せるために狭くしていることに変わりがないのである．

図40 留園，1798年
16世紀中頃からつくられ劉恕の邸宅として完成したもの．障壁が邸内所狭しと配置され空間を分節していく．いちど彷徨いこむと不安になるくらいの奥行き感をもっている．

図41 桂離宮，設計：八条宮智仁＋智忠，1615年
日本の場合，障壁といっても生垣や塀で視界を分断し，奥行き感を創りだす．

図42 カッシーナ東京ショウルーム，設計：マリオ・ベリーニ，1989年（撮影：新建築 写真部）
広く見せるなら狭くする．部屋の中央部を横切る一枚の障壁が，空間に奥行き感を創りだしている．

7　初めにことばありき

初めにことばがあった　ことばは神とともにあった　ことばは神であった──

新約聖書の「ヨハネによる福音書」はこう高らかに歌い上げる．ことばが何よりも原初的なものであり，ことばがなければ何も始まらない，絶対的な存在だというのだ．ところで，ここでいうことばはギリシャ語のロゴスを指し，言葉，理性，論理などを意味するという一説が根強くある．この節ではこの説に則って話を進めてみる．

美術史家・木村重信は「イメージは，多くの人が誤って考えているような，観念に従属するものではない．むしろイメージは観念や思想に先行する．はじめにロゴスありきではなく，はじめにイメージありきである」と，イメージを先行させる．

この木村の指摘は，近年目覚しい発展をとげる大脳生理学の観点からいうと正しいことになるようだ．なぜなら物事の認識は，まず，色，形，動きなど，イメージを構成する要素がばらばらに脳の各所で反応し，各々過去の経験上の記憶と連鎖し，それらが統合されることで一つに収斂されるものらしい．だからイメージ先行といえる．しかし，問題は次である．そのイメージしたものを明確に意識しようとする段階で，どうしてもロゴス（厳密にいうとロゴスの言葉の部分）に置き換えざるを得ない宿命にある．そうすると，やはり「はじめにロゴスありき」といわざるを得ないことになるのであろうか……．

このいずれが先かの議論はさておき，少なくともロゴスがイメージを決め込む際の大事な道具になることだけは間違いない．ここでは，「我々の分野で大切なイメージを揺ぎ無いものにしていくために積極的にロゴスを活用する」ことを，「発想への技法」にしてみようというわけだ．ロゴスを先行させて確定し，設計過程で，ともすれば移ろいがちなイメージを，その都度矯正していくための指針にしてしまうのである．

下記に，技法と具体例を挙げる．

1. オリジナルなシーンを自分で作文し，その通り設計に落とし込んでいく／とある惑星の地下鉱石採掘場での情景，種族の異なる宇宙人たちがそれぞれの宇宙へ旅立つ一日の情景，海外生活の長かった夫妻が華やかにホームパーティーを挙行するシーン
2. 文学を下敷きにする／後述
3. 好きな詩歌を一つ選んで，ぐいぐいイメージを膨らませていく／藤原定家の「春の夜の夢の浮橋と絶えして峰に別るる横雲の空」，リルケの「丸い鳥って」
4. 「キーワード」を狂信的に信じ込む／後述
5. コンセプトを20字程度のロゴスに固定し価値判断基準にする／「ビューティフル・コンセプト」

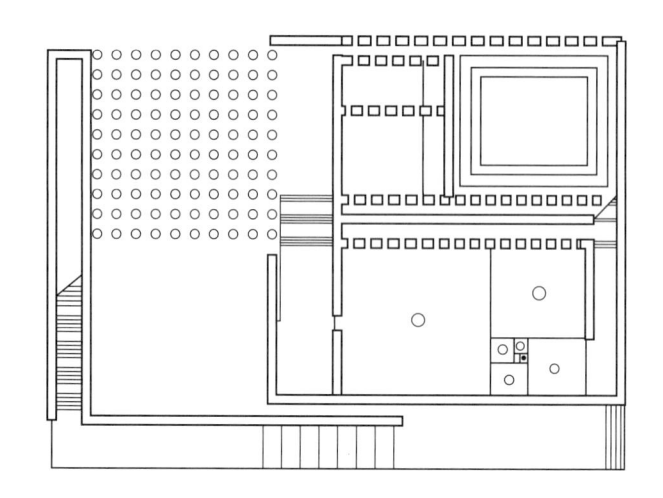

図43　ダンテウム（1階平面図），設計：ジョゼッペ・テッラーニ，1938年
ダンテ『神曲』のストーリーを下敷きにして空間を構成している．スキップ・フロアの形式で地獄，煉獄，天国へと徐々に上っていく．

図44　ノアの箱舟，設計：ナイジェル・コーツ，1988年
旧約聖書にある洪水伝説からイメージを触発されている．ノアの箱舟が岸に打ち上げられて石化したものとして設計されている．

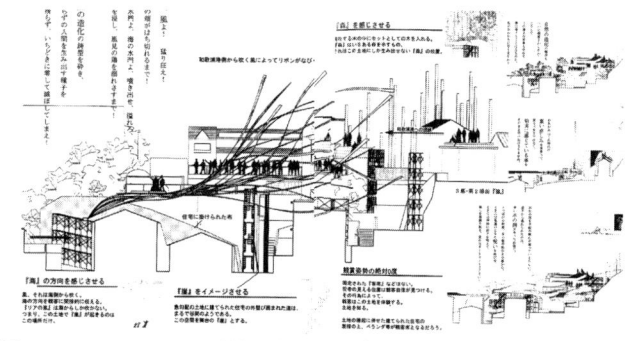

図45　dramatization，設計：山田細香（設計当時，和歌山大学学生），2002年
この作品では，新和歌浦の，とある村を例にとり，シェイクスピア『リア王』の5幕全26場面を村の各所にオーバーレイ（重ね合わせ）することで，演劇の背景としての「土地の固有性・魅力」をひき出そうとする．

文学を下敷きにする

読者の中には，「実は……，今のところ設計は苦手で読書の方が好きなんです」という人もいるだろう．かまやしない．好きな小説や戯曲を下敷きにして，その上で設計を展開させる技法がある（図43～45）．

戯曲という，演劇の脚本形式で書いた文学に「ト書き」がある．「……ト言って泣く」という風に，一般には台詞以外の仕草や行動を指示したり，舞台の背景を説明したりするものである．俳優や舞台関係者が，台詞と台詞の間に挿入されたこのト書きを読んで，舞台シーンをイメージしていく．ト書きという言葉によって共通の舞台イメージを作り出そうというものである．

たとえば，ゲーテ『ファウスト』（新潮文庫）のト書きにあたるものには，こうある．

「低いかまどの火にかけられた大きな鍋から立ち昇る湯気の中に，いろいろなものの姿が見られる．尾長猿の牝が鍋のそばにいて，泡をすくい取り，中のものがふきこぼれないように気をつけている．牡と子猿たちはその周囲にあって火にあたっている．壁や天井は，奇怪至極な魔女の什器で飾り立ててある」．

読み進めると，誰しも頭の中に舞台上の装置（我々の分野ではインテリア・エレメント）が次々と浮かび上がってくる．すすけてどす黒くなった壁．壁や天井に設置された怪しい魔女のうつわ．低いかまどにのる大きな鋳鉄鍋．想像力豊かな人には，骨太の壊れかけた椅子やテーブル，天井のくもの巣までが見えてくるかもしれない……．

このト書きも発想に使えると思ったとたん，好きな読書も仕事のうち．白紙の上で読書三昧，結構である．

「キーワード」を狂信的に信じ込む

1つのキーワードを狂信的に信じ込むことから，精神と物体の一元的な世界観を開いていこうという，凄まじい技法である．ところが，意外にもインテリアの業界では深度は別にしてよく使われている．キーワードとして選ぶのは，森でも，石でも，海でも，雲でも何であってもかまわない．しかし，一度選んだら金輪際変えないことが肝要である．

たとえば森だとする．森なら森だけを心に浮かべ他のことは考えず，寝ても覚めても森のことを考える．森，森，森と念仏を唱えるように念じながら森への思いを膨らますうちに，だんだん森を観ている自分が森そのものになっていく．「森を観ている自分」という主体と，「観られている森」という客体．この両者の関係が，いつしか未分の状態に溶け合ってしまうのである．そこで初めて森の真の有り様が解り，迷うことなく建築のイメージとなって結実していく．

森の真の有り様に少しでも近づいた例として，建築家・手塚貴晴はフォスターの「スタンステッド空港」（図46）を挙げ次のように述べるが，どうであろうか……．

「森を構成するのは傘のような洗練された構造体である．それぞれの木々は枝を伸ばしあい，軽やかなドームを構成している．パンチングメタルを通して屋根から差し込む光も，柔らかい木漏れ日そのものである．森を構成する一つ一つの木は幹部分に空調の吹き出しと吸い込みが設けられていて，実際の樹木が光合成を行うのと同様に空気の浄化を行う」（『建築雑誌 1998.12』日本建築学会）．

図46 ロンドン・スタンステッド空港，設計：ノーマン・フォスター，1987年（撮影：Richard Davies）
キーワードは「森」．その森の心地よさを技術的にとことん追求した秀作である．

図47 ISSEI MIYAKE メンズ，設計：倉俣史朗，1987年（撮影：平井広行）
インテリアのキーワードは「エキスパンド・メタル」．柱，天井，商品棚とすべての部材がエキスパンド・メタルで構成されている．素材そのものが構造体になるので質感と高い透明度の両方を併せもつ．

8 観察

今までの7つの「発想への技法」とは、少し趣が違う。技法としての、特別な知識や小道具は必要ない。無手勝流なのである。やる事は簡単で、「自分の身近にある自然」や「自分の心のなか」をしっかり観察するだけでよい。極意は、対象物を観て、観て、観るのである。

まず、「自分の身近にある自然」の観察である。花鳥風月、何でもよい。全ての自然に「法則」が宿っている。この、自然という移ろいゆくもののなかに潜む「絶対的なもの」を、観察によって読み解いていく。たとえば、路傍の草花。こんなちっぽけな存在にも、茎、枝、葉、花弁と、今の一瞬を鮮やかに生きるためのあらゆる装備が完璧になされている。この仕組みを見抜いて、建築に応用してみるのだ。

次に「自分の心のなか」の観察である。自分の心を観察すると、クライアント（勿論、課題出題者と置き換えてもよいが）やエンド・ユーザーの望むものがみえてくる。同じ人間として深層心理にあるもの、同じ「動物の一員としての人間」の本能的なものは、似たところにあるのではなかろうか。理知的に振舞う人間の奥底にも生身の人間のどろどろした部分がうごめいている。野心、権力志向、幼児性、夢想的、俗なところ……。全てが人間の一部、事実なのである。そこをしっかり観察するのだ。建築設計という、生身の人間を納める箱を設計するのだから、これくらいの観点があってもよいのではないか。

「観察」の技法と、発想事例は下記の如くである。

1 自分の身近にある自然を観る／「花の構造」を建築に展開する
2 体験のなかで感じたことを引きずり出す／後述
3 本能のなかに建築の有り様を模索する／後述
4 自己の「欲望の部分」を観る／独身男性のパラダイスを1つのビルにまとめる方法、権力を誇示する建築のあり方、権力行使の場としての軸線の創り方、格式を強調する「奥」の創り方
5 自己の「心の闇の部分」を観る／不気味なところをもつ建築のあり方（ファサードに死者が笑う写真パネルの山、人も通れぬ気味悪い建物の隙間、切り裂かれたような外壁開口部、出口の解らぬ動線経路）、迷惑施設の偽装法（下水処理場の上を清掃工場＋老人福祉センター＋温水プール、排気塔への電飾、焼却施設煙突の芸術作品化）
6 自分の聖なるところを観る／宗教的ユートピアのあり方、車椅子生活者のための家のあり方

体験のなかで感じたことを引きずり出す

体験は、感性の宝庫である。20歳なら20年分の、体験を通して「ものに感じた記録」がどっさりと蓄積されている。それを引きずり出して設計に活用しない手はない。

体験と一言でいっても、幼児期の「古い体験」から、少し前の「新しい体験」まで奥行きがある。ところが不思議なことに、幼児期の、わずか数年の古い体験を通して感じたことの方が、数は少ないが鮮明だ。たとえば、秘密基地の隙間から見た大きな夕日。滑り台に寝転がって見た青いお月さん。幾つになっても特別な鮮やかさをもって迫ってくる（図48、49）。しかし、人は成長とともに既成概念でものを見るようになり、幼児の頃に鮮やかにみえていたものが徐々にみえなくなる。その後の、感性の成長が止まったといえる。

古い体験から、いきなり感性を引きずり出すのは容易でない。しかし、新しい体験の方は、それを観察する技法をトレーニングすることで初学者にも可能である。

図48 ベルリン・フィルハーモニー音楽堂、設計：ハンス・シャローン、1963年（撮影：新建築 写真部）
子供の頃に見た、幾段にも連なるワイン・ヤードの美しさを、音楽堂の座席配置に再現している。

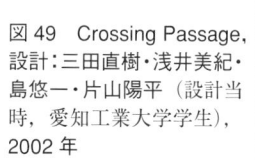

図49 Crossing Passage、設計：三田直樹・浅井美紀・島悠一・片山陽平（設計当時、愛知工業大学学生）、2002年
子供の頃に近所を徘徊した時にみた、鮮明な情景が蘇ってくる。環境デザイン大賞 MESH2002の大賞受賞作品である。

この試みは各所でおこなわれている．たとえばイリノイ工科大学ダーク・デニソンの「マッピング」．トレーニングの内容は，「先週土曜日の午後2時から2時半の光を思い出し色鉛筆だけで描いてみる」，「家から学校までの間で感じたものを模型で表現してみる」，簡単なものでは「レストランで食べたものの印象を記述し地図と共にスクラップ・ブックに貯めていく」などである．平面，模型，ビデオなど，あらゆるメディアを総動員．体験を通して「感じたこと」を執拗に「表現」に置き換えることで，感性を顕在化させていくのである．

　マッピングの技法で，鈍った感性に揺さぶりをかけ，少しでも誰もが持つ古い体験に潜む鋭い感性を浮き立たせる．それを具体的な設計課題の上で華やかに展開させていくのである．

本能のなかに建築の有り様を模索する

　この技法は，人間に備わる動物的な部分，即ち本能で感じるところを観察することで，逆に，建築の有り様を模索しようとするものである．とんでもない壮大な試みのように思われるが，そうではない．我々は，日常，理性的な人間として振舞うなかに，本能に忠実な動物の部分がしばしば顔を出す．そこだけに意識を集中すればよいのである．

　そもそも，どうしてこういう理性と本能の二元化が起きるかというと，それは脳の構造にある．人間は単一の脳を持つのではなく，進化の過程そのままの重層した脳を持つ．「人間の脳」といわれる大脳皮質が理性を司る事は自明の事として，当然，「動物の脳」の部分も存在し，快不快をそこで本能的に感じ取る．

　この普遍的な仕組みからいって，「動物としての自分が好むものは，一般的な人間も好む」という仮説が成り立つのではなかろうか．これは，建築の有り様を根源的に考えたい人には有効だと思う．

　仮説に則る建築の有り様で考えられるものとしては，自由に無限に動きまわれるサーキュレーション・ルート，自然の起伏を髣髴とさせる流れるような平断面の空間構成，光や風が移ろう半屋外空間，五感覚を心地よく刺激する音・匂い・素材感の設置などである（図50～53）．

　これらを軸に，発想を展開させていくのである．

図50　サヴォア邸，設計：ル・コルビュジエ，1931年
　スロープを含む散策路が，サーキュレーションを構成する．自然の移ろいを取り込み，視覚的にも変化に富むので，人の動きを誘発する．

図51　横浜港国際客船ターミナル，設計：ポロ＋ムサビ，2002年
　うねるような床面を見るだけで本能的に走り出したくなる．子供の頃，野山で遊んだ楽しさが鮮やかに蘇ってくる．

図52　兵庫大学健康科学部，設計：柏木浩一（設計当時竹中工務店，現アビタ）＋山本匡（竹中工務店），2001年（撮影：古川泰造）
　動物としての自分が好むサーキュレーション，障壁，スロープなどを軸に空間を構成している．

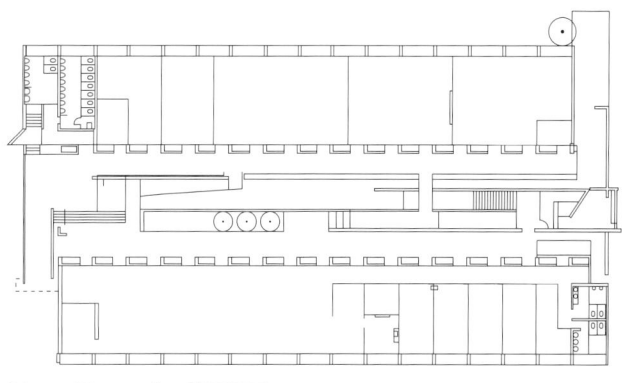

図53　図52の左1階平面図

あとがき

　私が見つけた「発想への技法」を8つに分類し解説した．これらを設計演習や実作のなかで一度試して実感し，そのうえで独自の技法に仕立てていってほしい．習得した技法の持ち駒は幾つかあった方がよいと思う．設計の与条件は何処までいっても不確定要素を秘めた存在．見えぬ相手に振り回されだしたときは，この技法が駄目ならあの技法と，持ち駒を総動員して立ち向かっていってほしいからである．

　念のために断っておくが，「発想への技法」の事例に取り上げた作品は，あくまで私が実物や資料をみて判断し分類したもので，設計者当人が何というかは別である．また，発想と一言でいっても，都市計画のようなマクロのレベルからディテール・デザインのようなミクロのレベルまで，その機会は設計の諸段階で出現する．今回は，初学者に切実な計画段階の，そのなかでもコンセプトのような「形には至っていない段階」から，エスキスのような「形が現れだした段階」へ昇華する刹那，すなわち私が最も創造的瞬間と考えるところに極力焦点を絞ってみた．

注1　図版タイトルは，原則として作品の名称，表現者名(設計者，アーチスト等)，完成年（出典，撮影者）の順に並べてある．

参考文献

注2　初学者が独自の「発想への技法」を開拓する一助に，参考文献として次のものを挙げておく．

1　フロッタージュ
- 梅棹忠夫『知的生産の技術』岩波新書
- ニコス・スタンゴス編（宝木範義訳）『20世紀美術』PARCO出版

2　他分野思考・現象モデルの引用
- 森田慶一訳注『ウィトルーウィウス建築書』東海大学出版会
- 森田慶一『建築論』東海大学出版会
- ルドルフ・ウイットコウワー（中森義宗訳）『ヒューマニズム建築の源流』彰国社
- 黒沢隆『個室群住居』住まいの図書館出版局
- 伊東豊雄『透層する建築』青土社
- 黒川紀章『行動建築論』彰国社
- 菊竹清訓『代謝建築論』彰国社

3　積み木遊び
- セルジオ・フェロ，シェリフ・ケバル，フィリップ・ポティエ，シリル・シモネ（中村好文監修，青山マミ訳）『ル・コルビュジエ ラ・トゥーレット修道院』TOTO出版
- ロザリンド・E・クラウス（小西信之訳）『オリジナリティと反復』リブロポート
- 磯崎新『手法が』美術出版社

4　束縛のなかの自由
- 秋元馨『現代建築のコンテクスチュアリズム』彰国社
- 西沢文隆『コート・ハウス論』相模書房

5　プログラムの再編成
- レム・コールハース（鈴木圭介訳）『錯乱のニューヨーク』筑摩書房
- ベルナール・チュミ（山形浩生訳）『建築と断絶』鹿島出版会
- 加藤力，柏木浩一，北山喜与，山本尭子，松岡世津，田村利夫，近藤正雄，高橋功（加藤力監修）『インテリア・アイデンティティー』学芸出版社

6　既成概念の打ち崩し
- 宇佐美圭司『デュシャン』岩波書店
- 木津雅代『中国の庭園』東京堂出版
- 礒崎新『建築の解体』美術出版社
- 篠原一男『続住宅論』鹿島出版会

7　初めにことばありき
- ブルーノ・ゼーヴィ編（鵜沢隆訳）『ジョゼッペ・テッラーニ』鹿島出版会

8　観察
- アンソニー・ヴィドラー（大島哲蔵，道家洋訳）『不気味な建築』鹿島出版会
- 増田友也著『家と庭の風景』ナカニシヤ出版

あとがき

　この書「建築概論」は，分野横断を目指して，執筆者陣が取り組んだものだ．

　時代の要請は，既に建築という小さな分野を乗り越えて広がっている．福祉，再生・利活用，屋上緑化，木質環境，まちなみ保存，環境心理，歴史，技術，省エネルギー，環境汚染，都市再開発，地球環境等々，あらゆる分野の課題を総合的に把握していかなくてはならない時代において，近年は環境を地球規模で見直そうとする人々の意識が，急速な高まりを見せている．それほど人口問題やエネルギー消費が切迫し，そこに発生する様々な齟齬が21世紀におけるメインテーマになっていることは疑いない．

　自然への向き合い方を試される時代を迎え，人々は汚染防止から，廃棄物処理問題へ，そして環境保全へと目を向け始めた．しかし近年の意識の高まりが，あまりにも急であることに気がついている人はどれぐらいいるだろうか．環境についての研究論文集が，測ったように厚くなり続けている．問題意識の高まりは歓迎すべき事柄だ．しかしこの現象の背後に，皆が一斉にひとつの方向へ向くことの危うさが潜んでいることを見逃してはならない．

　情報化時代を迎え，選択の幅は大きく広げられた．それにもかかわらず，人々は一斉に自然の大切さを唱え，一斉に未来に目を向ける．社会の反応は，まるで一つの情報をもとに動いているかのように見える．自然の大切さに目を向けることに否定すべきことはひとつもない．しかし危惧すべきは，それぞれが多様な情報を持ちながら，ある磁場をかけられることによって，一瞬のうちに同じ方向を向いてしまうところにある．

　それは多様に見える価値観が，実は不定形な，分離あるいは浮遊した細胞のようになりつつあることを物語っている．

　人間のキャパシティを越えた情報量を前にして，人は知らず知らずのうちに，判断を他人に任せざるを得ない状況に追い込まれているではないか．

　何が大切かを見きわめようとしても，より重要な情報があるかもしれない．その不安を解消するために新たなる情報に向かう．こうしてどんな問題を目前にしたときも，検索に力を注ぐあまり，思考停止の状態を引き起こしやすくしてしまっている．

　ひいては自分で決断しているつもりが，実は判断を外部に委ねることによって，本来備わっているはずの自ら発想する力を，空洞化させてしまっている可能性が高いのだ．それは薄皮を重ねるように，構想力の貧困を肥大化させていく．

　このような状況において自分の考えを掘り下げることは，今や存在の条件であり，抵抗の手段なのだ．

　創造性は天才にだけ属しているものではない．

　空間を構想することは，ものごとを統合する想像力と，構築力の源を豊かにすることを意味している．しかし硬くなる必要は無い．まず手を動かしてみよう．頭が真っ白になって何も出てこないのは普通なのだ．どうしても困ったときはこの書を少し紐解いてみたらどうだろうか．ただし毒と薬は紙一重であることも忘れてはならない．

2003年3月
執筆者を代表して　本多 友常

◆〈建築学テキスト〉編集委員会

青山　良穂（元清水建設）
井戸田秀樹（名古屋工業大学）
片倉　健雄（元近畿大学）
坂田　弘安（東京工業大学）
武田　雄二（愛知産業大学）
堀越　哲美（名古屋工業大学）
本多　友常（和歌山大学）
吉村　英祐（大阪大学）

◆『建築概論』執筆者（＊は執筆代表）

＊本多友常

　1972年早稲田大学大学院建設工学科修士課程修了，1972～1998年竹中工務店（1977～1979年 Architectural Association School of Architecture 卒業），1998～2013年和歌山大学教授，2013年より摂南大学特任教授，和歌山大学名誉教授．著書に『建築設計学Ⅰ』（共著，学芸出版社，2009）『建築ノート』（共著，新建築社，1992）『ゆらぐ住まいの原型』（学芸出版社，1986）．2015年度JIA優秀建築賞，2013年度日本建築学会賞（業績），2018年度国土交通大臣表彰他．

安原盛彦

　1970年東北大学大学院建築学専攻修了，工学博士（東北大学），東北大学建築学科非常勤講師，秋田県立大学教授を経て空間史研究室主宰．著書に『ペーパーバック読み考―レーモンド・チャンドラーからポール・オースターまで』（新風書房，1995）『日本の建築空間』（新風書房，1996）『近代日本の建築空間―忘れられた日本の建築空間』（理工図書，1998）『源氏物語空間読解』（鹿島出版会，2000）『白井晟一空間読解―形式への違犯』（学芸出版社，2005）『奥の細道・芭蕉を解く―その心匠と空間の謎』（鹿島出版会，2006）『西洋建築空間史―西洋の壁面構成』（鹿島出版会，2007）『続西洋建築空間史―壁から柱へ』（鹿島出版会，2009）『空間に向いて―建築空間から空間史へ』（アドスリー・丸善，2010）『芭蕉発句を読み解く―その空間性と五感』（秋田魁新報社，2012）『源氏物語 男君と女君の接近―寝殿造の光と闇』（河北新報社，2013）『日本建築空間史―中心と奥』（鹿島出版会，2016）『続 日本建築空間史―空白その形と空間』（鹿島出版会，2020）他．

大氏正嗣

　1987年神戸大学工学部建築学科卒業，建設省官庁営繕部，㈱デザイン・構造研究所等を経て，2013年より富山大学芸術文化学部教授，技術士（建設部門），構造設計一級建築士．著書に『建築構造ポケットブック』（共著，共立出版，第6版，2020）『建築構造ポケットブック計算例編』（共著，共立出版，2015）『BIMのかたち』（共著，彰国社，2019）．2020年度グッドデザイン賞他．

佐々木葉二

　1971年神戸大学卒業，1973年大阪府立大学大学院緑地計画工学専攻修了．カリフォルニア大学大学院およびハーバード大学大学院客員研究員，京都造形芸術大学環境デザイン学科教授を経て，現在，鳳コンサルタント環境デザイン研究所顧問，日本造園学会賞（設計作品部門），同特別賞ほか，米国ASLA賞，空間デザイン金賞，グッドデザイン賞など受賞多数．著訳書に『佐々木葉二作品集・WORKS OF LANDSCAPE DESIGN』（マルモ出版，2004）『都市環境デザインの仕事』（2001）『都市環境デザイン』（1995）（共著，学芸出版社）『庭の意味論』（1996）『見えない庭』（1997）（共訳，鹿島出版会）『佐々木葉二作品集・見えない自然を見せる』（マルモ出版，2020）他．

柏木浩一

　1968年神戸大学工学部建築学科卒業，竹中工務店設計部プリンシパル・アーキテクトを経て2003年より兵庫県立大学大学院環境人間学研究科教授，2011年よりファセット・スタジオ代表．著書に『インテリア アイデンティティー』（共著，学芸出版社，1990）『建築家であること』（共著，日経BP社，2003）他．建築作品（受賞）に「神戸改革派神学校」（BCS賞，1998），「同志社大学京田辺礼拝堂」（台北国際デザインアウォード金賞，2015）他．

〈建築学テキスト〉建築概論
　　　　　　　　建築・環境のデザインを学ぶ

2003年3月30日　　第1版第1刷発行
2021年3月20日　　第1版第6刷発行

著　者　本多友常・安原盛彦・大氏正嗣・佐々木葉二・柏木浩一

発行者　前田裕資
発行所　株式会社　学芸出版社
　　　　京都市下京区木津屋橋通西洞院東入　〒600-8216
　　　　tel 075・343・0811　　fax 075・343・0810
　　　　http：//www.gakugei-pub.jp/
　　　　イチダ写真製版／新生製本
　　　　カバーデザイン　上野かおる

Ⓒ 本多友常・安原盛彦・大氏正嗣・佐々木葉二・柏木浩一　2003
Printed in Japan　ISBN 978-4-7615-3110-2

JCOPY〈㈳出版者著作権管理機構委託出版物〉
本書の無断複写（電子化を含む）は著作権法上での例外を除き禁じられています．複写される場合は，そのつど事前に，㈳出版者著作権管理機構（電話 03-5244-5088，FAX 03-5244-5089，e-mail: info@jcopy.or.jp）の許諾を得てください．
また本書を代行業者等の第三者に依頼してスキャンやデジタル化することは，たとえ個人や家庭内での利用であっても一切認められておりません．